香蜜湖智库丛书

深圳市建设中国特色社会主义
先行示范区研究中心

深圳数字治理创新实践与前瞻

熊义刚　李铉　著

中国社会科学出版社

图书在版编目（CIP）数据

深圳数字治理创新实践与前瞻 / 熊义刚等著.
北京 : 中国社会科学出版社, 2025. 8. -- (香蜜湖智库丛书). -- ISBN 978-7-5227-5285-3

Ⅰ. F299.276.53

中国国家版本馆 CIP 数据核字第 20257GE299 号

出 版 人	季为民
责任编辑	党旺旺
责任校对	王　龙
责任印制	张雪娇

出	版	中国社会科学出版社
社	址	北京鼓楼西大街甲 158 号
邮	编	100720
网	址	http://www.csspw.cn
发 行 部		010-84083685
门 市 部		010-84029450
经	销	新华书店及其他书店

印	刷	北京明恒达印务有限公司
装	订	廊坊市广阳区广增装订厂
版	次	2025 年 8 月第 1 版
印	次	2025 年 8 月第 1 次印刷

开	本	710×1000　1/16
印	张	17
插	页	2
字	数	270 千字
定	价	98.00 元

凡购买中国社会科学出版社图书，如有质量问题请与本社营销中心联系调换
电话：010-84083683
版权所有　侵权必究

"香蜜湖智库"丛书编委会

主　任：程步一
副主任：齐志清　李　会　陶卫平　丁有波
　　　　谢志岢　胡昌云
成　员（以姓氏笔画为序）：
　　　　王定毅　陈少雷　李伟舜　宋晓东
　　　　范绍庆　周笑冰　黄伟群　龚建华
　　　　彭芳梅　彭　姝　熊哲文

目 录

导 论 …………………………………………………………（1）

第一章　数字治理概念研究及其实践意义 ………………（4）
第一节　国内外数字治理相关概念发展 …………………（4）
第二节　数字治理的内涵与外延 …………………………（11）
第三节　数字治理的重大实践意义 ………………………（17）

第二章　深圳数字治理的新形势与新机遇 ………………（22）
第一节　世界正处于工业社会向数字社会演进的重要临界点 ……（22）
第二节　数字治理成为全球争夺竞争制高点的核心赛道 ……（28）
第三节　数字中国建设整体布局规划勾勒数字治理蓝图 ………（45）

第三章　深圳数字治理的基础优势与资源禀赋 ……………（52）
第一节　"数字深圳"顶层设计系统全面 …………………（52）
第二节　数字基础设施全国领先 …………………………（55）
第三节　数字经济产业发展基础扎实 ……………………（59）
第四节　数字企业技术创新能力领先 ……………………（72）
第五节　数字治理区域合作逐步深化 ……………………（78）

第四章　深圳数字治理的重点领域探索创新 ………………（81）
第一节　数字经济治理领域 ………………………………（81）
第二节　数字政府治理领域 ………………………………（89）
第三节　数字社会治理领域 ………………………………（101）

第四节　数字文化治理领域 …………………………………（106）
　　第五节　数字生态治理领域 …………………………………（112）
　　第六节　数据要素治理领域 …………………………………（118）
　　第七节　数字治理区域开放合作 ……………………………（125）

第五章　深圳数字治理的若干挑战 …………………………………（129）
　　第一节　数字技术加速两极分化 ……………………………（129）
　　第二节　数字技术冲击社会伦理 ……………………………（131）
　　第三节　现有规则与基层数字治理规则衔接尚需理顺 ……（132）
　　第四节　数字化建设实操偏离治理价值目标 ………………（136）
　　第五节　数据安全保护问题加速浮出水面 …………………（139）
　　第六节　数字治理所需的基础能力仍需补齐 ………………（141）

第六章　国内外城市数字治理亮点经验借鉴 ………………………（144）
　　第一节　国外城市数字治理亮点经验 ………………………（144）
　　第二节　国内城市数字治理亮点经验 ………………………（157）

第七章　深圳数字治理的战略定位与前瞻愿景 ……………………（167）
　　第一节　深圳数字治理的四大目标 …………………………（167）
　　第二节　深圳数字治理战略定位 ……………………………（170）
　　第三节　深圳数字治理的前瞻方向 …………………………（174）
　　第四节　将数字治理作为进一步全面深化改革的战略性安排 …（179）

第八章　深圳数字治理创新的策略路径 ……………………………（182）
　　第一节　用好综合改革试点和特区立法创新 ………………（182）
　　第二节　强化深圳数字经济创新治理能力 …………………（184）
　　第三节　筑牢安全屏障底线为数字治理创新托底 …………（189）
　　第四节　统筹数据资源开发利用和安全治理 ………………（193）
　　第五节　加强以深港为重点的数字治理合作 ………………（196）
　　第六节　加速推进制造业与服务业的数字化转型 …………（198）

第九章　深圳数字治理创新探索的前瞻性举措建议 (203)

第一节　拓展大模型在深圳数字治理场景应用 (203)

第二节　AI 大模型赋能深圳探索粤港澳大湾区司法审判新应用 (219)

第三节　数据治理引领深圳数字政府服务供给模式变革 (221)

第四节　深化深圳数据要素市场化配置改革 (227)

第五节　深化深圳数据要素集成式平台化交易模式改革 (230)

第六节　加快绘制深圳基层社会治理数据资源"全景图" (236)

第七节　创新数字赋能市民参与数字治理的新机制 (237)

第八节　加快推动深圳卫星互联网产业发展 (239)

第九节　以制造业中小企业数字化设备更新换代加快深圳数实融合步伐 (245)

第十节　以数字商文旅融合发展加快国际消费中心城市建设 (247)

第十一节　打造支撑双碳目标的深圳智能化城市能源系统 (252)

第十二节　以数字化、绿色化融合打造深圳空地海立体生态监测体系 (253)

第十三节　进一步强化深圳数字文化版权保护 (255)

第十四节　增强深圳数字治理智力保障 (256)

参考文献 (258)

后　记 (263)

导　　论

人类加速从工业文明向数字文明迈进，数字社会正呼唤新的治理秩序。电子计算机技术诞生、普及以来，尤其是移动互联网和人工智能技术等爆发后，数字技术深度融入人类社会生产生活，工业社会的固有架构正在加速崩解、重构，传统经济、政治、文化与社会等诸多领域的内在秩序与关联在数字力量的渗透下，正在经历着颠覆性嬗变。在传统生产关系被全面重塑的同时，人类社会对新技术新趋势带来的挑战充满焦虑、彷徨和担忧，如何应对数字时代的治理变革已成为时代命题。

党中央深刻把握马克思生产力决定生产关系这一基本理论，精准洞察时代脉搏，将数字社会治理提升到国家治理体系和治理能力现代化的战略高度。习近平总书记在《不断做强做优做大我国数字经济》中指出，"要结合我国发展需要和可能，做好我国数字经济发展顶层设计和体制机制建设"，[①] 又在中央全面深化改革委员会第二十五次会议上提出，"要全面贯彻网络强国战略，把数字技术广泛应用于政府管理服务，推动政府数字化、智能化运行，为推进国家治理体系和治理能力现代化提供有力支撑"。党的二十届三中全会报告高频提及"数字""数据"等词，锚定推动生产关系与生产力、上层建筑与经济基础、国家治理与社会发展协同适配的航向，为新领域新赛道的制度创新擘画蓝图、筑牢根基。

较长时间以来，国内实践层面和理论学术界对"数字治理"这一重大议题关注不够，业界更多聚焦在数字政府或智慧城市相关的系统建设项目或者强调对数字经济等新业态的管理创新上。数字治理作为数字时

[①] 习近平：《不断做强做优做大我国数字经济》，《求是》2022年第2期。

代的新型治理模式，不同于单纯的"数据治理"等概念，也不同于"电子政务""数字政府"等传统政府管理概念。数字治理强调公共属性下多元主体参与的治理共同体协同，遵循社会公共政策的基础性价值理念，如公平、共赢、可持续等，追求数字经济的健康持续发展和数字社会的良序善治。因此，数字治理的研究要超越此前 20 年"做大蛋糕"的技术、管理范畴，将公共政策中的公平正义等伦理准则纳入其中，从公共利益平衡共赢的视角出发，挖掘数字经济发展背后的制度规则以及数字技术赋能社会治理背后的伦理价值准则，并将其变为可操作、可落地的经济社会规制。

当前，全球数字经济正搭乘技术创新的高速列车一路狂飙。本书在技术层面的治理赋能和模式创新的基础上，立足于中国特色社会主义核心价值观，力求探讨数字治理在推动弥合财富差距、减少社会分歧、平衡利益诉求、维护社会公序良俗等方面的理论价值，以补齐现有研究的一点空白，回应数字文明时代对治理新规则与新体系的急切呼唤。

本书的另一创新在于，除了理论研究层面，还紧密结合深圳作为中国特色社会主义先行示范区的前沿探索实践，以"五位一体"的改革经验阐述数字治理的时代变革。近二十年来，深圳在融入全球产业链与数字文明浪潮中发展成为全球数字经济高地、智慧城市标杆和数字政府先行者。深圳在数字技术赋能传统治理范式、焕发旧有机制新生机的同时，勇立潮头、锐意创新，聚焦新领域新赛道，持续输出制度"活水"，通过数字技术提升政府效能、缩减行政制度成本、增进市民福利，通过规则创新促进产业良性发展、培育新质生产力，通过激发社会力量促进社会共治、协同治理，极大地推动了以人工智能、低空经济等为代表的数字经济发展，涌现了"一网统管""@深圳—民意速办""人工智能辅助审判系统"等一大批改革典型，得到学术与业界的广泛关注。凭借大刀阔斧的体制机制改革，深圳积累了数字社会治理领域独树一帜的前瞻优势，成为当下数字治理研究的最佳"实验室"之一。一系列从顶层设计规划到基层自主创新的治理实践，无不展现出深圳打造先锋之城的数字治理全新理念和特色。本书力争全面勾勒深圳数字治理的探索实践图谱，为外界洞察和借鉴深圳的理念与实践提供一扇门窗，为有志于探讨数字治理理论和实践的学者搭建一座桥梁。

面向未来，中国的数字化浪潮、数字治理将走向何方？纵览数字治理当下格局，社会正处于工业社会向数字社会惊险一跃的临界点，全球数字治理赛道千帆竞发、百舸争流，数字中国建设的宏伟蓝图正在铺陈开来、机遇满途。建设中国特色社会主义先行示范区和创建社会主义现代化强国的城市范例，是党中央赋予深圳的重大使命、重大任务、重大机遇，迫切需要深圳在中国数字革命的精彩叙事中，继续用好改革开放关键一招，担起进一步全面深化改革排头兵的使命，实事求是、敢闯敢试、奋勇争先，为中国式现代化提供"深圳样本"。

本书开篇溯源数字治理理论脉络，深挖国内外相关概念发展轨迹，明晰其内涵、外延，深刻解读数字治理在助推国家治理现代化进程、激活新质生产力、提升政府服务效能、增进人民生活福祉、平衡发展与安全维度的非凡价值。聚焦深圳探索实践，数字经济产业"双翼齐飞"，数字产业化与产业数字化"交相辉映"，数据要素配置改革成绩斐然，数字基础设施建设多点开花，重点领域制度创新亮点纷呈……治理视角贯穿数字经济、数字政府、数字社会、数字文化、数字生态文明及国际开放合作全程。同时，前行之路亦荆棘丛生：规制与本土法规创新诉求碰撞，政策实操与价值导向时有偏离，数据安全隐患"暗流涌动"，数字治理机构与人才短板掣肘，国际国内跨区域合作亟待破局升级，等等。基于此，本书精准锚定深圳数字治理战略坐标，确立发展、赋能、对齐、引领目标，从大国博弈场、新质生产力创新潮、智慧城市建设棋局、治理现代化推进征途中，为全国乃至全球数字治理进一步全面深化改革擘画前瞻样本与路径轨迹。

第一章

数字治理概念研究及其实践意义

数字治理作为人类从工业文明向数字文明演变中出现的重要概念，伴随数字技术的突破和公共管理理论的创新而发展，国内外在理论和实践层面对其开展了大量的研究梳理，既从公共政策、组织变革等理论出发探究数字治理下的制度变革，也将目光投向广阔的社会实践，聚焦于电子政务深度优化、智慧城市蓬勃兴起、数字公民踊跃参与等实用现实场景，探究理论落地生根的实践路径。尤其是近年来，新一轮科技革命和产业变革加速演进，以人工智能为代表的数字技术引发了关于技术伦理争议、公共权力结构失衡、社会鸿沟拉大、人工智能发展"加速"还是"刹车"等新命题的一系列讨论，数字社会呼唤数字治理理论和实践的新突破。探究国内外数字治理相关概念演变和理论发展路径，理解数字治理在加速推进国家治理体系和治理能力现代化、加快促进新质生产力发展、大幅提升政府治理效能、确保以数字向善增进人民福祉等方面的作用逻辑和实践意义，有助于系统性研究深圳数字治理，筑牢"数字良治""数字善治"的根基。

第一节 国内外数字治理相关概念发展

一 国外数字治理相关概念梳理

自20世纪90年代至今，国外对数字治理理论的探索主要历经理论诞生、理论过渡、理论形成、理论深化、理论拓展和理论转化六个阶段。

第一阶段是理论诞生期（20世纪90年代），信息技术发展迅猛，网络社会崛起。美国学者曼纽尔·卡斯特（Manuel Castells）在1996年出版的《网络社会的崛起》①中，聚焦分析了信息时代的到来对公共管理治理体系提出的更高要求与挑战，形成了数字治理理论的雏形。

第二阶段是理论过渡期（2001—2005年），这一时期的显著特征在于民主思想与网络社会开始融合。为应对网络上不加限制地行使民主权利带来的跟风从众、盲目激进等消极影响，美国宪法学家凯斯·桑斯坦（Cass R. Sunstein）提出"协商民主",②建议通过协商帮助人们获取信息和理性思考，促进网络社会民主良性发展。将"协商民主"带入数字治理理论发展中，可获得基础性的模式借鉴。

第三阶段是理论形成期（2006—2009年），英国学者帕特里克·邓利维（Patrick Dunleavy）在2006年发表的《数字时代的治理：信息技术公司、国家与e政府》③一书中，系统阐述了数字治理理论，概括了公共管理在信息时代的各种变化以及数字治理理论的优势，着重提出数字治理的核心在于强调整体性、重新整合的决策方式以及电子行政的广泛数字化，奠定了其作为数字治理理论主要倡导者的地位。

第四阶段是理论深化期（2010—2016年），帕特里克·邓利维和海伦·玛格特丝（Helen Margetts）在2010年发表的《第二波数字时代治理浪潮》④一文中，丰富了数字治理理论的内涵，重点对数字治理理论的工具进行了新论述，分析了"云计算""大数据"等现代工具对数字治理的影响。罗伯托·加西亚·阿隆索（Roberto Garcia Alonso）等学者⑤将数字治理和智慧城市及其治理的公民参与联系起来，认为数字治理理论指导智慧城市实践有助于促进社区的整合能力以及创新公民参与的形式。

---

① ［美］曼纽尔·卡斯特：《网络社会的崛起》，夏铸九等译，社会科学文献出版社2003年版。
② ［美］凯斯·桑斯坦：《网络共和国》，黄维明译，上海人民出版社2003年版。
③ Patrick Dunleavy, *Digital Era Governance: IT Corporations, the State, and E-Government*, Oxford: Oxford University Press, 2006.
④ Patrick Dunleavy, Helen Margetts, *The Second Wave of Digital Era Governance*, APSA 2010 Annual Meeting Paper, Washington, America, 2010.
⑤ Roberto Garcia Alonso, Sebastian Lippez-De Castro, "Technology Helps, People Make: A Smart City Governance Framework Grounded in Deliberative Democracy", *Public Administration and Information Technology*, 2016, pp. 333 – 347.

第五阶段是理论拓展期（2017—2022年），普拉特（Pratt，A. C.）[①]重点思考了数字化环境对传统社会治理模式提出的挑战、可能产生的安全和道德问题以及如何让管理思维适应和驾驭新技术；布伦南（Brennan，N. M.）[②] 等关注了数字时代颠覆性创新技术（如大数据、加密货币、区块链等）引起的生产、消费方式变革，组织结构、管理模式变化及其对社会产生的社会影响和潜在风险，并对这些问题的观测、应对和协调进行探讨。

第六阶段是理论转化期（2023年至今），随着人工智能等技术影响力逐步扩散，不同学科学者越发关注数字技术产物对人类社会关系的重塑和与之相关产生的伦理问题，数字治理理论向跨学科发展。在以怎样的态度面对人工智能技术带来的风险或机遇方面，OpenAI[③] 公司元老之一迈尔斯·布伦达奇（Miles Brundage）讨论了当今的AI发展速度，是应该加速、减速还是维持现状，他最终认为人类应该为全社会的AI发展安装一个"刹车"。[④] 托马斯·福赫斯（Thomas Fuchs）讨论了AI系统或基于AI的机器人性能与人类越来越相似的情况下，是否有可能与人工智能体进行交流，理解人工智能甚至对其产生同感，以及模拟物和现实的区别逐渐消失将会产生什么影响；他呼吁，让我们警惕某些企业或机构试图将AI伪装成人类主体性以此牟利的动机，需要防范部分用户把期望、感觉、情感需求转移到AI或机器人上，通过自欺获得情感共鸣等风险。[⑤] 乔治·诺拉夫（Georg Northoff）等学者从神经哲学视域下论证了ChatGPT在运用类似大语言技术的模型中不可能存在意识或自我。[⑥] 马文·哈尼施（Marvin Hanisch）等学者强调了数字治理在以数字化形式促进交换关系

[①] Pratt, A. C., "Toward Circular Governanc in the Culture and Creative Economy: Learning the Lessons from the Circular Economy and Environment", *City, Culture and Society*, March 21, 2022.

[②] Brennan, N. M., Subramaniam N., van Staden C. J., "Corporate Governance Implications of Disruptive Technology: An Overview", *The British Accounting Review*, Vol. 51, No. 6, 2019.

[③] OpenAI是制造出ChatGPT系列产品的美国公司。

[④] 新智元：《OpenAI六年元老再发文：全球AI狂飙，我们应该拉手刹还是踩油门》（https://www.ithome.com/0/816/347.htm）。

[⑤] Fuchs, Thomas, "Understanding Sophia? On human interaction with artificial agents", *Phenomenology and the Cognitive Sciences*, Vol. 23, No. 1, 2024.

[⑥] Northoff, Georg & Gouveia, Steven S., "Does artificial intelligence exhibit basic fundamental subjectivity? A neurophilosophical argument", *Phenomenology and the Cognitive Sciences*, Vol. 23, No. 5, 2024.

中的关键作用，区分并分析了模拟、增强、自动化治理模式这三种类型的数字治理模式和对应治理机制。① 他们认为，通过算法治理支撑的新方式规范控制、协调、激励和信任，打造新治理机制对于缓解数字环境中不同交易参与者之间合作与竞争之间紧张关系至关重要，这有利于实现新的组织形式、价值创造和价值获取。

二　国内数字治理相关概念演进

基于国外对数字治理理论的研究逻辑，即"理论框架—应用领域—适用范围—反思影响和限度—跨学科式深化"，国内在借鉴其理念的基础上，对与数字治理理论相关的电子化实践进行了研究，并以实践为基础进行理论研究的回归，从而不断丰富理论内涵，并在数字技术革命下初步反思了数字治理的限度。

2000—2005 年，国内对于一般意义的数字治理缺乏明确的研究，相关研究主要集中在具体应用部分，涉及电子政务、电子政府、电子治理和数字政府，其研究具有技术导向性，为数字治理理论引入国内奠定了实践基础。张成福认为，电子化政府的本质是政府面对信息技术所带来的新社会典范的挑战，如何进行政府的再造，促进政府的转型，建立适应信息社会需要的新的政府治理典范，促进善治，实现善政的问题，而不仅仅是技术应用和效率提升的问题。② 王浦劬等学者在《电子治理：电子政务发展的新趋向》一文中探讨了电子治理作为信息时代治理的表现形式，给民主、行政和政府内部关系带来的多方面影响等议题。③ 汪玉凯探讨了中国为什么要加快政府信息化的步伐，如何评价中国政府信息化建设的成就、问题，中国未来信息化建设应采取什么样的策略等问题。④

2006—2010 年，国内围绕数字治理理论的研究逐渐转入理论译介以及理论与应用同步研究阶段，丰富了数字治理理论的内涵与治理范围。

---

① Marvin Hanisch, Curtis M. Goldsby, Nicolai E. Fabian, Jana Oehmichen, "Digital governance: A conceptual framework and research agenda", *Journal of Business Research*, Vol. 162, July 2023.
② 张成福：《信息时代政府治理：理解电子化政府的实质意涵》，《中国行政管理》2003 年第 1 期。
③ 王浦劬、杨凤春：《电子治理：电子政务发展的新趋向》，《中国行政管理》2005 年第 1 期。
④ 汪玉凯：《中国政府信息化与电子政务》，《新视野》2002 年第 2 期。

以复旦大学竺乾威为代表,其主编的《公共行政理论》①一书系统译介了帕特里克·邓利维关于数字治理理论的思想观点,推动了国内后续对数字治理理论的研究,并初步形成了数字治理的一般性理论。吴江等认为,必须改革传统的政务模式,建立起网络化、扁平化、分权的电子政务运行模式才能解决传统政务模式的遗留问题,推进国家数字治理进程。② 四川大学的王文凯和肖伟介绍了数字治理的内涵、不足和展望、在中国的运用,并提出新公共管理理论遭到理论与实践的双重质疑后,数字治理是可以取而代之的新模式。③

2010—2017 年,对数字治理的研究主要在整体性治理、网络化治理、后新公共管理的语境下讨论。例如,曾凡军等学者强调,数字治理与整体性治理强调的整合与协调特征,和网络化治理理论强调的复合中心的治理形式和自我组织的特征有着理论与实践上的重合。④ 韩兆柱、单婷婷对比了网络化治理、整体性治理和数字治理理论。⑤

2018 年以来,对数字治理的研究逐步从一般性理论深入经济、社会、政府管理等各个实际应用层面,孟庆国等探讨了数字经济视域下政府治理创新的取向与逻辑,⑥并探究了数字社会治理的概念内涵、重点领域和创新方向⑦;孟天广认为,政府数字化转型构建了新型政府—社会关系、政府—市场关系,⑧数字政府建设进入协同发展阶段的理论范式⑨。北京大学的黄璜从数字治理的应用与理论、工具与对象、发展与安全、体系与

---

① 竺乾威:《公共行政理论》,复旦大学出版社 2015 年版。
② 吴江、江源富、乔丽娜:《优化电子政务模式推进数字治理进程》,《今日中国论坛》2006 年第 8 期。
③ 王文凯、肖伟:《论数字治理模式及在我国的运用》,《成都行政学院学报》2007 年第 6 期。
④ 曾凡军、韦彬:《后公共治理理论:作为一种新趋向的整体性治理》,《天津行政学院学报》2010 年第 2 期。
⑤ 韩兆柱、单婷婷:《网络化治理、整体性治理和数字治理理论的比较研究》,《学习论坛》2015 年第 7 期。
⑥ 孟庆国、王友奎:《数字经济视域下政府治理创新的取向与逻辑》,《行政管理改革》2023 年第 12 期。
⑦ 孟庆国、郭嫒嫒、吴金鹏:《数字社会治理的概念内涵、重点领域和创新方向》,《社会治理》2023 年第 4 期。
⑧ 孟天广:《政府数字化转型的要素、机制与路径——兼论"技术赋能"与"技术赋权"的双向驱动》,《治理研究》2021 年第 1 期。
⑨ 孟天广:《数字治理生态:数字政府的理论迭代与模型演化》,《政治学研究》2022 年第 5 期。

能力、时间与空间、结构与复杂性六大基本维度，探讨了数字治理学科理解和建设，并认为应从知识创新、价值导向、人才培养和合作机制四个方面推动数字治理学科的发展。①郑磊强调政府在数字治理中的作用，在《数字治理的效度、温度和尺度》一文中把电子政府、电子治理、数字政府、数字治理等概念看作各国在不同时期对信息和数字技术赋能的运用，以达到优化治理的共同期望。②他认为，这些概念之间的差异主要表现为不同技术手段的迭代和治理目标的制定，数字治理就是数字时代的治理新模式，其核心特征是全社会的数据互通、数字化的全面协同与跨部门的流程再造。孟天广在《数字治理生态：数字政府的理论迭代与模型演化》一文中梳理了数字治理理论的迭代过程，认为数字治理的内涵和特征在不断演变，各个时期均有不同的侧重，经历了从技术治理、数据治理、平台治理到多元治理、虚拟治理等的转变。③

2022年以来，人工智能等数字技术取得较大突破，多位学者针对数字技术广泛应用带来的风险和伦理挑战进行了反思，并提出"数字善治""数字良治"等应对数字技术消极影响的理论构想。曹银山等拆解了基层数字治理"内卷化"的生发逻辑，认为需要通过加强顶层制度适配等途径走向数字善治。④吴晶晶提出，通过加快形成数字治理共同体，关注数字治理的价值维度，厘定数字治理的权力边界，可以克服数字治理的负面作用，推动其走向"善治"。⑤何萍剖析了数字技术可能引起的技术控制悖论，即在技术应用初期忽视其风险但到后期恶果显现后积重难返的"科林格里奇困境"。⑥祁壮等讨论国家治理现代化进程中数字治理的价值偏离与纠偏，认为在推进国家治理现代化进程中应当明确数字治理的价值导向，以实现数字善治，这可以通过坚持以人民为中心、倡导平等公

---

① 黄璜：《数字治理学科建设的若干基本问题》，《行政论坛》2024年第5期。
② 郑磊：《数字治理的效度、温度和尺度》，《治理研究》2021年第2期。
③ 孟天广：《数字治理生态：数字政府的理论迭代与模型演化》，《政治学研究》2022年第5期。
④ 曹银山、刘义强：《技术适配性：基层数字治理"内卷化"的生发逻辑及超越之道》，《当代经济管理》2023年第6期。
⑤ 吴晶晶：《从数字治理走向数字善治的路径探索》，《山东行政学院学报》2022年第2期。
⑥ 何萍：《数字治理的"科林格里奇困境"：风险、发生逻辑与防范之策》，《理论导刊》2023年第10期。

平的数字权利观,营造共建共治共享的数字秩序观,树立安全与发展并重的数字安全观来实现。① 周立等人考察了浙江衢州"邻礼通·三民工程"的案例,提炼了"循数善治"的赋能模式,认为该模式为基层治理改革创新对治理模式转向善治的本土化耦合提供了循数善治的数字赋能路径。② 于秋颖认为,数字治理带来的革命可能引发诸多伦理难题与困境,主要包括数字权力的野蛮生长、技术逻辑的全面僭越、责任归属不明和权责不清、虚拟治理中的数字泛滥、主体性的退隐与消匿等。③ 邬晓燕认为,面对技治主义"重技术应用轻治理实践""重工具理性轻价值理性""重机器判断轻人类决策"的行为导向、霸权逻辑和系统风险,可以通过限定数字治理的合理界限,重构数字技术理性,优化数字治理生态,构建负责任和可问责的算法运行,加强伦理规制和系统性再治理。④

梳理国内数字治理相关概念演进历史发现,当前对数字治理的概念认知仍不完备和系统。早期相关研究主要集中于电子政务等具体应用部分,具有技术导向性和工具论倾向;2005年后虽逐渐转入理论译介与同步研究阶段,直至如今,在不同时期不同学者对数字治理内涵和特征的理解各有侧重,从技术治理到多元治理等不断演变,尚未形成成熟、统一且完备的理论体系,尤其在面对数字技术广泛应用带来的风险和伦理挑战时,仍在不断反思与探索应对之策,这也反映出国内数字治理概念认知在系统性和完备性方面有待进一步提升与完善。

本书在国内外数字治理相关概念演进历史研究的基础上,更为明确地提出数字治理概念,在明确其对制度、规则甚至社会关系的影响和转变意义后,将侧重点落在数字治理对追求公平、良序、善治等伦理价值方面。同时结合深圳的案例实践,更系统和完备地阐明数字治理的实践路径与价值体现,为后续在不同地区、不同领域的数字治理实践提供了

---

① 祁壮、莫漫漫:《国家治理现代化进程中数字治理的价值偏离与纠偏》,《管理学刊》2024年第2期。
② 周立、程梦瑶、郑霖豪:《循数善治:数字技术如何赋能基层治理?——基于浙江衢州"邻礼通·三民工程"的案例分析》,《甘肃行政学院学报》2024年第3期。
③ 于秋颖:《数字治理的伦理困境与出路》,《自然辩证法研究》2024年第8期。
④ 邬晓燕:《数字治理中的技治主义:困境、根源与突破》,《云南社会科学》2024年第6期。

可参考的模式与思路，助力进一步完善数字治理的理论体系与实践方法，使其在应对技术变革与社会发展需求时更具科学性、系统性和有效性。

第二节 数字治理的内涵与外延

一 数字治理的内涵解析

结合各学者观点和文献，本书将数字治理内涵界定如下：数字治理是在信息技术驱动下，基于制度构建、规则确立、多元主体协同参与，以实现数字善治、数字向善为目标的系统性动态工程。它借助智能硬件、信息软件等多元软硬件资源，通过合理的制度安排与规则设定，促进多方利益协调均衡，进而提升行业管理效率、构建良序经济社会生态。在这一过程中，治理牵头机构秉持公共属性，遵循社会公共伦理准则与公平正义价值观，统筹各类主体，包括政府、行业组织等公共机构以及企业、专业机构等社会力量，改变传统单一依赖模式，形成民主、多元、交互的治理格局。面对数字时代如隐私与数据产权等"日新月异"的新型公共伦理价值问题，数字治理通过持续的改革与调整，确保安全健康可持续发展，其治理规则也随新技术、新业态不断革新演化。具体包含以下五个方面。

第一，数字治理是数字时代的新型治理模式。数字治理作为在信息技术进步下社会宏观生产力变迁的映射，是基于制度与规则框架，运用智能硬件、信息软件、图文视频信息、大数据等软硬件，以多方利益协调均衡为导向，提升行业管理效率、构建良序经济社会生态的系统性实践，涉及"数字文明"的方方面面，显著区别于工业文明治理模式。按照马克思主义生产力决定生产关系的观点，数字治理折射出内嵌数据中的生产关系与社会关系变化。数字化对传统社会结构形态的重塑，其影响力可能远超工业化与市场化，而数据治理是数字治理的有机组成部分，在整体的制度与规则体系中发挥着基础支撑作用。

第二，数字治理通过制度构建、规则确立协调多方利益。数字治理的牵头主体具有公共属性，代表社会公共利益，如政府、行业组织、公共平台及各类治理委员会理事会等。这些主体在制度框架下，依据既定规则，统筹主导数字治理进程，使其有别于企业、个人基于自身效率提升与生活便利考量的数字化转型及个人智能终端应用,彰显数字治理的公共性与宏观性。

第三,数字治理是多元主体共同参与的治理模式。不同于作为单一行政体系的国家权力所实施的智慧管控、技术控制、社会治理,数字治理要达成的治理结构、秩序和体系不应由外部单一权威机构强加形成,而应依托于制度与规则保障,通过多种力量、多元组织以及相互影响的行为者互动达成。企业、专业机构、社会组织、媒体舆论等社会各界及个人在制度规范与规则指引下成为重要参与方,共同推动治理的民主性、多元性与交互性,打破传统社会治理对政府高度依赖的单一模式(如投入巨大人力的"大包大揽"式社会管控),实现多方利益在制度与规则平台上的协调与整合。

第四,数字治理的伦理导向是促进公平正义,达成数字善治和良序格局。数字治理的统筹机构在制度与规则约束下,恪守社会公共伦理准则与公平正义价值观,以维护各方利益为核心任务,力求实现数字善治并形成良序经济社会生态。面对数字时代特有的新型公共伦理价值问题,如基因技术、硅基生命对碳基生命的挑战争议、个人隐私问题、数据产权归属问题等,政府需要通过制度设计与规则制定进行有效应对,平衡利益诉求冲突,维护社会公序良俗,确保数字社会安全健康可持续发展。

第五,数字治理通过持续的改革与调整,确保经济社会的安全、健康、可持续发展。数字治理是一个系统性的动态治理工程,涵盖机构组织设置、规范制度制定、发展业态培育、监管监督等多方面内容,且其治理规则依据新技术、新业态、新挑战在制度框架内不断调整演化革新。这使其与数字资产等静态、单一实体对象形成鲜明对比,数字治理始终以多方利益协调均衡为内在动力,在制度与规则的动态演进中实现整体治理效能的优化提升。

二 数字治理的外延范畴

数字治理的外延相当广泛,涵盖了从宏观到微观的各个层面。全球治理、国家治理、社会治理等属于宏观层面,行业治理、产业治理等属于中观层面,而平台治理、企业治理、社群治理等属于微观层面。数字治理旨在通过数字化手段提升这些不同层面治理的效能和水平。

本书研究的数字治理外延，重点根据《数字中国建设整体布局规划》的"2522"整体框架进行延伸，外延涵盖了"两大基础"（数字基础设施和数据资源体系）的治理、"五位一体"（经济、政治、文化、社会、生态）的治理、"两大能力"（数字技术创新体系和数字安全屏障）的治理，优化数字化发展"两个环境"（国内国际）的治理。① 根据前文的数字治理概念内涵，数字基础设施、技术创新能力是数字治理的基础能力，经济、政治、社会等五个领域是数字治理的主要领域，数字化发展国内国际环境是重要的治理生态环境土壤。

表1-1 数字中国建设的"2522"整体布局框架概念释义

名词	概念释义
数字基础设施	新型基础设施的核心内容，涵盖了以5G、物联网、大数据、人工智能、卫星互联网等为代表的新一代信息技术演化生成的信息基础设施，以及应用新一代信息技术对传统基础设施进行数字化、智能化改造形成的融合基础设施，将为经济社会数字化转型和供给侧结构性改革提供关键支撑和创新动能②
数据资源体系	在坚持统筹规划、需求导向、分类分级、统一标准、规范应用、安全有序的原则基础上，对数据资源进行采集汇聚、加工处理、共享开放、创新应用的体系，对于促进数据资源开发利用、加快数据要素有效流动具有重要意义③
数字经济	继农业经济、工业经济之后的主要经济形态，是以数据资源为关键要素，以现代信息网络为主要载体，以信息通信技术融合应用、全要素数字化转型为重要推动力，促进公平与效率更加统一的新经济形态④

---

① 中国政府网：《中共中央 国务院印发〈数字中国建设整体布局规划〉》（https://www.gov.cn/zhengce/2023-02/27/content_5743484.htm）。
② 中国网信网：《〈"十四五"国家信息化规划〉专家谈：加快构建泛在智联的数字基础设施推动网络强国和数字中国建设》（http://www.cac.gov.cn/2022-01/19/c_1644194876070929.htm?eqid=c89fa0ef000cc29d0000000364476b7a&eqid=c9019b5900049c85000000036497bac0）。
③ 国家发展和改革委：《"十四五"规划〈纲要〉名词解释之97｜国家公共数据资源体系》（https://www.ndrc.gov.cn/fggz/fzzlgh/gjfzgh/202112/t20211224_1309353.html）。
④ 海南省大数据管理局：《名词解释：数字经济》（https://dsj.hainan.gov.cn/2023gbztzl/rmzt/szzgjs/mcjs/202303/t20230323_3385166.html）。

续表

名词	概念释义
数字政府	以新一代信息技术为支撑，重塑政务信息化管理架构、业务架构、技术架构，通过构建大数据驱动的政务新机制、新平台、新渠道，进一步优化调整政府内部的组织架构、运作程序和管理服务，全面提升政府在经济社会等领域的履职能力，形成"用数据对话、用数据决策、用数据服务、用数据创新"的现代化治理模式①
数字文化	以数字化资源、智能化技术、网络化传播、实体化管理、泛在化服务为具体表现形式的一种新型文化范式，兼有文化的数字形态和数字的文化两种特性，是一种具有虚拟性、开放性、交互性、真实性等特点的文化②
数字社会	继农业社会、工业社会、信息社会过渡之后一种新的社会形态。数字社会是在信息社会基础上，在以大数据、人工智能等为代表的新一代信息技术的赋能作用下，社会的生产方式、生活方式和传播方式发生革命性改变，物理实在社会与数字虚拟社会高度融合的社会形态③
数字生态文明	在数字时代下，政府组织、社会组织、企业组织和个人等社会经济主体通过数字化、信息化和智能化等技术，进行连接、沟通、互动与交易等活动，形成围绕数据流动循环、相互作用的社会经济生态系统④
数字技术创新	人工智能、区块链、云计算、大数据、物联网、移动互联网等数字技术与实体经济深度融合，从而催生出新技术、新产品、新产业、新模式、新业态的过程
数字安全屏障	筑牢数字安全屏障是一项系统工程。新时期的数字安全指的是保护数字信息和系统不受非法访问、使用、攻击、窃取和干扰等，既包括数据的安全，也包括基础设施安全和应用系统安全等

① 广州市人民政府办公厅：《广州市人民政府办公厅关于印发广州市基于城市信息模型的智慧城建"十四五"规划的通知》（https：//www.gz.gov.cn/zwgk/ghjh/fzgh/ssw/content/mpost_8458928.html）。

② 倪菁、王锰、郑建明：《社会信息化环境下的数字文化治理运行机制》，《图书馆论坛》2015年第10期。

③ 海南省大数据管理局：《名词解释：数字社会》（https：//dsj.hainan.gov.cn/2023gbztzl/rmzt/sszzgjs/mcjs/202303/t20230323_3385173.html）。

④ 海南省大数据管理局：《名词解释：数字治理生态》（https：//dsj.hainan.gov.cn/2023gbztzl/rmzt/sszzgjs/mcjs/202303/t20230323_3385175.html）。

三 相关概念的比较与辨析

传统的电子政务、电子政府、电子治理建设本质上属于一般意义的数字治理范畴,它们在长期的实践探索过程中,为数字治理理论的丰富与完善提供了大量鲜活且坚实的实践素材,有力地充实了数字治理理论的核心内容。数字治理则是对这些一般意义数字治理实践的高度理论性概括与升华提炼,其发展脉络可清晰追溯至电子政务与数字政府,继承了电子政务所秉持的工具论理念与实践路径。

数字治理、数字政府、电子政务三者之间既存在共性,也存在差异性。此外,数字治理与社会治理、数据治理也存在共性和差异性。数字治理凭借信息技术的强力驱动,扎根于严谨的制度构建与规则确立,依靠多元主体的协同合作,全力迈向善治的目标,其视野广阔无垠,全面覆盖经济社会生态的诸多层面。数字政府侧重于对政府传统业务进行深度数字化重塑与服务品质的优化升级,旨在通过现代信息技术革新政府的运作模式,提升行政效能与公共服务水平。电子政务则聚焦于政务活动的数字化转型,通过运用先进的管理理念与信息技术手段,对政务流程进行重新梳理与再造,以实现政务信息的高效流通与共享。社会治理则坚守维护社会稳定和谐的核心使命,在中国共产党的坚强领导下,充分调动政府与相关主体的积极作用,着力于处理各类社会问题、化解矛盾冲突、保障公共安全以及强化社会信仰建设。而数据治理作为数字治理不可或缺的关键构成部分,专注于深度挖掘数据所蕴含的巨大价值,并精心构建完善的数据管理体系,以数据为核心驱动治理决策与行动。

表 1-2　　数字治理相关概念对比

名词	概念释义	共性	差异性	行为主体
数字治理	由信息技术驱动,借助智能硬件、信息软件等多元资源,基于制度构建与规则确立,协同多元主体参与,	与数字政府核心脉络相通,都强调依托信息技术构建治理体系,提升管理效率与构建良好秩	与数字政府的差异性体现在其治理范畴更为广泛,不仅涵盖政府治理领域,还涉及行业管理及	以政府、市民社会、企业为代表的经济社会

续表

名词	概念释义	共性	差异性	行为主体
数字治理	以实现善治、良治为目标的系统性动态工程	序，实现多方利益协调均衡	整个经济社会生态构建；注重多元主体间的平等互动与利益平衡，而非单纯聚焦于政府行政事务的数字化变革；强调在制度与规则框架下，通过多种力量协同合作应对数字时代新型公共伦理价值问题，保障社会安全健康可持续发展	
电子政务	国家机关在政务活动中，全面应用现代信息技术、网络技术以及办公自动化技术等进行办公、管理和为社会提供公共服务的一种全新的管理方式。电子政务既包括各级行政机关系统的政务工作信息化，也包括执政党以及国家权力机关、司法机关、政协等机构的政务工作信息化	其核心脉络一致，都强调运用数字化变革，即通过信息技术重塑政府管理流程，提升办事效率和服务品质，实现善治	聚焦于政务活动的数字化转型，强调运用现代管理理念、理论和方法对政府业务的重新设计，社会信息资源的充分共享和政社互联互动	政府、公民、企业
数字政府	政府借助新一代信息通信技术，通过连接网络社会与现实社会，重组政府组织架构，再造行政流程，优化服务供给，促进经济社会运行全面数据化而建立的新型政府形态		强调数字化思维、理念、战略、资源、工具、规则等，目标在于实现技术与政务的有效结合，为社会公众提供更立体、无所不在的服务	政府、企业、公众

续表

名词	概念释义	共性	差异性	行为主体
社会治理	在党的领导下，充分发挥政府和相关多元主体的作用，立足公平正义，以实现和维护群众合法权益为核心，协调利益关系，处理社会问题，化解社会矛盾，防范社会风险，促进社会认同，保障公共安全，维护社会和谐稳定的实践活动	数字社会治理是数字治理的一部分，而数字社会治理是社会治理与数字化的融合发展	强调维护社会和谐稳定，聚焦于社会问题处理、矛盾纠纷化解、社会公共安全保障和社会共识构建	政府、多元主体
数据治理	组织中涉及数据使用的一整套管理行为。一般由企业数据治理部门发起并推行，是关于如何制定和实施针对整个企业内部数据的商业应用和技术管理的一系列政策和流程，同时在治理活动中考虑数据的获取、分析、使用的技术与方法。数据治理强调治理对象能力的构建和价值的提升	数字治理的一部分	强调数据在治理中的价值和对数据的构建能力	企业、政府

第三节　数字治理的重大实践意义

一　加速推进国家治理体系和治理能力现代化

随着数字社会的崛起，数字治理能力与治理体系现代化建设已成为时代发展的关键命题。与工业社会相比，数字社会的治理环境更为复杂多元，数字技术的深度渗透使信息传播呈几何级数加速、要素流动突破时空限制、主体互动更为多元。这既带来了前所未有的机遇，也伴生了一系列前所未有的严峻挑战，对社会和国家治理能力提出了更高的要求。数字治理作为具有深远战略意义、广泛全局影响和高度系统复杂性的关键工程，深度关联着政府、群众、企业等多元主体力量，其影响力全方位地辐射至经济社会发展的各个角落。数字治理能够精准聚焦社会治理的痛点与难点，借助大数据分析洞察民生需求，以智能化手段优化公共服务供给，极大地提升治理效能与资源配置效率，为构建和谐有序的社会环境筑牢根基。

在此进程中，充分发挥党的领导核心作用至关重要。党的政治优势为数字治理指引着清晰的方向，使其始终坚守社会主义核心价值观的导向，坚定不移地服务于人民群众的根本福祉。党的组织优势能够高效凝聚起各方力量，打破部门之间的信息壁垒与数据隔阂，编织起多主体协同合作的紧密网络，实现治理资源的共享与互补。党的制度优势则如基石，构建起数字治理的坚实制度框架，规范各类治理行为，保障数字治理在法治轨道上稳步前行。通过党的全方位引领与保障，数字治理得以在强大的推动力下，将"数字中国"的宏伟蓝图转化为生动现实，切实贯彻落实各项重大决策部署，为国家治理能力与治理体系现代化注入源源不断的活力与动力，使我国在数字时代的浪潮中稳健前行，实现经济社会的高质量发展与长治久安。

二 加快促进新质生产力发展

新质生产力是创新起主导作用，摆脱传统经济增长方式和生产力发展路径，具有高科技、高效能、高质量特征，符合新发展理念的先进生产力质态。数字经济是以数字技术为基础，通过互联网、大数据、人工智能等技术手段进行生产、交换和消费的经济形态，具有高度信息化、高度智能化、高效便捷、高科技、高效能、高质量等特征，是符合新发展理念的先进生产力质态。在经济领域，一方面，数字治理改变了传统生产方式，提高资源配置效率；另一方面，新的数字技术创造了全新的产品和服务模式，形成新的经济增长点，催生大量新经济、新业态。数字经济成为推动新质生产力发展的重要引擎。

数字治理可以通过制定和实施可持续的产业规则促进新质生产力蓬勃发展。在数据安全与隐私保护方面制定严格规则，明确数据收集、存储、使用和共享的边界与流程，保障企业和消费者的数据安全，为数字经济的稳定发展筑牢根基。例如，打造良性的算法治理机制赋能平台经济高质量发展。又如，建立数字经济领域的公平竞争规则，防止数据垄断与技术壁垒的形成，促进市场主体之间的充分竞争，可通过设定数据共享的合理限度与条件，避免个别企业凭借海量数据优势压制新兴企业创新。再如，针对数字技术创新制定激励性产业规则，可对研发新型数字技术并成功应用于生产领域的企业给予税收优惠、研发补贴或专项奖励资金，鼓励企业加大在人工智能算法优化、大数据分析技术升级等方面的投入。

三 大幅提升政府治理效能

数字治理在当今时代发挥着极为关键的作用，通过深度运用数字技术、数字平台等，对海量数据资源进行有效整合，优化公共服务（特别是政府服务）的供给模式，从而达成政府内部各部门之间、政府与企业、政府与公众之间资源与数据的无障碍流通。这一过程并非无序进行，而是在完善的制度框架与合理的规则体系约束下有序展开。在制度的规范与规则的引导下，政府治理在效率提升的同时，流程得以重塑，传统模式不断优化，多方利益协调均衡的良序格局逐步构建，公共服务朝着优质化、便捷化与多样化的方向大步发展，进而推动政府向着善治的目标迈进。例如，政务服务领域实现政策"免申即享"、异地通办、"一件事随心办"等创新模式，极大地加快和便利了公众享受政策福利，这背后是数字技术对服务流程的优化以及对民众需求数据的精准分析，也是制度保障下资源合理调配、规则约束下服务标准统一的成果。

同时，在政府考虑制定公共政策和执行决策时，数字治理借助信息平台系统、移动终端以及大数据等强大工具，广泛获取决策所需的全面而精准的信息，有助于减少决策的盲目性，提高决策的科学性和准确性。总之，数字治理通过持续的改革创新，不断适应社会发展的新需求，进一步提升政府应对复杂局面的能力，在保障各方利益的同时，全面提升政府治理效能，为构建现代化的高效能政府奠定坚实基础。

四 确保迈向公平、共赢、良序的数字向善道路

任何技术都是把"双刃剑"，数字技术也不例外。数字技术的快速发展和应用带来了许多前所未有的挑战，包括数据隐私、算法偏见、信息泡沫、工种替代、技术控制等。这就要求通过算法治理、数据治理等制定和实施相应的伦理和道德准则，并融入制度与规则，确保数字技术的使用和管理符合社会公共利益和人民福祉，实现善治目标。例如，通过建立监督与评估机制，对可能引起较大风险的数字技术的研发、应用进行监管，防止技术被滥用，确保其符合社会公共利益与人民福祉。

改革创新是数字治理持续发展、突破瓶颈、优化效能的重要动力。数字治理通过深度适配改革与创新的步伐，得以与时俱进地对现行制度规则展开全方位、多层次的调整与优化。面对数字技术引发的诸如冲突加剧、贫富分化等一系列社会风险，更需采取持续且有力的改革举措，将"数字向善"等伦理道德准则融入数字技术的应用与管理过程。在改革创新中确保数字技术的发展和应用能够惠及更广泛人群，特别是处于弱势地位的人群，打破信息壁垒，消除数字鸿沟，加强数据开放共享，让更多人享受到数字化发展的红利，从而达成以数字向善增进人民福祉的愿景，构建起和谐、公平且包容的数字社会生态。

此外，良序也是数字治理追求的目标之一。在数字治理过程中，通过完善制度规则、协调多方利益以及持续改革，逐步营造一个数字技术应用规范、市场竞争公平、信息传播健康的良序数字环境。在此环境下，数字技术的发展将被有效引导至增进人民福祉的轨道上，无论是提升公共服务的数字化水平，还是丰富居民群众的数字消费体验，都能让广大人民群众切实感受到数字向善的力量，共享数字时代的发展成果。

五 实现发展和安全动态平衡相得益彰

现代化的历史表明，发展与安全如鸟之两翼、车之双轮，相互支撑、不可偏废。习近平总书记强调："发展是安全的基础，安全是发展的条件。"① 这对通过数字治理实现发展和安全动态平衡和相得益彰具有以下三个启发性意义。

第一，发展是推动数字治理的重要动力。数字技术的迅猛发展深刻重塑着社会格局，在经济领域大幅提升生产效能、精准优化资源分配，在公共服务层面亦显著改善供给质量与效率，为社会进步注入澎湃动力。在追求发展的同时，必须清醒地认识到数字治理中可能出现的数据安全、隐私保护、算法歧视等风险问题。必须同步构建精密且高效的风险管控机制，以规范数字技术应用的边界与流程，确保其在安全轨道上释放发展潜能。

第二，安全是数字治理的重要保障。在数字空间中，数据安全、网络安全以及个人信息保护构成了安全体系的核心支柱。一旦数据安全防线失守，海量敏感信息将面临泄露与滥用风险，网络攻击肆意横行会导致数字基础设施瘫痪，个人信息保护不力更会严重侵蚀公众信任根基，这一系列安全漏洞将直接冲击数字治理的可持续发展根基，使之陷入风雨飘摇之境。因此，数字治理务必全方位打造坚不可摧的安全保障体系，从强化加密技术到完善监测预警机制，从严格法规制定到提升应急处置能力，全面确保数字技术运行环境的安全可靠，筑牢数字治理的安全防线。

第三，实现发展与安全的动态平衡绝非一劳永逸之事，而是一场需要持之以恒投入努力并不断创新突破的漫长征程。数字治理置身于瞬息万变的时代浪潮之中，大模型等技术迭代更新的速度令人目不暇接，社会需求亦处于持续的流变与升级状态。新的风险与挑战对数字治理更是提出了许多高要求。例如，新兴的人工智能应用可能引发的全新伦理争议与安全风险，以大模型为代表的人工智能技术是否将加速取代人类。面对此般复杂多变的局面，数字治理体系须时刻保持高度的敏锐性与前瞻性，以创新思维为引领，在大胆和积极的改革创新中不断探索适应新形势的治理模式与策略，在风险初现端倪之时便能精准洞察，并迅速调配资源、制定针对性解决方案，及时化解危机于无形，从而维系发展与安全在动态演进过程中的精妙平衡，使二者相互促进、相得益彰，携手推动数字治理迈向更高层级的稳定与繁荣。

---

① 习近平：《习近平谈治国理政》，外文出版社 2014 年版，第 201 页。

第二章

深圳数字治理的新形势与新机遇

全球数字技术突飞猛进,各大国、强国加紧抢占数字经济战略版图,争夺全球数字治理规则的话语权,数字治理的国际政治经济格局加速调整。中国顺应历史潮流,抢先谋划布局,培育和发展新质生产力,完善全球数字治理体系,构建网络空间命运共同体。深圳是中国数字经济产业高地、数字孪生先锋城市和数字政府建设的先行者。面对人工智能、机器人、航空航天等技术业态的冲击,深圳肩负着抢占全球数字产业发展制高点,培育世界一流数字经济企业,探索城市数字治理新路径的历史使命。

第一节 世界正处于工业社会向数字社会演进的重要临界点

回顾全球工业革命历程,技术的突破性发展牵引生产关系的变革,推动着人类文明演变。第一次工业革命,以蒸汽机、纺织机、铁路等为代表的技术掀起工业革命浪潮,人类社会进入以大机器代替农业社会手工劳动的时代。煤炭成为主要能量来源,物质资料的生产组织形式逐步从家庭作坊进化为流水线作业,人口从乡村向城镇集聚,工业产值的比重快速上升。1860年,英国的工业制造业产值占全球近20%的份额,成为"世界工厂"[①]。第二次工业革命,以电力、石油、化学、汽车等为代表的技术与产业组织模式创新推动人类社会进入电气时代。在第一次工

---

① [美]彼得·马什:《新工业革命》,赛迪研究院专家组译,中信出版社2013年版,第7—8页。

业革命的基础上，人类科学与技术更加紧密结合，发电机、内燃机相继发明，电力成为新能源，石油成为基础性燃料，覆盖全球的产业链体系和企业与工厂管理制度逐步成型，卡特尔、托拉斯等垄断组织兴起发展，基于市场经济建立的风险投资、银行金融、法律、会计等服务业兴起并发展。第三次工业革命，以原子能、计算机、航天技术等为代表的科技突破使人类社会加速进入"信息时代"。尤其是电子计算机技术的利用和发展，推动建成全球互联互通的网络信息高速公路，极大地降低了信息传输成本，推动跨学科、跨领域的融合发展。自动化生产成为可能，现代化的企业管理制度成型，全要素生产率全面提升，现代服务业体系日渐庞大，如1929年美国服务业就业人数占全部就业人数之比超过50%。[1]与此同时，在互联网技术的发展和影响下，人类的衣、食、住、行、用以及社会思想和结构等方面也都发生了巨大变革。

在科技创新突破的历史主轴上，伴随决定性技术的变革，生产组织、管理机制、经济社会形态等都发生着天翻地覆的变化，呈现以"技术－经济"范式为轴心引领技术革命和经济社会变迁的协同演化过程。[2] 数字技术对于人类文明演进产生了颠覆性的推动作用，数字经济发展速度之快、辐射范围之广、影响程度之深前所未有，已成为具有"创造性破坏"[3] 效应的新质生产力。当前，人类正处于第三次工业革命的进程中，新一轮的科技革命曙光已经显现，[4] 以人工智能等为代表的数字技术出现突破性变革，并牵引生产关系的调整，推动人类社会从工业时代进入"数字时代"，人类文明正从工业文明迈入"数字文明"。深圳数字治理正是在人类数字文明演变的历史长河中展开，面临数字文明演变中的技术、组织、经济和社会关系变化中带来的新形势和新机遇。

---

[1] Esteban Ortiz-Ospina, Nicolas Lippolis, "Structural transformation: how did today's rich countries become 'deindustrialized'?" (https://ourworldindata.org/structural-transformation-and-deindustrialization-evidence-from-todays-rich-countries）.

[2] ［英］卡萝塔·佩蕾丝：《技术革命与金融资本——泡沫与黄金时代的动力学》，田方萌等译，中国人民大学出版社2007年版，第14页。

[3] ［美］约瑟夫·熊彼特：《经济发展理论》，何畏、易家详译，商务印书馆1990年版，第5页。

[4] ［德］克劳斯·施瓦布：《第四次工业革命：转型的力量》，李菁译，中信出版社2016年版，第4页。

一 数字技术已成为经济社会的基础性技术

数字技术已经渗透到社会的方方面面，影响甚至决定人类的生活、工作、娱乐方式，推动生产力的提升和社会变革的加速，成为支撑经济社会发展的基础性、通用性力量。基础性方面，从计算机编程技术到高级人工智能应用开发，以云计算、大数据、人工智能、区块链等为代表的数字技术嵌入各类商业应用、服务平台和政务端口，5G、数据中心、云计算等新型基础设施更加规模化和智能化，作为技术架构的底层支撑着整个社会的运作和发展，构成了现代经济社会运行的技术底座。同时，算力、算法以及数据，正逐步超越技术的范畴成为基础设施，如同水、电和石油一般，已经成为现代社会运转不可或缺的基础性要素，为现代社会的运作提供了基本的运算、存储、传输和处理信息的能力。2024年，5G已深入国民经济生产生活，5G移动电话用户达10.02亿户，① 融入97个国民经济大类中的有74个，在大型工业企业渗透率达37%，建成超2.9万个5G行业虚拟专网，覆盖工业、港口、能源、医疗等多个领域②。2024年，全球75%的知识工作者已在工作中使用生成式人工智能（GAI）技术，91%的中国员工在日常工作中会使用该技术③。通用性方面，以工业互联网和工业数据为代表的技术以及数据要素作为通用生产要素，在提高生产效率、优化资源配置、降低交易成本和推动跨行业、跨领域、跨区域的融合发展方面起到关键性作用，为经济增长注入新的动力。截至2024年6月，中国生成式人工智能产品的用户规模已达2.3亿人，占全国总人口的16.4%。④

二 数字经济规模渐占国民经济的半壁河山

历史经验表明，当区域经济产业结构中，一个产业的经济规模占经济总

---

① 光明网：《我国5G用户数突破10亿户》（https：//baijiahao.baidu.com/s?id=1819216357559031644&wfr=spider&for=pc）。

② 卢扬、程靓：《〈全球数字经济白皮书（2024年）〉发布：主要国家产业数字化占比高达86.8%》（https：//www.163.com/dy/article/J64GA4Q305 19DFFO.html）。

③ 微软：《2024年工作趋势指数年度报告》（https：//chinaevent.microsoft.com/events/details/eb875943-221c-4fca-845b-86c457593b75）。

④ 中国互联网络信息中心：《中国互联网络信息中心发布〈生成式人工智能应用发展报告（2024）〉》（https：//jxt.zj.gov.cn/art/2024/12/6/art_1657979_58933417.html）。

量比例达到40%及以上时，则意味着区域产业结构迎来重大转折点。从学术和统计层面来看，数字经济并未单独作为一个产业，但其经济规模总量及占比已显示出其作为国民经济"主体地位"的客观事实。从全球来看，数字经济规模占GDP的比重已经超过40%。据中国信息通信研究院《全球数字经济白皮书（2024年）》，2023年，美国、中国、德国、日本、韩国5个国家数字经济总量超过33万亿美元，同比增长超8%，数字经济占GDP的比重为60%，产业数字化占数字经济的比重为86.8%。① 从国内来看，《数字中国发展报告（2023年）》相关数据显示，2023年中国数字经济规模达56.1万亿元，占GDP的比重提升至44.5%左右。② 从经济增长新动能来看，在数字新兴技术的牵引下，新动能不断涌现。例如，在人工智能领域，2023年全球人工智能产业规模达7078亿美元，同比增长19.3%，成为全球经济增长的新引擎。③

三 数据成为新质生产力的重要基础要素

数据作为数字时代的新型生产要素，已成为发展新质生产力的重要支撑和关键引擎。《中共中央 国务院关于构建更加完善的要素市场化配置体制机制的意见》明确数据是一种新型生产要素。④《关于构建数据基础制度更好发挥数据要素作用的意见》明确，"数据作为新型生产要素，是数字化、网络化、智能化的基础，已快速融入生产、分配、流通、消费和社会服务管理等各环节，深刻改变着生产方式、生活方式和社会治理方式"。⑤ 2023年，中国数据生产总量达32.85ZB（泽字节），同比增长22.44%。⑥ 事实上，电子计算机技术取得突破后，数据要素实际上是基

---

① 卢扬、程靓：《〈全球数字经济白皮书（2024年）〉发布：主要国家产业数字化占比高达86.8%》(https://www.163.com/dy/article/J64GA4Q30519DFFO.html)。
② 黄卫挺：《激荡数字经济发展澎湃动能》(http://www.sasac.gov.cn/n2588025/n2588134/c31014814/content.html)。
③ 吴徐美、王晨雯：《〈全球人工智能产业发展白皮书（2024年度）〉发布》(https://www.sz.gov.cn/cn/xxgk/zfxxgj/zwdt/content/post_11531060.html)。
④ 中共中央、国务院：《中共中央 国务院关于构建更加完善的要素市场化配置体制机制的意见》，《中华人民共和国国务院公报》2020年第11期。
⑤ 中共中央、国务院：《中共中央 国务院关于构建数据基础制度更好发挥数据要素作用的意见》，《中华人民共和国国务院公报》2023年第1期。
⑥ 颜之宏、严赋憬：《最新报告出炉！2023年我国数据生产总量达32.85ZB》(https://www.gov.cn/yaowen/liebiao/202405/content_6953440.htm)。

于二进制编码记录的结构化和非结构化信息，①经过一定的分析、加工和提炼能够释放经济价值的生产资料。与其他生产要素相比，数据具有可复制、非消耗、近零成本的新特性，打破了自然资源有限供给对经济增长的约束，对其他生产要素有放大、叠加和倍增的作用。尤其是随着大数据、人工智能、互联网、物联网、云计算、区块链等技术突破，数据汇聚、清理、加工、流通、利用等全链条的成本和门槛逐步降低，在推动生产力发展、优化资源配置、促进产业升级等方面的作用和潜力正被全面激发。数据作为生产要素为生产力体系赋予了新的动能，促成了生产力表现形式与效能的根本性跃迁，从而催生了新质生产力。②

四 数字化重构着政府的理念、组织和决策

从政府办公无纸化到电子政务再到数字政府，数字化早已不再是简单的数字技术对政府工作流程的简单优化，而是数字技术、数字化理念和数字治理模式在政府职责体系的全面嵌入，倒逼政府治理理念、组织结构、决策方式等方面的深度变革，正在革新政府决策、服务供给和治理模式，对政府运行体系的价值取向、内容结构、运行机制、监管方式等产生深刻影响。数字政府建设成为中国的国家战略，2022年，国家提出加强数字政府建设，以数字技术应用加快转变政府职能，建设法治政府、廉洁政府和服务型政府，推动国家治理体系和治理能力现代化。2024年，国务院专门围绕"高效办成一件事"发文，要求强化政务服务数字赋能。③近年来，随着各类智慧化、一体化的数字平台建设，政府内外部正发生巨变。内部组织运作上，传统部门间信息等壁垒被打通，跨地域、跨系统、跨部门、跨业务、跨层级的数据共享与业务协同机制加速成型，构建更加灵活高效的组织形态，并在大数据、人工智能等技术加持下，政策制定和决策的科学性、民主性显著提高。同时，外部政务服务已基本实现智慧化、便捷化、高效化，极大简化办事程序，提高办

---

① 《数据安全法》第三条规定"数据是指任何以电子或者其他方式对信息的记录"。
② 谭洪波、耿志超：《数据要素驱动新质生产力：理论逻辑、现实挑战和推进路径》，《价格理论与实践》2024年第5期。
③ 中国政府网：《国务院关于进一步优化政务服务提升行政效能推动"高效办成一件事"的指导意见》（https://www.gov.cn/zhengce/content/202401/content_6926255.htm）。

事效率，减少人为错误和延误。

五　社会形态加速演变，实体社会和虚拟社会并存孪生

数字技术的广泛渗透对现实物理世界带来深刻影响，涌现了一系列解构与重构社会结构的新机制，逐渐延伸形成虚拟社会等社会新形态。① 近几十年来，数字通信技术深刻改变了人们的社会生活，在实体物理世界的网络空间形成了以社交媒体、短视频平台、在线游戏、虚拟社区等为代表的虚拟世界或空间。在虚拟空间，人们可以跨越地理、身份等实体社会的界限，以数字身份进行社交、娱乐和学习，形成一个与实体社会并存的虚拟社会。第三方智库预测，预计到2030年，在全球范围内，元宇宙的用户数量将超过14亿，用户渗透率将达到18%。② 从互联网技术兴起推动形成的网络世界到虚拟现实（VR）或增强现实（AR）技术打造的"元宇宙"，虚拟社会在数字技术的进步下加速成型，个体之间、群体之间、国家之间的交流互动方式发生了极大的变化，并形成独特的社交网络和文化现象，挑战传统的社会结构。传统社会人际关系、社会结构以及文化认同中形成的中心化、权威制、层级化特征加速瓦解，向多中心化、扁平化、网络化、圈层化转变，现实世界与"元宇宙"空间并存，多个"平行世界"已成为常态，相互之间彼此塑造和作用，重构着社会关系的新形态。在整体社会层面，真实社会与虚拟社会相互交织、紧密互动甚至互为因果。③

六　数字文化兴起，自媒体正深刻构建社会意识形态

数字技术与平台的发展推动信息传播与社会意识形态的演变，社会信息传播与文化表达范式发生重大的变化，催生了数字内容这一全新的文化形态。相较传统文化形式，数字文化具有高度的开放性、互动性和即时性，打破传统文化的地域、时间限制，极大地丰富了文化传播的形式和内容，改变了人们获取、传播和分享信息的方式，深刻影响了人们

---

① 王天夫：《数字时代的社会变迁与社会研究》，《中国社会科学》2021年第12期。
② 智研咨询专家团队：《中国元宇宙行业发展前景预测与投资战略规划分析报告》（https://www.sohu.com/a/785906572_120815556）。
③ 王天夫：《数字时代的社会变迁与社会研究》，《中国社会科学》2021年第12期。

的思维方式、价值观念乃至社会行为模式①。随着Facebook（今名"Meta"）、Twitter（今名"X"）、微博、微信公众号以及TikTok等信息分享和传播平台的兴起和发展，自媒体作为一种新兴的信息传播途径和数字文化载体逐渐壮大，成为影响社会意识的重要渠道。《2024年全球数字化营销洞察报告》显示，2024年年初，全球有50.4亿个活跃社交媒体用户账号，每位用户平均每天花143分钟使用社交媒体②。近两年来，随着以"数字人"为代表的新载体出现以及"AIGC+元宇宙"的创新，加快文化与数字技术的融合，突破艺术"形式与内容"的界限，延伸出数字时代的文化新业态。以自媒体为代表的数字文化改变了传统信息传播的方式和速度，为用户提供了自由表达观点和分享信息的空间，个体无须依赖传统媒体的编辑与选择，即可自由表达和传播信息，极大地促进了公众参与舆论话语的多样性和活跃度，使得信息传播更加民主化与平等化，成为塑造社会意识形态、文化观念以及公共舆论的重要阵地。③ 在自媒体时代，扁平化的社会结构，使得社会意识的形成不再仅仅依赖于权威媒体或精英阶层，而是更加依赖于广大公众的集体智慧和共同参与。公众在自媒体上展示自我、表达观点的过程中，不断塑造和强化着个性化的文化认同和价值观念，推动社会意识的多元化和开放性，加速构建数字时代的社会意识形态。

第二节　数字治理成为全球争夺竞争制高点的核心赛道

英国学者苏珊·斯特兰奇提出，在国际体系中国家间的竞争，定义和塑造全球政治经济权力框架的结构性权力比绝对实力更为重要。④ 当

---

① 马丽丁娜、朱丽丽：《数字文化10年研究：技术、日常生活与在地实践》，《传媒观察》2023年第3期。
② 叶子鹏：《数字洪流中如何自处？》（https://baijiahao.baidu.com/s?id=1809503985403671939&wfr=spider&for=pc）
③ 付安玲、姜雪莲：《智媒时代主流意识形态视觉化叙事的现实审视与优化路径》，《思想教育研究》2024年第5期。
④ 王帆：《国际政治经济学的结构学说——评析苏珊·斯特兰奇的〈国家与市场：国际政治经济导论〉》，《国际关系学院学报》2005年第6期。

前,"世界经济复苏乏力,局部冲突和动荡频发,全球性问题加剧,世界进入新的动荡变革期"①,围绕数字经济、关键核心技术、数字贸易规则等全球经济、科技、军事、社会治理等战略制高点的竞争日趋白热化。全球数字治理新规则正处于基础规则架构阶段,国家之间的核心理念、治理标准、技术方向和政策规则等加速分化,全球范围内数字民族主义、保护主义和逆全球化的思潮兴起,数据和技术管制力度不断增强。

以美国为核心的西方国家加速内外双管齐下占领"全球数字治理战场"的制高点。对内,美国及其盟友加速推进技术对接和治理规则的衔接,减少彼此之间数字治理规则的异质性和不对称性,以标准的制定权牢牢掌控全球权力结构中的霸权地位。对外,以美国为代表的西方国家持续升级核心技术的封锁,利用数字经贸规则打压中国等发展中国家发展,试图继续维持其"数字霸权"②。中国既面临来自外部的"卡脖子"技术封锁打压,也面临在全球数字治理规则竞争中话语权不足的被动局面。如何在数字时代激烈的国际竞争中破局,是深圳乃至中国必须直面的全新挑战。

一 数字经济治理国际标准体系已成为大国博弈新战场

(一)全球数字经济形成美国主导、中国崛起、鸿沟加深的基本格局

在全球数字技术创新蓬勃发展的当下,数字时代的财富分配不平等现象正持续加剧,数字技术创新所催生的巨额财富正日益被少数大平台企业与特定国家所掌控。中国信息通信研究院《全球数字经济白皮书(2023年)》显示,美国、中国、德国继续占据全球数字经济前三位。

第一,美国作为数字技术的发源地,掌握数字经济的技术主导地位和产业链咽喉环节,最先获取数字经济的技术红利。1998年,美国商务部发布的《浮现中的数字经济》报告显示,美国20世纪90年代末,以IT产业为代表的数字经济产业大约占GDP的8.2%。③从2005年起,美

---

① 习近平:《高举中国特色社会主义伟大旗帜 为 全面建设社会主义现代化国家而团结奋斗——在中国共产党第二十次全国代表大会上的报告》,《中华人民共和国国务院公报》2022年第30期。

② 胡莹:《数字帝国主义视阈下美国的数字霸权批判》,《马克思主义研究》2023年第11期。

③ U. S. Department of Commerce, "The Emerging Digital Economy" (https://www.commerce.gov/sites/default/files/migrated/reports/emergingdig_0.pdf).

国数字经济年均增速超过 6%。2023 年，美国数字经济产值已达 19.8 万亿美元，[①] 根据《全球数字经济白皮书（2024 年）》测算，美国数字经济占国内生产总值为 65% 以上，处于全球领先地位[②]。从技术和龙头企业看，美国处于垄断性地位。联合国贸易和发展会议估算，2023 年全球前沿技术的知识储备主要来自美国。[③] 根据世界半导体贸易统计组织数据，2023 年，全球排名前十五名的半导体公司中，美国企业独占 8 家（见表 2-1），如全球搜索引擎巨头谷歌、社交媒体巨头 Meta（原名"脸书"）和全球互联网电商巨头亚马逊，其中亚马逊 2022 年销售额相当于中等强国一年的国内生产总值[④]。截至 2024 年第一季度，全球人工智能核心企业约有 3 万家，其中美国占 34%，中国占 15%[⑤]。

表 2-1　　　　　　2023 年全球 Top10 半导体公司排名

公司名称	2023 年营收（亿美元）	2023 年市场占有率（%）	2022 年营收（亿美元）	增长率（%）
英特尔（Intel）	486.64	9.1	584.36	-16.7
三星（Samsung）	399.05	7.5	638.23	-37.5
高通（Qualcomm）	290.15	5.4	347.80	-16.6
博通（Broadcom）	255.85	4.8	238.68	7.2
英伟达（Nvidia）	239.83	4.5	153.31	56.4
海力士（SK Hynix）	227.56	4.3	335.05	-32.1

---

① Tina Highfill, Christopher Surfield, "New and Revised Statistics of the U. S. Digital Economy, 2005-2021", *Bureau of Economic Analysis*, February 2023, p. 2.

② 卢扬、程靓：《〈全球数字经济白皮书（2024 年）〉发布：主要国家产业数字化占比高达 86.8%》（https：//www.163.com/dy/article/J64GA4Q30519DFFO.html）。

③ United Nations Conference on Trade and Development, "Technology and Innovation Report 2023: Opening Green Windows Technological Opportunities for a low-carbon world"（https：//unctad.org/system/files/official-document/tir2023_en.pdf）.

④ 根据国际货币基金组织 2023 年 4 月发布的数据，排名第 29 位的阿联酋 2022 年国内生产总值为 5075 亿美元。

⑤ 福布斯中文版：《福布斯中国观察：2023 上半年全球新晋独角兽全名单披露》（https：//www.forbeschina.com/sustainability/65051）。

续表

公司名称	2023年营收（亿美元）	2023年市场占有率（%）	2022年营收（亿美元）	增长率（%）
超威（AMD）	223.05	4.2	236.20	-5.6
意法半导体（STMicro）	170.57	3.2	158.42	7.7
苹果（Apple）	170.50	3.2	180.99	-5.8
德州仪器（TI）	165.37	3.1	188.44	-12.2

资料来源：世界半导体贸易统计组织（WSTS）。

第二，中国作为世界最大数字消费市场，数字经济实力显著提升。2023年，中国数字经济规模达到53.9万亿元，总量稳居世界第二，占GDP比重为42.8%，高于同期GDP名义增速2.76个百分点，对GDP增长的贡献率达66.45%①。截至2023年12月，中国网民规模达10.92亿人，互联网普及率达77.5%，2023年全国网上零售额达15.4万亿元，连续11年稳居全球第一。② 中国数字基础设施的规模和质量全球领先，全国行政村通宽带比例达100%。截至2024年8月，中国移动物联网终端用户数已达25.65亿户，同年10月5G基站总数达414.1万个，每万人拥有5G基站数达29个。凭借后发优势和国内市场的巨额体量，以华为、腾讯、阿里巴巴、百度、字节跳动等为代表的中国数字经济龙头企业不断培育壮大。2023年，北京、上海、天津、福建、浙江、广东等省市数字经济占GDP比重已超过50%。

第三，全球数字发展鸿沟扩大，主要发达国家和地区持续发力抢夺数字经济竞争新优势。欧盟、日本、韩国等地区或国家数字经济规模和数字化转型速度很难单独超越中美两国，但在部分关键技术上仍拥有较强的竞争力。受限于欧盟《一般数据保护条例》（General Data Protection Regulation，GDPR）过于严格的个人数据保护标准，欧洲约80%的个人

---

① 中国信息通信研究院：《中国数字经济发展研究报告（2024年）》（http：//www.caict.ac.cn/kxyj/qwfb/bps/202408/t20240827_491581.htm）。
② 中国互联网络信息中心：《第53次中国互联网络发展状况统计报告》（https：//cnnic.cn/NMediaFile/2023/0908/MAIN1694151810549M3LV0UWOAV.pdf）。

数据附加的经济价值尚未被挖掘。为此，欧盟委员会于 2022 年 2 月公布了《数据法案》（Data Act）草案，计划通过新的规则刺激数据利用，并预计到 2028 年，释放的数据将创造 2700 亿欧元的 GDP。2021 年 3 月，欧盟宣布启动"2030 数字罗盘计划"（2030 Digital Compass：the European way for the Digital Decade），提出到 2030 年将欧盟生产的尖端、可持续的半导体产品（以芯片为主）占全球总产值的比重由 10% 提升至 20%。① 尤其是以欧洲电信标准协会（ETSI）为代表的行业组织掌握较大标准话语权，正成为欧洲参与数字治理的重要手段。② 日韩在半导体产业链价值链中不可或缺。全球超过 50% 的半导体材料由日本公司生产。日本经济产业省 2023 年版《半导体和数字产业发展战略》提出，要在 2030 年前实现半导体行业销售额翻两番的目标。2021 年，韩国政府推出"K-半导体战略"计划，计划投资 4500 亿美元在未来十年打造全球最大半导体制造基地。

发展中国家和低收入国家在数字竞争中处于弱势，潜在的数字经济红利有待释放。2022 年科技亿万富翁的财富总额为 2.1 万亿美元，超过 G20 半数以上经济体当年国内生产总值。③ 国际电信联盟 2024 年数据显示，全球仍有 26 亿人不能接入互联网，非洲国家上网人口比例仅为 37.5%，这一比例远低于欧洲的 91.2% 和美洲的 86.5%；最不发达国家仅有 84.7% 的人拥有 3G 以上移动宽带信号，低于全球平均 95.6% 的覆盖率。④ 据 GSMA 智库，截至 2022 年，撒哈拉以南的非洲地区仅有 10 多个国家安装了商用 5G 网络，移动宽带渗透率仅为 28%⑤。差距的另一面是市场机遇。面对发展中国家和地区在数字基础设施领域的 5G 基站、光纤电缆、数据中心、服务器等市场缺口，中美欧日等国家

---

① 于萍、高宏：《从欧盟〈2030 数字罗盘〉看各国数字主权之战》，《机器人产业》2021 年第 4 期。

② 蔡翠红、张若扬：《"技术主权"和"数字主权"话语下的欧盟数字化转型战略》，《国际政治研究》2022 年第 1 期。

③ 联合国：《全球数字契约——为所有人创造开放、自由、安全的数字未来》（https://www.un.org/sites/un2.un.org/files/our-common-agenda-policy-brief-gobal-digi-compact-zh.pdf）。

④ ITU, "Measuring digital development: Facts and Figures 2022"（https://www.itu.int/en/ITU-D/Statistics/Pages/facts/default.aspx）.

⑤ GSMA Intelligence, "The Mobile Economy Sub-Saharan Africa 2022"（https://www.gsma.com/mobileeconomy/wp-content/uploads/2022/10/The-Mobile-Economy-Sub-Saharan-Africa-2022.pdf）.

和地区大型跨国公司正激烈争夺的海外市场。例如，七国集团推出"重建更美好世界"全球基建计划，欧盟发布"全球门户"投资计划，其核心目的都是抢占数字贸易市场，争夺全球数字治理的话语权（见表2-2）。

表2-2　　全球主要国家或地区数字经济战略概览

国家/地区	政策名称
欧盟	《欧洲数据战略2020》
	《欧洲芯片法案》
	《欧洲数字主权》
	《数字市场法》
	《数字服务法》
	《数据治理法案》
	《欧洲竞争力的未来》
	《2024—2027行动计划》（欧洲数据保护委员会）
	《2024年数字十年状况报告》
美国	《数字战略2020—2024》
	《美国国际网络空间和数字政策战略》
	《2021年战略竞争法案》
	《2021美国创新与竞争法案》
	《芯片和科学法案》
	《2024年人工智能路线图》
	《2024—2025财年AI战略：通过负责任的AI赋能外交》
德国	《量子技术行动计划》
	《数字战略2025》
	《数字化实施战略》第五版（2020）
	《联邦政府人工智能战略要点（2018）》
	《人工智能德国制造（2018）》
	《高技术战略2025（2018）》
	《基于人工智能向数据经济转型的国家倡议》
	《人工智能行动计划》

续表

国家/地区	政策名称
英国	《国家量子战略》
	新版《英国数字战略》
	《国家人工智能战略》
	《数字宪章（2018）》
	《英国工业 2050 计划（2018）》
	《产业战略：人工智能领域行动（2017）》
	《国家计量战略（2017）》
	《国家计量战略实施计划（2018）》
	《数字发展战略 2024—2030》
法国	《数字法国 2020》
	《法国人工智能战略（2018）》
	《5G 发展路线图（2018）》
	《利用数字技术促进工业转型的方案（2018）》
	《数字空间安全和监管法》
	《有意义的人工智能：走向法国和欧洲的战略》
澳大利亚	《数字经济战略：在 2030 年实现领先的数字经济与社会》
	《2022 年数字经济战略更新》
	《政府负责任地使用人工智能政策》
	《国家人工智能保障框架》
	《2023—2030 年网络安全战略》
日本	《数据产业振兴和利用促进基本法》
	《半导体超级强国战略》
	《数字社会形成基本法》
	《量子技术创新战略（2020 年）》
	《半导体数字产业战略（2021 年）》
	《人工智能战略（2022 年）》

（二）全球数字贸易体系处于重构调整的激烈角逐期

伴随数字技术与数字经济格局的调整，传统全球数字贸易体系加速演变，主要国家加速在数字规则体系的战场博弈，以掌握未来数字制度竞争的制高点。

第一，现行以世界贸易组织（WTO）框架为核心的国际贸易标准面临与全球数字贸易规则需求相脱节的问题。全球数字贸易发展迅速，但传统WTO框架下的相关规则略显滞后。例如，在数据跨区域流动方面，尚未针对数据跨境流动制定专门规则，仅在一些涉及服务贸易的条款中有所提及，相关规定较为宽泛和模糊，已经无法满足现实需求。同时，由于涉及国家众多，相关规则的调整程序烦琐、时间长。在电子商务贸易方面，2019年，76个WTO成员签署《电子商务联合声明》，① 正式启动电子商务贸易议题谈判；同年6月，二十国集团（G20）发布了《大阪数字经济宣言》，同意将在WTO框架下推动制定电子商务与贸易有关问题的国际规则。② 2023年12月，各方基本完成电子认证和电子签名、电子合同、无纸化交易、开放式政府数据、在线消费者保护、非应邀商业电子信息、透明度、电子交易框架等13个全球数字贸易规则谈判。③ 在规则调整过程中，各成员国积极主动参与，希望通过新规则的调整降低本国企业的成本，提升产业竞争力。

第二，美国在全球数字贸易治理规则制定中处于主导地位。美国不仅是WTO等传统世贸规则的主导者，也在积极围绕数字治理等新领域谋求新治理体系的"霸权"。从实际推进层面来看，美国正加快绕过WTO框架，通过与各国的双边或多边贸易协定建立全球数字贸易的游戏规则。与传统制造业领域发生贸易保护主义转向不同，美国在数字贸易领域持续强调自由主义，大力提倡破除数字贸易壁垒，为本国数字经济企业巩固竞争优势。2018—2019年，美国在《全面与进步跨太平洋伙伴关系协定》（CPTPP）、《美墨加协定》和《美日数字贸易协定》涉及数字贸易的条款中力推跨境数据流动免关税，数字知识产权保护由源代码扩展至算法和加密技术，数字产品非歧视待遇等第二代数字贸易规则。④ 2021

---

① 步欣：《76个世贸组织成员签署〈关于电子商务的联合声明〉》（http：//tradeinservices. mofcom. gov. cn/article/news/gjxw/201901/76946. html）。
② 东艳、张琳：《构建全球数字经济规则》（http：//tradeinservices. mofcom. gov. cn/article/yanjiu/pinglun/201907/86558. html）。
③ 第一财经：《重要里程碑！WTO电子商务谈判宣布达成"实质结论"，涵盖网络安全等13个条款》（https：//baijiahao. baidu. com/s？id=1785848770484731008&wfr=spider&for=pc）。
④ 周念利、吴希贤：《美式数字贸易规则的发展演进研究——基于〈美日数字贸易协定〉的视角》，《亚太经济》2020年第2期。

年，美国与欧盟成立"贸易和技术委员会"，协调跨大西洋数字贸易规则。

（三）国家安全成为各国对跨国数字企业监管的合规武器

面对复杂的国际形势，以数据合规等为要求的国家安全规则成为各国监管跨国数字企业的关键"武器"，更成为发达国家限制发展中国家的重要手段。

第一，针对跨国数字平台的监管与审查日趋严格。大型跨国科技公司的垄断、滥用市场地位等问题一度成为监管盲区。2016年，德国反垄断部门联邦卡特尔办公室（FCO）开始对脸书公司滥用市场支配地位从第三方网站过度收集用户数据开展调查，打响跨国科技巨头反垄断第一枪。欧盟《数字市场法》规定"守门人"平台，即提供核心平台服务的大型科技公司，不得将个人数据与其他服务合并交叉使用、用户个人信息匿名化处理、向接入平台的第三方企业免费提供搜索、排名和业绩测量工具等。① 首批"守门人"名单覆盖 Alphabet、亚马逊、苹果、字节跳动、Meta 原名"Facebook"中文名为"脸书"、微软六家科技公司旗下的 22 个平台。2024 年 9 月，欧盟法庭宣布维持下级法院的裁决，向谷歌罚款 24 亿欧元（相当于 26 亿美元）。

第二，跨国数字企业合规监管被"安全化""武器化"。中国跨国科技公司屡遭不公平待遇，商业损失惨重。例如，英国政府限制华为参与 5G 基站建设；2020 年，印度以威胁国家主权和安全为由将微信、TikTok、Helo 和 Vigo Video 等 59 个中国 App 封禁②；2024 年 4 月，美国总统拜登签署《保护美国人免受外国对手控制应用程序侵害法案》。根据该法案，字节跳动如果不在 2025 年 1 月 19 日前"剥离"旗下应用程序 TikTok 的美国业务，将会面临美国全国禁令。③

---

① 欧盟"守门人"认定标准主要包括，过去 3 年内市值至少达到 750 亿欧元，在欧盟境内营业额超过 75 亿欧元，拥有超过 4500 万月活跃用户和超过 1 万名年度活跃用户，至少在 3 个欧盟成员国提供核心平台服务。

② 赵觉虑：《又拿"安全"说事！印度宣布禁用 59 款中国应用，包括 TikTok 和微信》（https://world.huanqiu.com/article/3yrG5l8B1Xs）。

③ 任晓宁：《TikTok 再次起诉美国政府 这次难度比 4 年前大》（https://baijiahao.baidu.com/s?id=1798464145581823647&wfr=spider&for=pc）。

二 大国之间围绕关键核心技术竞争展开"合纵连横"

（一）核心技术领域制裁成为遏制中国科技进步的常规武器

数字技术新赛道竞争烈度升级。少数发达国家基本垄断数字时代关键技术的研发资源与能力。数字经济大国在关键数字基础设施、大语言模型、5G 通信、区块链等领域之争愈演愈烈。美国等西方国家进一步精准制裁中国科技创新发展，盯住科技创新前沿技术源头封锁，加速数字产业链供应链"本土化"或"本国化"，力图阻止或延迟中国占据数字产业链优势地位。截至 2024 年 4 月，美国拜登政府制裁的中国实体累计达 319 家，涉及生物技术、AI 技术、微处理器技术、量子计算、高级材料、机器人、高超声速等行业，限制半导体、量子计算、人工智能等敏感技术领域的对华新投资。① 2024 年 12 月，美国总统拜登要求美国贸易代表办公室启动一项 301 条款调查，针对的是中国基础半导体的主导地位行为及其对美国经济的影响。②

（二）数字货币和加密货币成为各国捍卫金融权力的新阵地

随着以比特币 BTC 为代表的加密货币被发明和流通，数字货币和加密货币正展现出代替主权货币的功能，对全球金融体系稳定造成冲击，各国加速采取系列举措应对棘手局面，重新稳固金融秩序，维护自身经济主权。根据美国智库大西洋理事会统计数据，2023 年，130 多个国家或地区正探索发行央行数字货币，全球范围内存在约 200 种稳定币，③ 绝大多数稳定币选择锚定美元④。2019 年，美国众议院以冲击全球金融秩序为由，叫停脸书公司加密货币 Libra 项目。美国总统拜登签署《关于确保负责任地发展数字资产的行政命令》，要求美国政府探索创建美国央行数

---

① 参考消息网：《外媒：拜登政府打压中企数量超过特朗普》（https://baijiahao.baidu.com/s?id=1796301080940969272&wfr=spider&for=pc）。

② 由于处于两任总统的交接期，措施需要长时间进行落地，相关举措还需美国下任总统特朗普最终确认。但从特朗普的整体对话态度及表态看，其应会围绕算力芯片等核心部件的供应进行严格的限制。

③ 稳定币（Stablecoin）是一种旨在相对于特定资产（池）或一篮子资产保持价值稳定的数字货币。

④ Alisha Chhangani, "Central bank digital currency evolution in 2023: From investigation to preparation" (https://www.atlanticcouncil.org/blogs/econographics/central-bank-digital-currency-evolution-in-2023-from-investigation-to-preparation/)。

字货币的可行性。2024年1月，美国证券交易委员会（SEC）通过了包括贝莱德IBIT在内的11只现货BTC ETF（比特币ETF），从上市至12月底，这些ETF产品的净流入资金已经超过300亿美元。2024年7月，美国总统候选人特朗普公开承诺，要把美国打造成全球"加密货币之都"，同时建立比特币国家储备。欧洲整体相对谨慎，2023年，欧洲央行推出两版数字欧元发行方案①，2024年出台首部加密货币法规《加密资产市场监管法案（MiCA）》，明确了法案的适用对象范围、加密资产的分类、监管主体及相应的信息报告制度、营业限制制度以及行为监管制度等，是迄今为止最全面的数字资产监管框架。日本加快评估加密货币规定，且多次修改日本金融厅（FSA）许可等监管机制，以应对数字货币出现引发的金融服务格局的变化。2024年，日本政府监管部门FSA宣布将加强对境内加密数字货币投资者的保护措施。中国较早开始数字人民币的研究，重视数字人民币的应用试点，对加密货币审慎监管。2014年，中国人民银行在成立专门团队针对数字货币的发行框架和关键技术进行先行研究；2019年年末，数字人民币开始在深圳、苏州、雄安新区开展试点测试；2022年年末，流通中数字人民币存量达136.1亿元②。中国人民银行将加密货币定义为"特定的虚拟商品"，承认其作为数字资产的性质，但明确禁止其作为货币在市场流通。

（三）大模型掀起新的人工智能开发与应用竞赛浪潮

从AlphaGo赢得人机大战到ChatGPT横空出世，以人工智能技术为生产要素的创新性配置带来颠覆性挑战。OpenAI公司发布的ChatGPT更是掀起了C端通用大模型热潮③。据国际数据公司预测，全球AI计算市场规模到2026年将暴增至346.6亿美元。据美国斯坦福大学数据，2023年全年美国机构发布了61个新AI大模型，数量远超欧洲（21个）和中国（15个），如图2-1所示；中国在全球人工智能专利数量上占比高达

---

① 中国国际贸易促进委员会：《欧盟委员会公布欧元数字货币提案》（https://www.ccpit.org/belgium/a/20230630/20230630568e.html）。

② 中国政府网：《2023年金融统计数据报告》（https://www.gov.cn/lianbo/bumen/202401/content_6925677.htm）。

③ 通用大模型（Foundation Models）与定制化、场景化开发的各行业垂直大模型不同，是指通过海量的多场景、多领域数据学习训练，形成的具有通用性和泛化能力的模型底座。

61.13%，远超美国（20.90%）和欧洲（2.03%）①。截至2024年第一季度，全球AI企业近3万家，美国占全球的34%，中国占全球的15%，中国还远远不及。同时，2023—2024年第一季度，全球AI独角兽234家，美国120家，中国71家。2024年，全球人工智能大模型1328个，美国占44%，中国占36%②。

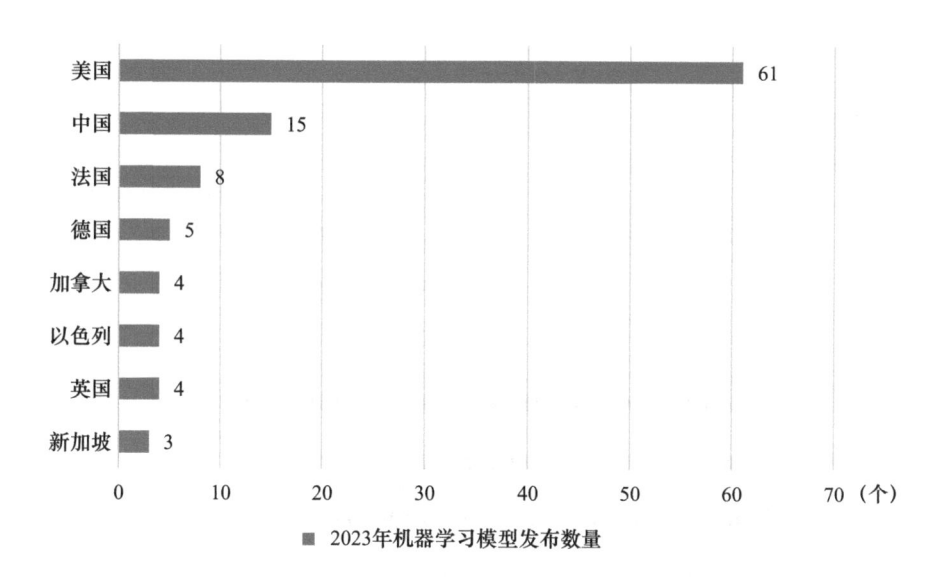

国家	2023年机器学习模型发布数量
美国	61
中国	15
法国	8
德国	5
加拿大	4
以色列	4
英国	4
新加坡	3

图 2-1　2023年全球机器学习模型发布国别分布情况

"多模大战"正在加速推进全产业链进入新智能时代。2023年AI使用渗透率在全球范围内普遍提高（见图2-3）。文本生成、翻译、智能问答、自动驾驶等领域应用端涌现出ChatGPT、文心一言和ChatGLM等大模型产品。2023—2024年，谷歌发布开源多模态通用大模型Gemini，并更新多个版本，最新的2.0版本支持图片、视频和音频等多模态输入，支持多模态输出，可以直接生成图像与文本混合的内容以及原生生成可控的多语言文本转语音（TTS）音频；OpenAI也先后更迭ChatGPT、Sora以

---

① Stanford University, "Artificial Intelligence Index Report 2024"（https://aiindex.stanford.edu/report/）.

② 卢扬、程靓：《〈全球数字经济白皮书（2024年）〉发布：主要国家产业数字化占比高达86.8%》（https://www.163.com/dy/article/J64GA4Q30519DFFO.html）。

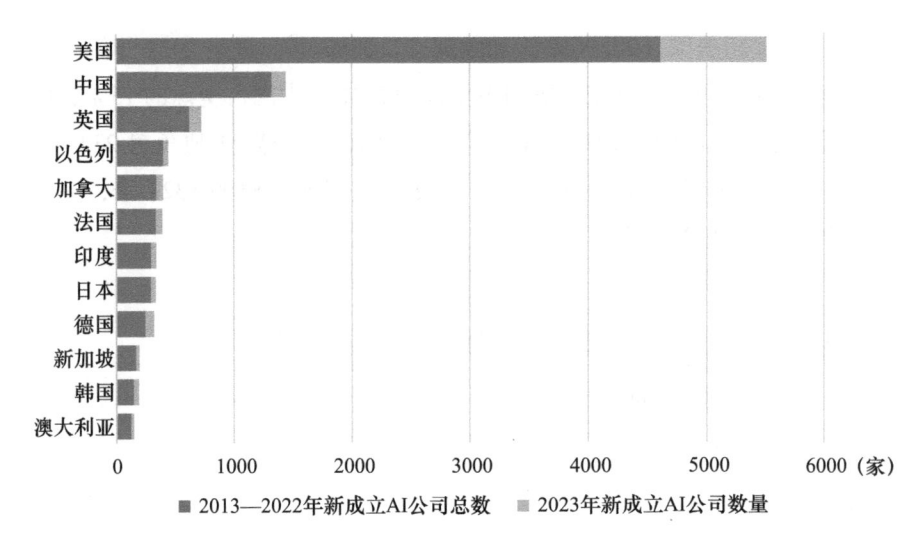

```
         美国
         中国
         英国
        以色列
        加拿大
         法国
         印度
         日本
         德国
        新加坡
         韩国
        澳大利亚
              0      1000    2000    3000    4000    5000    6000（家）
                ■ 2013—2022年新成立AI公司总数   ■ 2023年新成立AI公司数量
```

图2-2　全球人工智能类公司数量国别分布情况

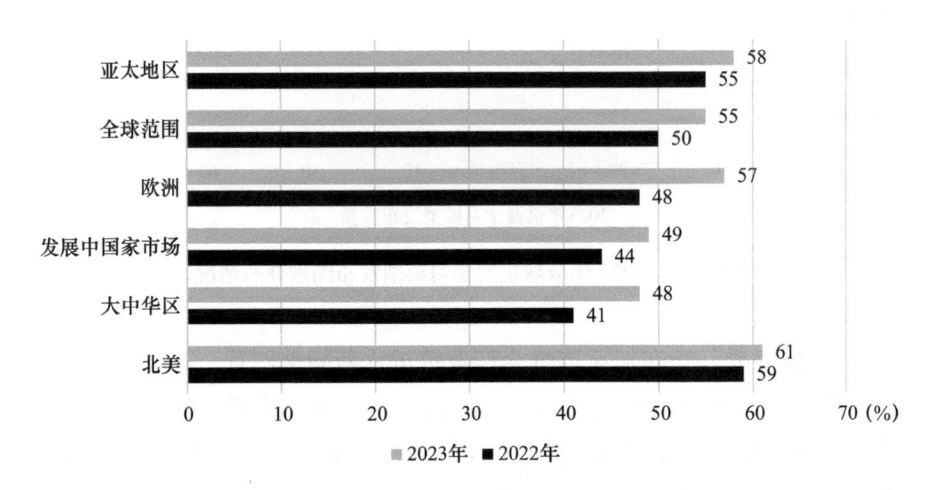

```
     亚太地区                                         58
                                                  55
     全球范围                                       55
                                              50
       欧洲                                         57
                                             48
   发展中国家市场                                      49
                                           44
      大中华区                                      48
                                         41
        北美                                          61
                                                    59
         0    10    20    30    40    50    60    70（%）
                    ■ 2023年   ■ 2022年
```

图2-3　全球AI使用渗透率变动情况

及OpenAI 01等大模型，最新的01版本号称是第一个具备真正通用推理能力的大模型，在多个高难度的推理基准测试中表现优异。例如，在美国数学邀请赛（AIME）中，OpenAI 01的正确率达到了83.3%，远超其前身GPT-4o的表现。同时，通用大模型加速在金融、医疗、汽车、地产、能源、传媒、工业制造等B端行业落地应用。IndustryGPT聚焦电子、装备、钢铁、采矿、电力等制造业智能化升级；Deepwise MetAI

将医学影像诊断数据结构化，实现门诊、会诊、教学等应用场景一站式数智化；Harvey公司基于GPT-4模型开发的产品可在起草法律文件、辅助法律研究、法律合同审核等场景广泛应用，已与英国麦克法兰律师事务所和普华永道等机构达成合作意向。2024年，中国出现"多模大战"的苗头，据统计，中国10亿参数规模以上大模型数量超100个，行业大模型深度赋能电子信息、医疗、交通等领域，形成上百种应用模式。①

人工智能迭代速度、技术可及边界与长尾效应的不可预测性带来极大的风险与挑战。2023年11月2日，联合国秘书长安东尼奥·古特雷斯（António Guterres）在全球人工智能安全峰会上强调，必须以先发制人的方式制定框架，应对大模型带来的风险，针对人工智能扰乱就业市场、侵蚀文化多样性、加剧地缘政治紧张做出反应，统一全球人工智能监管的伦理原则尤其重要。② 人工智能算法在透明度、稳健性、偏见与歧视方面仍存技术局限。ChatGPT可能造成学术造假和侵害知识产权问题；无人驾驶算法存在责任主体不明的漏洞，未来大范围应用可能严重受限。尤其是人工智能技术在军事领域的应用或将颠覆战争形态，2015年2月美国国防部出台的《兵棋推演与创新》备忘录提出，要将机器学习引入兵棋推演，智能化武器系统的自主对抗成为新常态③。中国积极参与全球人工智能治理标准建构。2023年10月，中国发起《全球人工智能治理倡议》，提出各国应在人工智能治理中加强信息交流和技术合作，共同做好风险防范，形成具有广泛共识的人工智能治理框架和标准规范，不断提升人工智能技术的安全性、可靠性、可控性、公平性。④

---

① 陈维城：《数据产权制度、一体化算力体系如何建？国家数据局局长最新演讲》（https://baijiahao.baidu.com/s?id=1794482507287952277&wfr=spider&for=pc）。

② 联合国：《古特雷斯：缺乏全球监管，人工智能带来的风险将大于收益》（https://news.un.org/zh/story/2023/11/1123607）。

③ 陈航辉：《人工智能：如何颠覆未来战争》（http://www.mod.gov.cn/gfbw/jmsd/4801253.html）。

④ 中华人民共和国外交部：《全球人工智能治理倡议》（https://www.mfa.gov.cn/web/wjb_673085/zzjg_673183/jks_674633/fywj_674643/202310/t20231020_11164831.shtml）。

三 数据资源争夺与网络空间治理交锋激烈

（一）全球数据治理面临各国独立排他性的"数据流通圈"

数据是数字时代最关键的血液与战略资源，数据的累积将带来政治和经济权力的集中和新质生产力的跃升。在数据的"安全流动"与"发展利用"之间找到一个符合各国行为体实际需求的平衡点是当前全球数据治理必须直面的核心议题。①②但从目前的趋势看，全球数据领域的监管治理正面临诸多挑战。

全球数据流动的合规风险和隐形制度壁垒急剧增加，各国通过国内立法监管规范数据跨境流通。美国科技创新智库信息技术与创新基金会的报告显示，截至2021年，至少有62个国家实施了144项限制数据流动的措施，引入数据管制措施的国家数量和政策数量对比2017年翻倍。③美国强调和维护私营生产部门对于数据的掌控和管理。例如，2018年通过的《澄清境外数据的合法使用法案》设计了一套"长臂管辖"机制，在云上存储数据的美国公司以及"与美国有足够联系且受美国管辖"的外国公司必须响应美国政府要求移交相关数据。④欧盟优先维护个人隐私。例如，《一般数据保护条例》仅允许个人数据流入"确保充分的数据保护水平"的第三国或国际组织；《非个人数据自由流动条例》建立起欧盟境内商业数据的处理与流动的基本规则，除公共安全因素外，欧盟成员国必须废除不公平的数据本地化政策，允许成员国间依法相互获取所储存的数据。印度《2023年数字个人数据保护法案》对违法传输个人信息出境的企业处罚上限从25亿卢比增至50亿卢比。⑤中国正逐步建立兼

---

① The World Bank, "World Development Report 2021: Data for Better Lives" (https://www.worldbank.org/en/publication/wdr2021).

② 阙天舒、王子玥：《数字经济时代的全球数据安全治理与中国策略》，《国际安全研究》2022年第1期。

③ Nigel Cory, Luke Dascoli, "How Barriers to Cross-Border Data Flows Are Spreading Globally, What They Cost, and How to Address Them" (https://www2.itif.org/2021-data-localization.pdf).

④ The Senate and House of Representatives of the United States of America, "Consolidated Appropriations Act, 2018" (https://www.congress.gov/115/plaws/publ141/PLAW-115publ141.pdf).

⑤ Ministry of Law and Justice, "The Digital Personal Data Protection Act, 2023" (https://www.meity.gov.in/writereaddata/files/Digital%20Personal%20Data%20Protection%20Act%202023.pdf).

顾安全与发展所需的数据跨境流通机制，如2022年5月国家网信办出台《数据出境安全评估办法》。

美国及其盟友构建孤立中国的数据流动联盟。[①] 美国和日本提倡数据无国界自由流动，日本明确在《全面与进步跨太平洋伙伴关系协定》中提出禁止在数据服务器上设置国内限制和"数据在可信任条件下自由流动"（DEFT）原则。日欧签署《日欧经济伙伴关系协定》，获准双方无须额外安全检查即可共享个人数据，意味着日本和欧盟互相承认对方的数据保护制度为个人数据提供充分的保护[②]。欧盟与澳大利亚、新西兰、瑞士、韩国、以色列等经济体完成数据合规标准认定，上述国家可以与欧洲经济区实现数据自由跨境流动。2022年10月，美国总统拜登宣布成立数据保护审核法院专门负责欧盟公民数据权利保护事务。2023年7月，美欧最终达成《欧盟—美国数据隐私框架协议》（简称"隐私盾"），美国公司无须采取额外的数据保护措施即可获取用于商业的个人数据[③]。

近年来，中国积极推动区域性和双边数据安全框架的建构工作。2020年，中国发起《全球数据安全倡议》，呼吁应全面客观看待数据安全问题，[④] 先后与阿拉伯国家联盟共同发表《中阿数据安全合作倡议》和《"中国+中亚五国"数据安全合作倡议》；2022年，发布《携手构建网络空间命运共同体》白皮书[⑤]；2024年，发布《全球数据跨境流动合作倡议》。总体而言，相较于美国的盟友体系，中国"数据朋友圈"的覆盖范围和影响力较为局限。

（二）网络空间成为第五大主权领域

网络空间已成为继陆、海、空、天之后的第五大主权领域空间，[⑥] 黑

---

① 江鸿、贺俊：《中美数字经济竞争与我国的战略选择和政策安排》，《财经智库》2022年第2期。

② 胡令远、臧志军、包霞琴等：《冷暖交织：新冠疫情持续下的中日关系2021》，《日本研究》2022年第2期。

③ The International Trade Administration, "THE DATA PRIVACY FRAMEWORK PROGRAM"（https：//www.dataprivacyframework.gov/s/framework-text）。

④ 中国政府网：《全球数据安全倡议（全文）》（https：//www.gov.cn/xinwen/2020-09/08/content_5541579.htm）。

⑤ 中华人民共和国国务院新闻办公室：《携手构建网络空间命运共同体》（https：//www.gov.cn/xinwen/2022-11/07/content_5725117.htm）。

⑥ 雷渺鑫、孙新武：《加强网络安全国际合作，守好互联网新疆域》（https：//www.cac.gov.cn/2024-09/08/c_1727484182997112.htm）。

客攻击、木马病毒传播、网络恐怖主义等网络安全问题正严重危害全球互联网世界的安全和正常秩序。网络安全失守会带来极高的经济损失。据网络数据统计机构"网络安全风险投资公司"报告估算，2023年网络犯罪给全球造成的经济损失高达8万亿美元。① 暗网平台和暗网黑市成为恐怖主义活动的"温床"，恐怖组织利用不受追踪的暗网作为恐怖主义信息输出路径，招募恐怖分子、筹措资金，对潜在危险用户施以极端化影响。② 针对黑客、网络安全和网络恐怖主义等全球共同网络威胁，各国合作大于分歧。各国先后加入《网络犯罪公约》，并通过《联合国打击为犯罪目的使用信息通信技术的决议》等文件，推动协同治理。2022年11月，中国发布《携手构建网络空间命运共同体》白皮书，集中阐述中国对于构建更加紧密网络空间命运共同体的立场。③

美国等对中国网络空间的攻击竞争依然激烈。美国政府和军方持续对中国境内网络目标实施恶意网络攻击。美国从奥巴马政府到拜登政府，出台一系列网络空间战略，试图限制中国影响力的提升。数据显示，2024年第一季度，全球范围内来自美国本土及其海外军事基地的网络攻击高达2000余次，攻击的对象是包括中国在内的多个国家，主要针对关键信息基础设施等目标。④ 同时，美国更是常年炒作"中国黑客攻击""窃取关键信息""网络威权主义"等议题，推出的"清洁网络计划"在网络安全领域持续污名化中国等国家。

(三) 网络数字意识形态竞争越加复杂隐蔽

数字意识形态的兴起源自数字社群在数字空间中丰富的感性数字生活，而数字技术越加推动具有全球性的数字化意识嵌入数字社群的现实生活。⑤ 东西方网络数字意识形态竞争在数字时代更加复杂隐蔽，提升网络数字意识形态治理能力，着力防范和化解西方渗透，牢牢掌握网络意

---

① 管克江、许海林、刘慧：《加强网络治理 保障合法权益》（https://baijiahao.baidu.com/s?id=1794758636022653133&wfr=spider&for=pc）。

② 谢玲：《暗网环境下恐怖主义信息挖掘与分析》，《国际展望》2021年第3期。

③ 国务院新闻办公室：《携手构建网络空间命运共同体》（https://www.gov.cn/zhengce/2022-11/07/content_5725117.htm）。

④ 微信公众号"玉渊谭天"：《警惕！美国开始用这种方式窃取中国企业商业机密》（https://baijiahao.baidu.com/s?id=1819151554394081994&wfr=spider&for=pc）。

⑤ 温旭：《数字意识形态兴起的价值省思》，《马克思主义研究》2023年第2期。

识形态工作主导权,对于社会稳定和国家长治久安具有重要意义。

西方发达国家控制全球数字意识形态的主导权,持续借助数字技术平台开展意识形态渗透。随着社交媒体、短视频平台等数字技术与平台的发展,以自媒体为代表的网络舆论空间深刻影响社会意识形态的形成,也成为东西方意识形态交锋的前沿。长期以来,以美国为代表的西方发达国家利用数字平台和数字传播技术的优势,借助社交平台等不断向我国输送资本主义意识形态的内容,开展有针对性、计划性和目的性的渗透,威胁我国主流意识形态安全。中国人民公安大学国家安全学院副教授赵辉指出,近几年境外反华媒体和外国间谍更加注重对社会领域的渗透和破坏,主要通过利用国内的社会矛盾、热点问题、重大事件,挑起社会冲突,制造群体的分裂[①]。例如,在社交媒体中,西方部分势力擅长利用负面舆论制造混乱,一些反华媒体在涉疆、涉藏等问题上炮制不实信息,歪曲中国形象,借所谓"人权问题"煽动国际舆论对东方国家施压,利用网络匿名性、传播快速性,让虚假信息呈病毒式扩散,妄图抹黑竞争对手,左右国际舆论风向。尤其是面向青年群体,操纵社交媒体、网络游戏、在线教育等数字文化载体,利用各类意识形态渗透手段,潜移默化地操纵影响青年认知,宣传资本主义的价值理念。数字时代的意识形态安全治理刻不容缓。

第三节　数字中国建设整体布局规划勾勒数字治理蓝图

2023年2月,中共中央、国务院印发《数字中国建设整体布局规划》(以下简称"《数字中国规划》"),明确数字中国建设"2522"整体框架,即夯实数字基础设施和数据资源体系"两大基础",推进数字技术与经济建设、政治建设、文化建设、社会建设、生态文明建设"五位一体"深度融合,强化数字技术创新体系和数字安全屏障"两大能力",优化数字化发展国内国际"两个环境"(见图2-4)。该规划的出台为深化数字治

---

① 玉渊谭天:《起底境外势力:有这些类型和渗透手段,正对中国发起一场"攻心"战争》(https://news.cnr.cn/native/gd/20230812/t20230812_526376928.shtml)。

理提供基础性治理框架，并与其他相关政策共同构成深圳数字治理探索的顶层制度基础。①

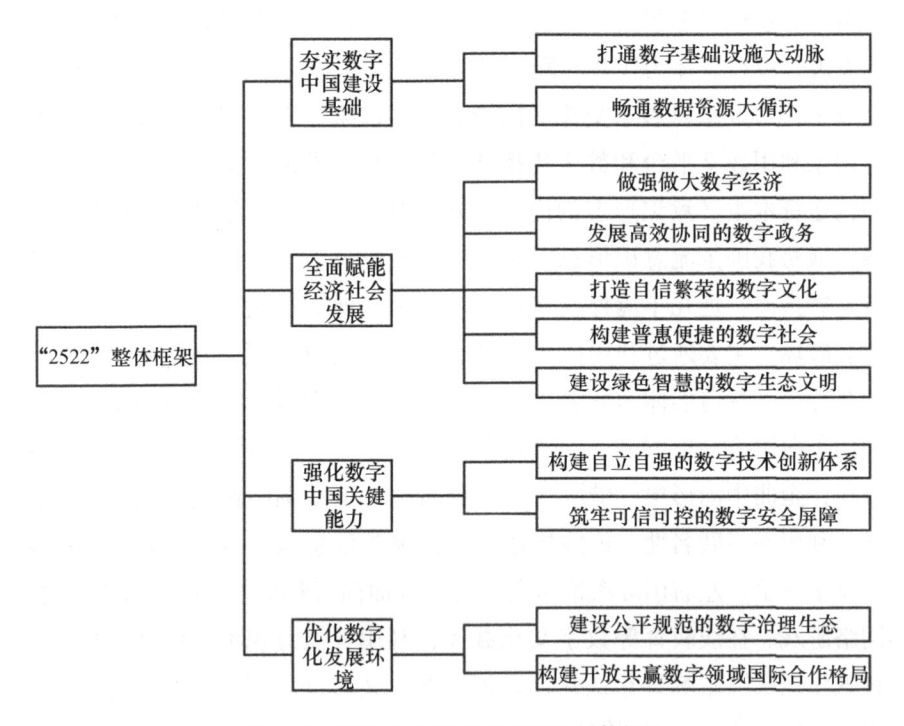

```
                            ┌─ 打通数字基础设施大动脉
             ┌─夯实数字中国建设基础─┤
             │                └─ 畅通数据资源大循环
             │
             │                ┌─ 做强做大数字经济
             │                ├─ 发展高效协同的数字政务
             ├─全面赋能经济社会发展─┼─ 打造自信繁荣的数字文化
"2522"整体框架─┤                ├─ 构建普惠便捷的数字社会
             │                └─ 建设绿色智慧的数字生态文明
             │
             │                ┌─ 构建自立自强的数字技术创新体系
             ├─强化数字中国关键能力─┤
             │                └─ 筑牢可信可控的数字安全屏障
             │
             │                ┌─ 建设公平规范的数字治理生态
             └─优化数字化发展环境─┤
                              └─ 构建开放共赢数字领域国际合作格局
```

图 2-4 数字中国建设"2522"整体框架

一 数字经济发展与治理规划

《数字中国规划》提出，做强做优做大数字经济。培育壮大数字经济核心产业，研究制定推动数字产业高质量发展的措施，打造具有国际竞争力的数字产业集群；推动数字技术和实体经济深度融合，在农业、工业、金融、教育、医疗、交通、能源等重点领域，加快数字技术创新应用。国务院《"十四五"数字经济发展规划》提出创新引领、融合发展，应用牵引、数据赋能，公平竞争、安全有序，系统推进、协同高效的原则。

在数字经济治理方面，《关于推动平台经济规范健康持续发展的若干意见》要求，依法查处平台经济领域垄断和不正当竞争等行为，严格依

---

① 中国政府网：《中共中央 国务院印发〈数字中国建设整体布局规划〉》（https：//www.gov.cn/zhengce/2023－02/27/content_5743484.htm）。

法查处平台经济领域垄断协议、滥用市场支配地位和违法实施经营者集中行为。《互联网弹窗信息推送服务管理规定》对推送违规、违法弹窗信息，诱导用户沉迷、过度消费等违反法律法规或者违背伦理道德的算法模型加以限制。《数字经济促进共同富裕实施方案》提出，以数字经济促进共同富裕，缩小区域、城乡、群体、基本公共服务差距。相关规划政策将推动深圳进一步深化数字经济新领域、新赛道的制度供给改革，助力数字经济高质量发展。

二 数字政府建设与治理规划

《数字中国规划》明确发展高效协同的数字政务。加快制度规则创新，完善与数字政务建设相适应的规章制度；提升数字化服务水平，加快推进"一件事一次办"，推进线上线下融合，加强和规范政务移动互联网应用程序管理。《"十四五"数字经济发展规划》提出，持续提升公共服务数字化水平；提高"互联网＋政务服务"效能，提升社会服务数字化普惠水平；健全完善数字经济治理体系；强化协同治理和监管机制，增强政府数字化治理能力，完善多元共治新格局。

在数字政府治理方面，《"十四五"推进国家政务信息化规划》提出，深度开发利用政务大数据，发展壮大融合创新大平台；同步推进网络融合、技术融合、数据融合与服务融合，构建共建共用的大平台体系；统筹建设协同治理大系统。《关于加快推进政务服务标准化规范化便利化的指导意见》重点部署政务服务标准化、规范化、便利化和提升全国一体化政务服务平台服务能力四项工作任务。相关规划政策将推动深圳加快数字政府建设，深化"放管服"改革，优化政务服务工作流程，提高公共服务治理和精细化管理水平，实现主动、精准、整体式、智能化的政府管理和服务。

三 数字文化繁荣与治理规划

《数字中国规划》指出，要打造自信繁荣的数字文化，深入实施国家文化数字化战略，提升数字文化服务能力，打造若干综合性数字文化展示平台，加快发展新型文化企业、文化业态、文化消费模式。《关于推进实施国家文化数字化战略的意见》提出，要统筹利用文化领域已建或在建数字化工程和数据库所形成的成果，关联形成中华文化数据库，夯实文化数字化基础设施，发展数字化文化消费新场景，加快文化产业数字化布局，培育一批新型文化企业，构建文化数字化治理体系。国家《"十四五"文化发展规划》提出，要提升公共文化数字化水平，加快文化产业数字化布局，发展数字出版、数字影视、数字演播等新型文化业态。相关规划政策将推动深圳加快实施文化产业数字化战略，提升数字文化服务能力，构建高水平的公共文化服务体系和现代文化产业体系，建成城市文明典范。

四 数字社会建设与治理规划

《数字中国规划》提出，构建普惠便捷的数字社会。促进数字公共服务普惠化，大力实施国家教育数字化战略行动，完善国家智慧教育平台，发展数字健康，规范互联网诊疗和互联网医院发展。推进数字社会治理精准化，普及数字生活智能化，打造智慧便民生活圈、新型数字消费业态、面向未来的智能化沉浸式服务体验。在数字社会治理方面，国家《"十四五"数字经济发展规划》提出，深化新型智慧城市建设，推动城市数据整合共享和业务协同，提升城市综合管理服务能力，完善城市信息模型平台和运行管理服务平台，因地制宜构建数字孪生城市。《"十四五"信息化规划》将构筑共建共治共享的数字社会治理体系列为重点任务，包括建设立体化智能化社会治安防控体系，打造一体化智慧化公共安全体系提升公共卫生、疾病防控、食品药品安全等重点领域的风险防控能力。相关规划政策将推动深圳加快建成数字孪生先锋城市，提升超大城市社会治理智能化专业化水平，促进社会治理现代化。

五 数字生态文明建设与治理规划

《数字中国规划》提出，建设绿色智慧的数字生态文明，推动生态环境智慧治理，加快构建智慧高效的生态环境信息化体系，加快数字化绿色化协同转型，倡导绿色智慧生活方式。习近平总书记多次强调，"深化人工智能等数字技术应用，构建美丽中国数字化治理体系，建设绿色智慧的数字生态文明"[①]。《推进生态环境监测体系与监测能力现代化的若干

---

① 中国政府网：《习近平在全国生态环境保护大会上强调 全面推进美丽中国建设 加快推进人与自然和谐共生的现代化》（https://www.gov.cn/yaowen/liebiao/202307/content_6892793.htm?type=6）。

意见》提出,要加强生态环境监测信息化建设,运用物联网、大数据、区块链、卫星遥感等新技术,提高生态环境监测自动化、智能化水平,实现生态环境监测数据的深度挖掘和综合应用,为数字生态文明建设中的生态环境监测与管理提供了技术和能力建设方面的政策指导,推动生态环境监测从传统手段向数字化、智能化转变,为生态环境决策提供更科学、更准确的数据支持。这些政策举措为深圳数字生态文明建设与治理提供指引,要求深圳加快实现生产方式和生活方式的绿色变革,推进绿色低碳产业发展,以先行示范标准走出一条具有深圳特色的智慧化、精细化超大城市碳达峰路径,构建城市绿色发展新格局。

六　数据要素治理制度体系规划

数据是数字治理的重点对象与内容,是数字治理的重点之一。近年来,党中央、国务院加快完善数据要素基础性制度体系,为数据要素治理提供支撑。《关于构建数据基础制度更好发挥数据要素作用的意见》(以下简称"数据二十条")核心内容围绕"一条主线、四项制度、四项措施"展开,构建数据要素的基础框架制度(见表2-3)。2024年10月,中共中央办公厅、国务院办公厅印发《关于加快公共数据资源开发利用的意见》,提出公共数据管理指导意见。2024年12月,国家数据局等五部门联合印发《关于促进企业数据资源开发利用的意见》,指导企业数据资源开发利用。

表2-3　　　　"数据二十条"核心框架内容

类别	主要内容
一条主线	数据合规高效流通使用、赋能实体经济
四项制度	产权制度:探索数据产权结构性分置制度,建立数据资源持有权、数据加工使用权、数据产品经营权"三权分置"的数据产权制度框架 流通和交易制度:建立合规高效、场内外结合的数据要素流通和交易制度,从规则、市场、生态、跨境等四个方面构建适应我国制度优势的数据要素市场体系 收益分配制度:初次分配阶段,按照"谁投入、谁贡献、谁受益"原则,推动数据要素收益向数据价值和使用价值的创造者合理倾斜 治理制度:建立安全可控、弹性包容的数据要素治理制度,构建政府、企业、社会多方协同的治理模式

续表

类别	主要内容
四项措施	加强党对构建数据基础制度工作的全面领导 加大政策支持力度，做大做强数据要素型企业 积极鼓励试验探索，支持浙江等地区和有条件的行业、企业先行先试 稳步推进制度建设，逐步完善数据产权界定、数据流通和交易等主要领域关键环节的政策及标准

在数据硬件设施建设方面，《数字中国规划》提出要加强数据基础设施建设，优化算力基础设施布局引导通用数据中心、超算中心、智能计算中心、边缘数据中心等合理梯次布局。《全国一体化大数据中心协同创新体系算力枢纽实施方案》提出布局全国算力网络国家枢纽节点，启动实施"东数西算"工程，构建国家算力网络体系。2024年11月，国家数据局发布《可信数据空间发展行动计划（2024—2028年）》，首次针对可信数据空间这一新型数据基础设施进行前瞻性的系统布局；2024年12月，三部门联合发布《国家数据基础设施建设指引》，提出到2029年，基本建成国家数据基础设施主体结构，初步形成横向联通、纵向贯通、协调有力的国家数据基础设施基本格局，构建协同联动、规模流通、高效利用、规范可信的数据流通利用体系，协同构筑数据基础设施技术和产业良好生态。

在数据治理统筹机制方面，《数字中国规划》提出健全各级数据统筹管理机构。《党和国家机构改革方案》提出组建国家数据局。2023年10月，国家数据局正式挂牌成立，地方数据分级分类管理体系逐步完善。国家数据局等17个部门联合印发《"数据要素×"三年行动计划（2024—2026年）》明确要在12个重点行业重点突破、先行先试，打造超过300个数据要素典型应用场景。

在数据要素资产化改革方面，财政部发布《企业数据资源相关会计处理暂行规定》，从2024年1月1日起，数据资源开始计入财务报表（见表2-4）。

表2-4 细分领域数据信息管理制度与规范

细分领域	法律法规名称
政务数据	《关于加快公共数据资源开发利用的意见》 《政务信息资源共享管理暂行办法》
企业数据资源	《关于促进企业数据资源开发利用的意见》 《企业数据资源相关会计处理暂行规定》
科学数据	《科学数据管理办法》
生物信息数据	《中华人民共和国人类遗传资源管理条例》
金融数据	《银行业金融机构数据治理指引》
医疗数据	《国家健康医疗大数据标准、安全和服务管理办法》 《药品记录与数据管理要求（试行）》
民航数据	"1+3+4+N"智慧民航数据管理政策标准： 1部指导意见为《关于民航大数据建设发展的指导意见》 3部管理办法为《民航数据管理办法》《民航数据共享管理办法》《民航数据安全管理办法》 4项制度为《民航领域数据分类分级办法》《民航数据目录管理制度》《民航数据安全信息通报办法》《民航数据全生命周期管理制度》 N部细则针对民航数据管理的多个维度和具体业务场景进行规则的细化
交通运输数据	《交通运输政务数据共享管理办法》 《汽车数据安全管理若干规定（试行）》
工业和信息化领域数据	《工业和信息化领域数据安全管理办法（试行）》
教育数据	《教育统计管理规定》
跨境数据传输	《促进和规范数据跨境流动规定》

第三章

深圳数字治理的基础优势与资源禀赋

面对人工智能技术爆发和全球数字化转型狂飙突进趋势，作为中国数字经济产业高地、智慧城市和数字政府建设的先行者、"四大先锋城市"[①]的建设者、数字治理区域合作的前沿探索者，深圳有基础、能力和决心抢占全球数字产业发展制高点，打造世界标杆智慧城市，培育世界一流的人工智能等数字经济产业、企业，深化数字治理区域合作，以数字治理"深圳标杆"推进数字中国战略，为实现"数字良治""数字善治"和良序社会经济生态贡献"深圳力量"。本章聚焦数字深圳顶层设计、数字基础设施、数字经济产业、数字企业技术创新能力和数字治理区域合作五个方面，分析深圳数字治理基础优势与资源禀赋。

第一节 "数字深圳"顶层设计系统全面

一 全力打造"四型城市"与"四大先锋城市"

深圳正全力打造"四型城市"[②]。《深圳市数字政府和智慧城市"十四五"发展规划》提出，构建起统筹集约、全面覆盖的通信网络基础设施体系，实现泛在高速网络连通。建成全市域时空信息平台，建设物联

---

① 四大先锋城市：极速宽带先锋城市、人工智能先锋城市、数字孪生先锋城市以及全球数字能源先锋城市。

② 四型城市：基础设施高质量发展的枢纽经济示范城市、区域一体化通道型城市、可持续应对变化的韧性城市以及数字化、网络化、智能化创新型城市。

感知平台，为数字政府和智慧城市建设提供有力数字底座支撑。新型基础设施建设、政务网络扩容和市政设施数字化升级带来了广阔的市场机遇。深圳通过围绕数字经济、数字政府、数字文化、数字社会和数字生态文明建设"五位一体"数字治理体系，不仅能够有力支撑本地产业创新和城市治理能力和水平的提升，更为全国城市数字化转型贡献"深圳智慧"和"深圳方案"。2024年3月，深圳市加快服务业高质量发展大会提出，要瞄准数字化方向，加快数字技术特别是人工智能在服务业的全面应用，优化算力、算法、数据等赋能要素，时不我待地打造人工智能先锋城市。① 除人工智能先锋城市外，2024年深圳市政府工作报告提出，要加快建设极速宽带先锋城市、数字孪生先锋城市以及全球数字能源先锋城市，打造"四大先锋城市"，全方位打造智慧城市。

二 数字孪生助力深圳构建全域智慧架构

深圳充分发挥作为数字之城的优势，按照《深圳市数字政府和智慧城市"十四五"发展规划》，形成"1个底座、3个中枢、1个门户体系、4个'一网'+N个应用"的数字化治理体系架构。

第一，打造1个城市级数字孪生先锋底座，夯实数字化发展基础。谋划"三地四中心"城市大数据中心布局。坚持基于全精模的全市域统一时空信息平台（CIM平台）技术路线，建设覆盖地上下、室内外、动静态、海陆一体的CIM平台，推动全市重要建筑信息模型建设并导入CIM平台，打造全要素、精细化模型和多源异构数据融合的城市级数字孪生底座。

第二，构建3大智能中枢体系，增强城市数字化支撑保障能力。依托CIM和大数据平台，建立统一数据中枢，融合城市实体、物联感知、管理服务等数据。推进BIM（建筑信息模型）、物联感知、区块链、政务人工智能等业务和共性平台建设，打造能力中枢和业务中枢，有力支撑经济运行、招商引资等场景应用。

---

① 林捷兴：《深圳召开加快服务业高质量发展大会 努力适应高品质生活需求 积极抢抓新型工业化机遇 加快推进我市服务业高质量发展》（https：//www.sz.gov.cn/cn/xxgk/zfxxgj/zwdt/content/post_11197776.html）。

第三，打造 1 个统一门户体系，完善线上线下融合的一体化服务渠道。以"i 深圳"为统揽，打造形成以"i 系列""深系列""@系列"为主，线上线下融合的一体化服务渠道。

第四，深化 4 个"一网"融合，构建协同高效的政府数字化履职能力体系。包括以"一网通办"打造数字化城市服务体系，以"一网统管"打造数字化城市治理体系，以"一网协同"打造数字化政府运行体系，以"一网共享"打造一体化数据资源体系。

第五，推出 N 个城市级数字孪生先锋应用，提升数字化治理水平。围绕经济发展、城市建设、城市治理、民生服务、可持续发展五大领域，打造"20+8"产业集群、重点片区数字孪生规划、民生诉求一体化服务、洪涝灾害风险处置、生态环境专题等"多跨"应用场景，上线"CIM+"智慧化应用。

三 成立领导小组和产业办公室进行有力统筹

深圳从早年起便有意地通过成立领导小组等举措，对本地数字治理顶层设计进行有力统筹，以体制机制改革不断推进数字深圳建设和数字经济发展。2018 年以前，深圳市便已成立"数字政府"改革建设工作领导小组。2018 年，深圳市政府成立深圳市"数字政府"建设专家委员会和公众咨询监督委员会，专家委员会在市"数字政府"改革建设领导小组的领导下工作，对深圳市"数字政府"建设规划、顶层设计和重要工作提供战略建议和技术咨询。[①] 2021 年，深圳将原市"数字政府"改革建设工作领导小组调整为市智慧城市和数字政府建设领导小组，负责全市智慧城市和数字政府建设顶层设计，审定相关建设规划、实施方案和政策措施；统筹指挥智慧城市和数字政府建设工作，协调解决工作中遇到的重大问题；指导督促各区、各单位落实智慧城市和数字政府建设任务等。2024 年 10 月，深圳市成立与数字经济密切相关的人工智能、新能源汽车等三个重点产业办公室，产业办公室由深圳全市选调精干干部组建，团队拥有年轻化、高知化、专业化等特点。团队将助力统筹深圳市

---

① 深圳市人民政府网：《成立深圳市"数字政府"建设专家委员会》（http：//www.sz.gov.cn/zfgb/2018/gb1076/content/post_4949171.html）。

各级各部门各方面的资源，大力支持三大产业、重点产品、重点集群、重点企业加快乃至超常规发展，打造经济稳定持续发展的新支柱新动能。

第二节　数字基础设施全国领先

一　以5G技术为代表的网络基础设施建设走在前列

（一）5G网络覆盖密度和用户占比位列全国第一方阵

2023年6月初，深圳5G基站突破7万个，5G用户超过1300万，[①]截至2023年年底，累计建成5G基站7.5万个，实现重点区域下载速率达到1000Mbps、上行速率达到200Mbps，城市家庭千兆光纤覆盖率达383.13%。5G网络覆盖密度和用户占比居各大中城市前列，进入全国首批"千兆城市"之列，被工业和信息化部评为"5G独立组网最佳城市"。同时，深圳大力打造全光智慧园区，每年推动100个重点工业园区进行网络升级改造，推动"万兆入企"，拥有大批5G全产业链企业，为深圳数字经济高质量发展提供了坚实支撑。此外，深圳正统筹规划"双千兆"建设、卫星互联网基础设施、边缘计算、城市物联网感知网、工业互联网基础设施、未来网络基础设施等信息基础设施发展布局，规划建成覆盖"5G+千兆光网+智慧专网+卫星网+物联网"的通信网络体系。

（二）5G技术创新平台密集布局争抢发展先机

深圳市布局5G中高频器件创新中心、5G产业创新生态运营中心等重大技术平台，打造5G网络能效优质的建设标杆、5G技术先进的创新高地、5G应用融合的先行典范、5G产业链完备的世界级产业集聚区，推动5G技术创新与产业融合双向赋能。落户深圳的国家5G中高频器件创新中心，肩负跨越5G核心器件从研发到产业化"死亡之谷"的重任，抢占未来移动通信领域产业先机。

二　智能算力规模位居全国前三

国际数据公司（IDC）的《2022—2023年全球计算力指数评估报告》

[①] 深圳市工业和信息化局：《深圳5G基站突破7万个！》（https://sz.cnr.cn/gstjsz/20230620/t20230620_526294837.shtml）。

指出，① 2018—2022 年，北京、杭州、深圳的算力规模位居全国前三。据了解，深圳市算力基础设施建设以政府、电信运营商、大型互联网企业、独立第三方为主力，算力产业链代表性企业广泛分布于半导体装备制造、算法与技术研究、算力应用与服务等领域，包括国家超级计算深圳中心、城市大数据中心一期、粤港澳大湾区大数据中心（一期）、鹏城云脑（包括超级计算机鹏城云脑Ⅱ）、深圳开放智算中心和弈峰科技数据中心等。目前，深圳集聚政府、企业、科研机构、高校等的智能算力资源，与周边城市合作，建设企业级智能算力平台，打造大湾区智能算力枢纽；联合香港企业、科研机构、高校，打造深港人工智能算力赋能中心，建设城市级智能算力平台。构建数智融合的算力体系，成功打造城市内 1 毫秒算力时延圈，以智能算力助推创建全球人工智能先锋城市。

表 3-1　　深圳市算力基础设施与开放平台

算力平台	相关介绍
国家超级计算深圳中心	2009 年获批成立的国家超算深圳中心是深圳建市以来规模最大的国家级重大科技创新基础设施。超算中心被誉为智慧城市的"超级大脑"，成立以来，已累计服务三万个以上用户团队，完成各类计算任务逾千万个、15 亿核小时计算，已成为计算机资源服务形式最丰富、资源利用率最高的国家级超算中心。曾经获得 TOP500 排行世界第二，也是首台进入世界前三的中国超级计算机，成功打破美国等发达国家的超级计算壁垒
鹏城云脑	鹏城实验室是中央批准成立的突破型、引领型、平台型一体化的网络通信领域新型科研机构，始建于 2018 年 3 月。鹏城云脑是鹏城实验室研发的智算平台。"鹏城云脑Ⅱ"已完成主体建设，基于自主可控的国产 AI 芯片，采用高效能计算体系结构，是国内首个全面自主可控的 E 级（百亿亿次）智能算力平台
深圳弈峰科技数据中心	2022 年 3 月，世纪华通旗下控股子公司建设的深圳弈峰科技数据中心在深圳光明区电达谷源产业园动工。该数据中心计划部署 12000 台机柜，重点服务于头部互联网企业、大型金融企业、政府机关及各类行业龙头。世纪华通在公告中提到，旗下深圳数据中心项目预计将于 2023 年下半年步入首批交付机柜的运营期，并开始产生营业收入

---

① 国际数据公司（IDC）：《2022—2023 年全球计算力指数评估报告》（https://www.ieisystem.com/global/file/2023-09-14/16946384123912c916ead8a3cb8ee62018a90521267362c.pdf）。

续表

算力平台	相关介绍
前海深港人工智能算力中心	2023年，前海深港人工智能算力中心项目已启动建设，旨在打造深圳唯一市场化智算平台，满足香港人工智能产业发展和学术研究对基础算力的迫切需求。据悉，前海深港人工智能算力中心项目总投资4.66亿元，年度计划投资4.6亿元，建设规模为500P算力。该智算中心位于前海合作区前海信息枢纽大厦内，由前海科创集团作为主体投资90%、商汤科技投资10%组建合资公司建设运营。主要建设内容包括AI云服务管理、AI算力基础设施、网络体系、安全体系和运营运维体系。该智算中心建成后，将满足聚焦人工智能算力高地、技术自主研发创新、赋能传统产业等重大需求，支撑深港产业协同联动、市场互联互通、创新驱动发展，成为支撑香港、辐射粤港澳大湾区的新一代人工智能计算平台，推动前海数字经济高质量发展
粤港澳大湾区大数据中心	2019年8月18日，《中共中央 国务院关于支持深圳建设中国特色社会主义先行示范区的意见》提出：综合应用大数据、云计算、人工智能等技术，提高社会治理智能化专业化水平。加强社会信用体系建设，率先构建统一的社会信用平台。加快建设智慧城市，支持深圳建设粤港澳大湾区大数据中心。探索完善数据产权和隐私保护机制，强化网络信息安全保障。加强基层治理，改革创新群团组织、社会力量参与社会治理模式。2023年4月25日，粤港澳大湾区算力调度平台在深圳正式启动。据了解，粤港澳大湾区算力调度平台，是粤港澳大湾区大数据中心在算力调度、算力服务等方面开展的探索试验

三 数据中心建设初具规模

2022年4月，据深圳市人工智能产业协会不完全统计，[①] 深圳市数据中心数量为50个；总体上，南山区、龙岗区、福田区、龙华区数据中心各有16个、9个、7个、6个，占比分别为32%、18%、14%、12%，CR4为76%；其余各区除盐田区、大鹏新区外，均有零星分布。《深圳市算力基础设施高质量发展行动计划》提出，到2025年，全市数据中心机架规模达50万标准机架，算力算效水平显著提高。

---

① AI人：《人工智能算力基础：深圳50个数据中心统计》（https://www.sohu.com/a/540257708_120177849）。

四 数字政府基础设施不断夯实

(一) 构建"一云一网一中心"

在统筹一体化政务云平台建设方面,深圳市构建全市统一集约政务云,推动全市政务云"一云多芯"、云边端协同一体化建设。到2024年6月,已完成政务云一期建设,项目二期处于建设中。截至2023年4月,市政务云已为全市72家单位900余个信息系统提供超1.3万余台云主机服务①。

在打造泛在②高效的政务网络"一张网"方面,大力推动深圳政务外网统建统管,完成政务外网一期工程建设,初步实现"一网多平面"基础承载。截至2022年年底,基本完成政务外网一期工程建设,政务外网接入率达到93%,基本实现市、区、街道、社区"四级"全覆盖。③

在构建一体化城市数据中心建设方面,全面推进"两地三中心"一体化城市大数据中心总体布局。截至2022年年底,完成投资计划达9.5亿元,④ 初步建成城市大数据中心坂田中心一期项目,正加快推进梅林数据中心扩建项目建设。

(二) 加强全市性重点公共服务平台及门户建设

第一,升级市智能政务办公系统。市智能政务办公系统3.0已覆盖全市46家全功能单位和162家智能客户端(仅收发文功能)单位,实现了全市208家党政机关单位联网办公,⑤ 通过信息化手段实现各单位间信息的互联互通。

第二,推广使用"粤政易"平台。深圳市使用"粤政易"平台

---

① 深圳市政务服务数据管理局:《深圳市政务服务数据管理局关于报送市政协七届三次会议第20230162号提案会办意见的函》(http://www.sz.gov.cn/szzsj/gkmlpt/content/10/10577/post_10577882.html#19242)。

② 泛在:指广泛存在的意思,以无所不在、无所不包、无所不能为基本特征。

③ 深圳市政务服务数据管理局:《市政务服务数据管理局关于报送市政协七届三次会议第20230365号提案会办意见的函》(http://www.sz.gov.cn/szzt2010/wgkzl/jggk/jytabl/content/post_10577923.html)。

④ 深圳市大数据资源管理中心:《事业单位法人年度报告书(2022年度)》(http://www.shenzhen.net.cn/attachment/0/64/64367/953599.pdf),第6页。

⑤ 深圳市大数据资源管理中心:《事业单位法人年度报告书(2022年度)》(http://www.shenzhen.net.cn/attachment/0/64/64367/953599.pdf),第7页。

的用户量已近 26 万，居全省第二位，即时通信使用率为 97.4%，日均活跃率为 73.8%。①

第三，建强政府门户网站。深圳市持续加强门户网站"深圳政府在线"（含中、英、法等版本及移动端）栏目设计、内容组织、信息发布工作。全市政府网站和政务新媒体在国办、省政府办季度检查中合格率达100%。②"深圳政府在线"在《2022年中国政府网站绩效评估报告》中位居计划单列市政府门户网站第一；率先完成网站适老化与无障碍改造；获评"2022中国政府网站创新案例""2022年度中国领先型外文版政府网站""2022年度中国领先政务网站"等。

第三节　数字经济产业发展基础扎实

一　数字产业化实力强劲

（一）电子信息制造业稳居内地城市首位

深圳电子信息产业制造基础雄厚，重点行业集群优势突出，企业梯队结构完整，产业革新步伐提速。2022年，电子信息制造业产值2.48万亿元，占全国的1/6，多年稳居内地城市首位。从行业、产业结构来看，深圳电子信息制造业中，网络通信、智能终端产值超过万亿，超高清显示、半导体和集成电路超过千亿，移动通信基站、彩色电视机、手机等产品产业位居全国前列。从企业规模看，规上电子信息制造企业超4100家，年产值千亿级企业5家，过百亿企业27家，五亿以上企业近400家，全国电子信息百强企业21家。③ 2023年，深圳市新一代电子信息产业增加值5717.12亿元，比上年增长3.1%，高科技领域的进步不断引领着信息产业的革新。④

---

① 深圳市大数据资源管理中心：《事业单位法人年度报告书（2022年度）》（http：//www.shenzhen.net.cn/attachment/0/64/64367/953599.pdf），第7页。

② 深圳市大数据资源管理中心：《事业单位法人年度报告书（2022年度）》（http：//www.shenzhen.net.cn/attachment/0/64/64367/953599.pdf），第7页。

③ 吴德群：《深圳电子信息产业引领风向 去年电子信息制造业产值达2.48万亿元，占全国六分之一》（https：//www.sznews.com/news/content/mb/2023-04/07/content_30161045.htm）。

④ 深圳市统计局、国家统计局深圳调查队：《深圳市2023年国民经济和社会发展统计公报》（https：//tjj.sz.gov.cn/zwgk/zfxxgkml/tjsj/tjgb/content/post_11264245.html）。

（二）软件和信息技术服务业居全国第二

深圳软件信息服务业发展迅速，创新能力提升成效显著，生态型龙头企业突出。2023 年，深圳软件与信息服务业收入 11636.1 亿元，累计增长 15.4%，占全国软件业务收入的比重为 9.4%，居全国大中城市首位。软件与信息服务业增加值突破 3000 亿元。软件与信息基础研发投入持续提升，软件著作权登记量均居全国前列。截至 2023 年 12 月，深圳软件与信息服务产业相关专利数量为 197738 件，占全国约 13.56%。2023 年深圳人工智能发明专利申请量达 6080 件，在全国各大城市中排名第二。① 坐拥腾讯、华为等众多龙头企业。13 家企业进入 2021 年度全国软件业务收入百强，11 家企业入选 2022 年度软件和信息技术服务竞争力百强企业，数量均位居全国大中城市第二；9 家企业入选 2022 年中国互联网企业综合实力百强企业②。受到国家鼓励的重点软件企业和软件企业分别有 27 家、588 家，拥有软件领域专精特新"小巨人"企业数量 225 家。③

（三）人工智能新兴产业集群居全国前列

人工智能产业产值增长迅速，产业链初步形成。2022 年，深圳人工智能产业规模达 2488 亿元，同比增长 32.10%；人工智能核心产业规模达到 308 亿元，同比增长 52.48%，人工智能企业数量达 1920 家，同比增长 14.22%。④ 2023 年深圳人工智能产业总产值达 3012 亿元，同比增长 21.1%。深圳人工智能企业数量达 2267 家，同比增长 18.1%。⑤ 企业涉及人工智能产业链的各个环节，海思半导体在芯片领域居于行业领先地位，速腾聚创、奥比中光、瑞声声学等企业在传感器领域位居行业前

---

① 中商产业研究院：《【产业图谱】2024 年深圳市软件与信息服务产业大起底》（https://k.sina.com.cn/article_7962326780_1da9776fc001014zwq.html）。
② 吴德群：《产业基础雄厚 创新动能澎湃 深圳软件产业发展风头正劲》（https://www.sznews.com/news/content/2023-08/26/content_30432642.htm）。
③ 程洋：《软件业务收入破万亿！深圳获评"三星级"中国软件名城称号》（https://news.qq.com/rain/a/20240110A098YY00）。
④ 数据摘自《深圳市人工智能产业发展白皮书（2023 年度）》，转引自深圳市商务局《深圳人工智能企业 1920 家》（http://www.sz.gov.cn/cn/zjsz/fwts_1_3/yxhjjc/content/post_10699950.html）。
⑤ 林三水：《深圳，正用 AI 书写下一个奇迹》（https://baijiahao.baidu.com/s?id=1822391792614022702&wfr=spider&for=pc）。

列,腾讯、华为、平安、大疆创新等企业在全产业链均处于领先地位。据2024年《中国人工智能城市竞争力排行研究报告》数据,深圳获第二名,排名仅次于北京。①

（四）数字创意产业集群规模处全国领先

数字创意产业的先发优势和绝对实力凸显。2021年数据显示,深圳数字创意企业超过1万家,动漫游戏营收规模约占全国一半,游戏市场收入占全球的10%以上,数字出版营收进入千亿元量级。② 具有发展数字创意产业的先发优势和绝对实力。2022年,深圳文化产权交易所承建的"全国文化大数据交易中心"上线试运行。2023年,数字创意产业增加值达到442.64亿元,专利达6.1万件,仅次于北京,成为深圳市文化高质量发展的支柱型产业之一。③ 2024年相关数据显示,深圳游戏产业企业超过4000家,游戏研发运营全国领先,营收占比全国超50%,占比全省接近70%。④

（五）跨境电商业态进出口规模全国第一

电子商务企业占据全国半壁江山,直播网络零售额全国排名第三。2022年,深圳电子商务企业2万家,占据全国数量一半;大数据监测机构浪潮公司数据显示,深圳全年直播网络零售额全国排名第三,仅次于上海、北京。⑤ 跨境电商企业占广东省六成,进出口规模位居全国大中城市第一。⑥ 2022年,深圳市跨境电商进出口额超过1900亿元,同比增长超2.4倍,跨境电商产业年产值规模已超5000亿元;2023年,深圳跨境

---

① 李婧滢:《〈中国人工智能城市竞争力排行研究报告〉重磅发布:北京、深圳、上海多项指标全国领先》(https://news.qq.com/rain/a/20240613A08MOI00)。

② 刘悠扬:《数字创意企业超1万家,动漫游戏收入占全球10%以上,数字出版营收进入千亿元量级 数字赋能深圳文化产业》(https://www.sznews.com/news/content/2021-09/23/content_24591474.htm)。

③ 中商产业研究院:《2024年深圳数字创意产业发展现状分析》(https://www.askci.com/news/chanye/20240820/145029272413662920224146_2.shtml)。

④ 中商产业研究院:《【产业图谱】2024年深圳市数字创意产业地图深度剖析》(https://www.163.com/dy/article/JA4LSC4V05198SOQ.html)。

⑤ 袁静娴:《电子商务企业2万家 深圳数量占全国一半,去年网络零售额1649亿元》(https://wxd.sznews.com/BaiDuBaiJia/20230402/content_1217546.html)。

⑥ 刘琼:《深圳跨境电商卖家数量超15万 去年进出口额超1900亿元,综试区考核连续两年居"第一梯队"》(https://www.sznews.com/news/content/mb/2023-06/12/content_30268638.htm)。

电商进出口额达 3265.3 亿元，同比增长 74.4%，[①] 2024 年上半年深圳跨境电商进出口同比增长 1.3 倍，截至 2024 年 7 月底跨境电商出口企业数量超过 15 万家[②]。深圳拥有较多重点跨境电商产业园区和龙头企业，包括华南城电子商务产业园、蛇口网谷电子商务产业园等 5 个国家电子商务示范基地（见表 3-2），创智云城等 2 个省级跨境电商产业园，赛维时代、齐心集团、顺丰泰森、天虹数科、土巴兔、优合集团 6 家国家电子商务示范企业。在广东省 3 家"龙头型"跨境电商企业中，深圳企业赛维时代、通拓科技占了两席。

表 3-2　　　　　　　　深圳市电子商务基地

园区	简要介绍
华南城电子商务产业园	深圳华南城电子商务产业园作为国家电子商务示范基地，是中国跨境电商聚集地。中国 TOP10 跨境电商企业一半从这里开始创业，棵树、傲基、通拓等跨境电商行业翘楚纷纷入驻华南城电子商务产业园。同时，深圳华南城也是全国首个物流与电子商务协同发展的产业园，涵盖电商孵化、跨境电商、平台运营商（B2B、B2C、C2C 等）、内贸电商及第三服务商（金融、物流、技术、人才、诚信认证、信息、视觉、网络推广等），华南城已经成为目前中国规模最大的跨境电商企业聚集园区。2022 年 9 月，深圳华南城电子商务产业园综合评价成绩突出，荣获国家"十佳"电子商务示范基地称号
蛇口网谷电子商务产业园	"蛇口网谷"是南山区政府与招商局蛇口工业区联手推出的一个融合高科技与文化产业的互联网及电子商务产业基地。蛇口网谷引进了苹果、IBM、雀巢等飞利浦等世界 500 强企业，入驻企业约 420 家，核心产业聚集度超 70%。拥有行业龙头伙伴 30 多家、产业服务伙伴 200 多家，引进招商创库、厘米空间等多家孵化器和众创空间，并培育了广和通、芯海科技、讯方科技、联新医疗等细分行业龙头企业。截至 2023 年上半年，运营及规划园区面积约 500 万 m²

[①] 王丰：《深圳跨境电商 2023 年进出口额 3265 亿 同比增长超 7 成》（https://news.cctv.com/2024/01/14/ARTIzC4iQPdoSAA9JwrMLR5A240114.shtml）。

[②] 李天南、刘舟义：《解码深圳经济半年报：为何跨境电商成"黑马"？》（https://news.qq.com/rain/a/20240801A0AAJ300）。

续表

园区	简要介绍
福田国际电子商务产业园	福田国际电子商务产业园（福田国际电商产业园）是由深圳市福中达投资控股有限公司投资，受到福田区政府指导和大力扶持的专业园区。园区位于梅林街道梅华路，是深圳市首个国家电子商务示范基地，2017年、2018年连续两年荣获100家国家电子商务示范基地全国民营单位第一名
星河WORLD国际电子商务产业基地	该基地产学研相结合，打造一站式跨境电商综合服务平台，与商协会、华为云共建深圳跨境电商综合服务创新中心，并组建电子商务产业基地专家服务工作站，为企业提供"众创空间—孵化器—加速器—总部基地"的全生命周期成长服务。基地入驻电子商务企业达345家，2022年基地交易额约363亿元。2022年被增补为国家电子商务示范基地
深圳康利城国际电子商务产业基地	康利城国际电子商务产业基地围绕电子商务打造"政策导入、人才输送、孵化投融、增值服务"四大服务平台，针对不同企业不同发展阶段的不同需求，提供全方位、一站式、专业化的运营服务。同时，基地通过"产业运营、孵化运营、商业运营、媒体策划、人力资源、战略合作对接"等六大服务部门的有效合作，制定精细化的服务流程，赋能企业发展。该基地拥有电商及配套服务企业100余家，在孵电商企业27家，电商企业入驻率占80%。2022年，基地交易额约121亿元，创建电商品牌100个
创智云城	创智云城集聚了智能终端、数字创意、半导体和集成电路产业企业，是集战略性新兴产业特征和企业总部特征于一体的科技产业CBD。园区引进了包括大疆、传音控股、天珑移动、优必选、普联技术、深信服等国内标杆企业的研发和总部项目

二 产业数字化水平突出

（一）工业互联网试点示范建设成效优秀

工业互联网生态逐步成型，牵引制造业数字化转型。2023年3月，工业和信息化部公布《2022年工业互联网试点示范项目名单》，深圳共有9个项目入选，入选数量并列全国大中城市第二，其中有1个项目入选网络类试点示范，8个项目入选平台类试点示范（见表3-3）①。2024年，深圳入选工业和信息化部《2024年"5G+工业互联网"融合应用试点城

---

① 工业和信息化部办公厅：《2022年工业互联网试点示范项目名单》（https://hubca.miit.gov.cn/cms_files/filemanager/1620513482/attach/20233/b65eb3c566254f81b46c02cc54610ebd.pdf）。

市名单》，为全国 10 个入选城市之一。

表 3–3　　深圳市 2022 年工业互联网试点示范项目

试点类型		项目名称	申报单位
网络类试点示范	工业互联网标识解析二级节点服务平台试点示范	集装箱行业工业互联网标识解析二级节点	深圳中集智能科技有限公司
平台类试点示范	"工业互联网＋安全生产"试点示范	基于智慧工业核心引擎 MixIOT 的安全生产方案	深圳市智物联网络有限公司
		基于和睦云工业互联网平台的安全生产试点示范	中广核智能科技（深圳）有限责任公司
		面向热油田加热炉的"工业互联网平台＋安全生产"解决方案	深圳市佳运通电子有限公司
	"工业互联网＋质量管理"试点示范	AI 视觉质检创新平台	宝德计算机系统股份有限公司
	"工业互联网平台＋产业链/供应链"协同试点示范	基于企业级工业互联网的供应链协同解决方案	金蝶软件（中国）有限公司
		一站式机械零部件云制造工业互联网平台	深圳市速加科技有限公司
	工业互联网平台企业网络安全分类分级管理试点示范	Fii 工业互联网平台信息安全防护系统	富士康工业互联网股份有限公司

　　深圳培育出一批工业互联网平台企业，包括华为 FusionPlant、富士康 Fii Cloud、腾讯 WeMake、华润润联 Resolink、金蝶星域 5 家工信部双跨平台（见表 3–4），其中 3 个平台入选工业和信息化部工业互联网试点示范①、9 个平台入选工业和信息化部制造业与互联网融合试点示范、7 家

---

① 工业和信息化部办公厅：《工业和信息化部办公厅关于公布 2023 年工业互联网试点示范项目名单的通知》（https://wap.miit.gov.cn/jgsj/xgj/gzdt/art/2024/art_13d764a8920447ea8051cf6a629ed8b7.html）。

企业入选工业和信息化部工业互联网平台创新领航应用,华为云、腾讯云分别位居全国云服务商第二、第三位,16款工业APP入选工信部优秀APP解决方案①。144家深圳企业入选广东省工业互联网产业生态供给资源池。② 宝安区获评全国唯一一个五星级国家新型工业化产业示范基地(工业互联网),龙华区获评广东省首批工业互联网产业示范基地。

表3-4　　　　深圳市2023年上榜跨行业领域工业互联网平台

单位名称	平台名称
深圳市腾讯计算机系统有限公司	腾讯WeMake互联网工业平台
华为技术有限公司	华为FusionPlant互联网工业平台
金蝶软件(中国)有限公司	金蝶星域工业互联网平台
科大讯飞股份有限公司	羚羊工业互联网平台
阿里云计算有限公司	阿里云supET工业互联网平台
富士康工业互联网有限公司	富士康Fii Cloud工业互联网平台
华润数科控股有限公司	华润润联Resolink工业互联网平台

(二)重点产业集群数字化转型效果卓著

重点产业数字化转型成效显著。全面助力制造业数字化转型,按照"普惠+标杆+公共服务+供给"的思路,全力打造制造业数字化转型配套政策工具包。近年来,深圳累计发放扶持资金超6亿元,有效降低了企业数字化转型成本,直接拉动企业在数字化转型方面的投入超过30亿元。经过由中国电子技术标准化研究院智能制造评估评价公共服务平台和金砖国家未来网络研究院中国分院评定,深圳累计有288家企业获得有效智能制造能力符合性证书。③ 数字金融科技发展迅速。2024年9月,英国智库Z/Yen集团与中国(深圳)综合开发研究院联合发布《第36期全球金融中心指数报告(GFCI 36)》,该指数从营商环境、人力资本、基础

---

① 徐松:《以"数"赋智 乘"云"而上 深圳加大工业数字化转型力度》(https://finance.sina.com.cn/jjxw/2023-10-20/doc-imzrsyww6247307.shtml)。
② 广东省工业和信息化厅:《关于2023年广东省工业互联网产业生态供给资源池评价名单公示》(https://shenkexin.com/project/publicity-6519.html)。
③ 徐松:《中国"工业第一城"逐浪前行》(https://www.sznews.com/news/content/2024-02/18/content_30751853.htm)。

设施、金融业发展水平、声誉等方面对全球主要金融中心进行了评价和排名。其中，深圳位列全球第九位（见表3-5），较第35期上升两个名次，在国内城市中紧随上海之后，并且在产业部门方面表现亮眼，融资领域力压纽约成为全球第一，银行业全球第二，投资管理全球第三，保险业全球第四（见表3-6）。①

表3-5　　　　GFCI36综合竞争力排名与得分前10

中心	GFCI 36		GFCI 35		较上期变化	
	排名	得分	排名	得分	排名	得分
纽约	1	763	1	764	0	↓1
伦敦	2	750	2	747	0	↑3
香港	3	749	4	741	↑1	↑8
新加坡	4	747	3	742	↓1	↑5
旧金山	5	742	5	740	0	↑2
芝加哥	6	740	9	736	↑3	↑4
洛杉矶	7	739	8	737	↑1	↑2
上海	8	738	6	739	↓2	↓1
深圳	9	732	11	734	↑2	↓2
法兰克福	10	730	13	732	↑3	↓2

表3-6　　　　GFCI36竞争力各次级指标中排名前15的金融中心

排名	银行业	投资管理	保险业	专业服务	政府和监管部门	融资	金融科技	金融市场交易
1	纽约	香港	纽约	纽约	纽约	深圳	纽约	纽约
2	深圳	纽约	伦敦	新加坡	新加坡	纽约	新加坡	新加坡
3	伦敦	深圳	香港	伦敦	伦敦	香港	伦敦	上海
4	香港	伦敦	深圳	香港	上海	伦敦	香港	首尔
5	上海	新加坡	上海	首尔	香港	上海	旧金山	伦敦
6	芝加哥	上海	北京	旧金山	芝加哥	芝加哥	迪拜	洛杉矶
7	新加坡	都柏林	新加坡	洛杉矶	苏黎世	旧金山	法兰克福	芝加哥

---

①　综合开发研究院（中国深圳）：《第36期"全球金融中心指数"：顶级金融中心再现波动，香港重返前三》（http：//www.cdi.com.cn/Article/Detail? Id=19649）。

第三章 深圳数字治理的基础优势与资源禀赋

续表

排名	银行业	投资管理	保险业	专业服务	政府和监管部门	融资	金融科技	金融市场交易
8	北京	旧金山	旧金山	芝加哥	卢森堡	新加坡	首尔	北京
9	旧金山	法兰克福	悉尼	苏黎世	首尔	北京	洛杉矶	旧金山
10	洛杉矶	洛杉矶	洛杉矶	卢森堡	北京	华盛顿	圣迭戈	香港
11	法兰克福	北京	东京	迪拜	法兰克福	东京	芝加哥	巴黎
12	华盛顿	东京	苏黎世	法兰克福	华盛顿	洛杉矶	多伦多	华盛顿
13	日内瓦	日内瓦	芝加哥	都柏林	东京	都柏林	日内瓦	法兰克福
14	波士顿	巴黎	华盛顿	上海	旧金山	首尔	苏黎世	东京
15	巴黎	芝加哥	日内瓦	深圳	洛杉矶	法兰克福	釜山	日内瓦

(三) 龙头企业全面牵引产业链组团转型

华为等龙头企业牵引相应产业链上下游企业实现数字化转型。华为基于自身制造经验，吸收相关优秀实践，积极投入研发，开发华为数字化诊断模型，实现规模化数字诊断，助力制造企业数字化转型，在全国运营超150个赋能云创新中心，每年服务5万家以制造为主的工业企业。工业富联把自身数字化转型的经验和所沉淀下来的整体解决方案与平台技术对外输出，服务对象已覆盖电子制造、汽车及零部件、泛家居、医疗器械、冶金材料、化工材料、机械加工、电力装备等十大行业，服务企业超过1400多家。《2021年中小企业数字化指数报告》显示，深圳市以中小企业数字化综合指数总得分82.06分，在百强市中排名第一。[①] 从指标看，深圳拿下业务数字化、产业链数字两项单项冠军，领跑全国。《2022年中小企业数字化指数报告》显示，深圳再度荣获全国第一，连续两年位居全国首位。[②] 2024年，上海战略所发布的研究报告提出了一套评估国际大都市产业数字化水平的评价模型。按这套评估模型对2023年国际大都市进行排名，深圳排名世界第一，前五位分别是深圳、首尔、东

---

① APEC中小企业信息化促进中心等：《2021年中小企业数字化指数报告》(http://apecs-mei.org/download/DigitizationReport.pdf)。
② APEC中小企业信息化促进中心等：《2022年中小企业数字化指数报告》(https://news.buaa.edu.cn/xww2024/info/1005/61191.htm)。

京、新加坡、北京，上海排名第六。①

（四）数字金融多点开花构建创新发展格局

发展数字金融基础雄厚。2022 年，深圳金融业增加值 5137.98 亿元，居于国内大中城市第三位，同比增长 8.2%，增速居一线城市首位，金融业增加值占 GDP 比重为 15.9%，共有金融科技企业约 2000 家，其中注册资本超过 1 亿元的企业有约 200 家。② 2023 年，深圳金融业增加值 5253.48 亿元，增长 5.8%。③ 据国家金融监督管理总局深圳监管局披露的 2024 年第一季度数据，截至 2024 年 3 月末，数字经济核心产业贷款规模 1.26 万亿元，同比增长 26.05%。④ 基于新一代信息技术实力、数据要素积累、数字经济产业发展等优势，深圳利用金融科技赋能产业数字金融。例如，微众银行依托数字化大数据风控、精准营销、精细运营三个数字化手段开展"微业贷"业务，破解服务小微企业难题、银行服务小微企业"三高"难题；招商仁和人寿公司联合中再寿险公司推出直保再保区块链协同平台，解决数据传输安全、效率低等问题。聚焦普惠、供应链金融等重点领域创新应用场景。依托金融数字化探索跨境金融新模式，构建深港金融合作新格局。推出深港跨境征信通、私募通、账户通，建设深港跨境数据验证平台。提升跨境支付便利度，率先试行与香港八达通互联互通的数字人民币"硬钱包"，支持境外人士在微信、支付宝直接绑定境外银行卡；持续助推央行优化跨境理财通等机制，深港市场初步实现"六个互联互通"。其中，"账户通"香港居民"足不离港"代理见证开户 33.68 万户，交易超 184 亿元，约占粤港澳大湾区业务量九成；"融资通"构建"本外币合一、高低版搭配"的跨国公司跨境资金池政策体系，累计为企业增收节税约 1 亿元。区域资金活跃度、交互度不断提升，人民币连续四年

---

① 盛维、张洁：《世界大都市产业数字化水平评测：深圳第一，北京第五，上海第六》（https://www.163.com/dy/article/IQ3OSLDV0511DQUK.html）。
② 中央财经大学绿色金融国际研究院：《IIGF 观点｜任国征：深圳发展数字金融的优势与路径》（https://iigf.cufe.edu.cn/info/1012/7947.htm）。
③ 深圳市统计局、国家统计局深圳调查队：《深圳市 2023 年国民经济和社会发展统计公报》（https://tjj.sz.gov.cn/zwgk/zfxxgkml/tjgb/content/post_11264245.html）。
④ 周妙妙：《南财观察｜"挖场景、建生态"深圳数字金融发展有何新趋势？》（https://www.21jingji.com/article/20240427/herald/f11222e01cc1d3b04011f70a2cc19a83.html）。

成为深港间第一大跨境结算货币。① 数字人民币生态创新体系加速形成。深圳是全国首批四个数字人民币试点地区之一，自试点开展以来不断开展数字人民币应用创新（见表3-7）。截至2023年11月底，深圳已有受理商户超300万家，累计开立数字人民币钱包超3588万个，累计流通金额超754亿元。② 数字人民币场景应用加快创新，拓展应用领域，逐步构建完善的数字人民币生态体系，并创下了多项全国第一。

表3-7　　　　　　　　深圳市数字人民币应用创新事项

时间	创新事项	具体内容或影响
2020年10月9日	首次数字人民币外部可控试点活动——"礼享罗湖数字人民币红包"	此后，数字人民币红包模式在国内其他试点城市得到广泛应用，形成了数字人民币试点工作的"深圳样板"，为国内数字人民币研发试点工作奠定基础
2021年3月30日	面向香港居民开展数字人民币跨境支付测试	罗湖区人民政府与中国银行股份有限公司和中国银行香港股份有限公司合作，在全国率先顺利完成了面向香港居民在内地使用数字人民币的测试工作。本次测试主要面向香港两类居民，一类是经常往来深圳的香港居民，可通过香港居民来往内地通行证（简称"回乡证"）进行实名认证；一类是偶尔来深圳的香港居民，即仅持有香港居民身份证的居民，通过香港手机号匿名开立五类数字人民币钱包
2021年12月至2022年7月	全国首个数字人民币示范区	2021年12月，福田区人民政府与中国人民银行深圳市中心支行、深圳金融科技研究院签署《推进数字人民币示范区建设战略合作框架协议》；2022年5月，福田区率先落地首个数字人民币预付式场景；2022年7月，全国首个"数字人民币+"公积金专窗在福田区中国银行深圳中心区支行营业部落地

---

① 谢惠茜：《2023年深圳金融十件大事》（https：//www.sz.gov.cn/cn/xxgk/zfxxgj/bmdt/content/post_11092052.html）。

② 邹嫒：《深圳人行：受理商户超300万家，数字人民币促消费成常态》（https：//www.mpaypass.com.cn/news/202312/27111733.html）。

续表

时间	创新事项	具体内容或影响
2023年1月12日	全国首个基于5G区块链技术的数字人民币SIM卡硬件钱包	深圳联通携手中国农业银行深圳分行、国民技术联合在"数见未来，智聚鹏城"数字人民币5G应用成果发布会上，发布了数字人民币硬件钱包产品。该产品采用自研金融级安全芯片，实现一卡通用户融合，可适用于网络通信、POS消费、门禁认证、一线支付等多种生活场景，有效扩宽了数字人民币硬件钱包使用场景，是全国首个基于5G区块链技术的数字SIM卡硬件钱包产品
2023年10月11日	全国首个数字人民币产业园	深圳（罗湖）数字人民币应用生态示范区发布活动举行，深圳以市区联动模式在罗湖区共建数字人民币应用生态示范区，标志着全国首个数字人民币产业园在深圳正式运行

三 数据要素配置改革成为尖兵

（一）数据要素制度全方位建设扎实推进

近年来，为贯彻落实党中央关于构建数据基础制度和数字中国建设重大战略部署，深圳市陆续出台各项贯彻落实措施，促进数据作为生产要素开放流动和开发利用，助推新质生产力发展。在数据产权制度建设方面，出台了《深圳市数据产权登记管理暂行办法》，规范数据产权登记行为，保护数据要素市场参与主体的合法权益。在数据要素供给侧改革方面，在全国率先出台首部综合性地方数据法规《深圳经济特区数据条例》，规范数据处理活动；发布了深圳市地方标准《公共数据安全要求》，规定公共数据总体安全原则、数据分级方法、通用管理和通用技术安全要求、数据处理活动安全要求等。在培育数据要素市场方面，出台了《深圳市数据交易管理暂行办法》《深圳市数据商和数据流通交易第三方服务机构管理暂行办法》等规定，引导培育数据交易市场，规范数据交易行为，促进数据有序高效流动。在数据要素赋能经济发展方面，颁布了《深圳经济特区数字经济产业促进条例》《深圳经济特区人工智能产业促进条例》，优化数字经济产业发展环境，促进数字经济产业高质量发展。

（二）政务数据归集共享开放探索不断深化

政务数据归集数量庞大。深圳市建成人口、法人、房屋、自然资源与空间地理、电子证照和公共信用六大基础数据库以及基层治理、经济、生态、教育、卫生医保、科技创新、民生诉求、应急管理等主题库；公共基础信息资源库实现人口的身份证号码、法人的统一社会信用代码、房屋的房屋编码"三码关联"；公共信用库已归集来自56家单位（含区）超过19亿条公共信用信息，统一归集全市各单位（含区）的"双公示"信息。数据互通加快，市政务电子证照系统已与55个用证业务系统完成对接，已纳入850种电子证照目录，与省电子证照系统互联、数据互通，可调用全省2974种证照9亿张。数据共享开放深入推进，2023年3月，深圳市共享平台发布资源目录数达1.8万类，信息指标项26.0万多个，归集共享数据总量达155亿条。① 当月，深圳市政府数据开放平台向互联网开放了50个部门的数据集，涵盖经济建设、教育科技、卫生健康、生态文明等14个领域。2024年1月，市政府数据开放平台网站公开显示，平台共开放数据接口、数据目录和数据集4000个；截至2024年6月，开放数据总量约25亿条，接口累计被调用2.4亿次②。截至2024年6月，市政务信息发布资源目录数达1.47万类，归集数据总量达224亿条。

（三）数据要素场内交易市场规模全国第一

深圳数据交易所（简称"深数所"）2022年11月15日正式揭牌。深圳数据交易所探索实施数据要素市场化配置改革，推动深圳数据要素活力进一步释放。截至2023年年底，实现累计交易规模65亿元，累计跨境交易额1.1亿元，涉及交易场景228个，覆盖30个省份、128个城市，上市数据标的1900个，建立数据产品专区20个，打造行业创新案例26项。③ 截至2024年11月，深圳数据交易所累计交易金额达154亿元，其中跨境交易规模2.69亿元，均居全国第一。④ 在场内跨境数据交易、数

---

① 深圳市政务服务数据管理局：《市政务服务数据管理局关于报送市七届人大四次会议第20230692号建议汇办意见的函》（http：//www.sz.gov.cn/szzsj/gkmlpt/content/10/10528/post_10528501.html#19242）。

② 截至2024年6月份的数据。

③ 王志明：《65亿交易规模创新高，一图带你读懂深圳数据交易所2023年度成绩》，（https：//www.dutenews.com/n/article/7979488）。

④ 信息来自深圳数据交易所。

据合规体系建设、数据无质押贷款、数据保险、数据信托等五个关键领域先行先试，开创全国先河（见表3-8）。

表3-8　　　　典型数据要素市场化配置改革案例①

主要创新产品
1. 农产品批发金融+数据赋能综合解决方案
2. 预付费行业诚信评价与资金冻结解决方案
3. 国信证券数据模型管理项目进场采购
4. 为香港企业提供更便捷、高效的招聘解决方案
5. 数据托管高效解决方案
6. 智能制造领域数据空间应用案例
7. "新型定价模式+数字人民币交付"全国公共数据场内交易第一单
8. 落地数据资源供需智能系统
9. 落地自动驾驶合成数据应用案例
10. 可信身份认证统一授权解决方案
11. 助力大模型应用，语料数据场内交付案例
12. 隐私计算保护下的车联网智能管理与预警应用合作案例

第四节　数字企业技术创新能力领先

一　引领性数字龙头企业数量众多

2022年11月，广东省商务厅公布100家2022年广东省数字贸易龙头企业名单，深圳上榜企业43家，占全省近一半。② 其中，华为技术、中兴通讯等23家深圳企业入围信息技术类，华为云位列全国第二、全球第五。腾讯、中手游网络科技等5家企业入围文化娱乐类，虾皮、通拓科技等12家企业入围贸易数字化平台类，腾讯全球手游收入位列全国第一（见表3-9）。2024年广东省数字经济制造业100强企业名单中，深

---

① 信息来自深圳数据交易所。
② 广东省商务厅：《广东省商务厅关于公布2022年广东省数字贸易龙头企业名单的通知》（https：//com.gd.gov.cn/zwgk/ywtz/content/post_4043490.html）。

圳企业占据 45 席，接近全省一半，数字经济服务业 100 强企业名单中，深圳企业占据 33 席，接近全省 1/3。① 2024 中国电子信息 100 强企业名单中，深圳的华为、比亚迪、中兴分别位居第 1、第 2、第 10 位，欣旺达、华强集团、欧菲光等 14 家企业上榜，数字龙头企业数量排全国前列。② 近年来，先后引进安谋科技、维沃移动、小米信息、中软国际、京东、美团、字节跳动、中国电子等一批优质数字经济企业。2023 年建成全国首个数据要素全生态产业园，引进金士顿、ENGIE、长峡电能等一批数字经济龙头企业、机构入驻。

表 3-9　　深圳入选 2022 年广东省数字贸易龙头企业

序号	类别	企业名称
1	信息技术类	华为技术有限公司
2		中兴通讯股份有限公司
3		哈曼科技（深圳）有限公司
4		联发软件设计（深圳）有限公司
5		深圳市塞维网络科技有限公司
6		高通通信技术（深圳）有限公司
7		英伟达半导体（深圳）有限公司
8		国际商业机器科技（深圳）有限公司
9		深圳万兴软件有限公司
10		晨星资讯（深圳）有限公司
11		爱客科技（深圳）有限公司
12		深圳智汇创想科技有限责任公司
13		深圳市江波龙电子股份有限公司
14		深圳四方精创咨询股份有限公司
15		深圳前海帕拓逊网络技术有限公司

---

①　广东省信息协会：《【通知】关于发布"2024 年广东省数字经济 100 强"企业的通知》（https：//www.cngdia.org.cn/html/cqgov/xiehuigonggao/1851825550077263873.html）。

②　中国电子信息行业联合会：《2024 中国电子信息 100 强企业名单 2024 全国电子信息百强企业榜单》（https：//www.cnpp.cn/focus/3509751.html）。

续表

序号	类别	企业名称
16	信息技术类	艾锐势科技（深圳）有限公司
17		深圳海翼智新科技有限公司
18		深圳兰宇网络科技有限公司
19		深圳市橙源科技有限公司
20		深圳云路信息科技有限责任公司
21		亿磐系统（深圳）有限公司
22		深圳市宝视佳科技有限公司
23		富途网络科技（深圳）有限公司
24	文化娱乐类	腾讯科技（深圳）有限公司
25		深圳市中手游网络科技有限公司
26		深圳雅文信息传播有限公司
27		雅昌文化（集团）有限公司
28		中华商务联合印刷（广东）有限公司
29	贸易数字化平台类	深圳虾皮信息科技有限公司
30		深圳市通拓科技有限公司
31		深圳市街角电子商务有限公司
32		深圳环金科技有限公司
33		深圳市艾姆诗数码科技有限公司
34		深圳千岸科技股份有限公司
35		深圳市亚飞电子商务有限公司
36		迅击信息科技（深圳）有限公司
37		深圳前海浩方科技有限公司
38		深圳市恒之易电子商务有限公司
39		深圳远东哲仕科技有限公司
40		深圳前海三态现代物流有限公司
41	研发设计	深圳尚科宁家科技有限公司
42		深圳市麦思美科技有限公司
43		深圳市达实智控科技股份有限公司

二 专精特新数字企业增量突出

截至2023年7月，深圳国家级专精特新"小巨人"企业累计达752家，提前并超额实现了2025年深圳国家级专精特新"小巨人"企业达到600家的目标①；截至2024年9月，深圳国家级专精特新"小巨人"企业累计达1050家②。截至2023年4月，有效期内的专精特新企业中小企业超8600家，且国家级专精特新"小巨人"企业年平均研发经费为3339.19万元，研发强度为7.63%，③高于全国专精特新"小巨人"企业平均水平。在众多的"专精特新"企业中，一批典型企业数字技术创新突出，为深圳打牢数字治理基础和丰富应用场景提供了坚实基础（见表3-10）。

表3-10　　　　　　深圳典型专精特新数字企业

企业名称	主要创新产品及特点介绍
深圳星联天通科技有限公司（专精特新"小巨人"企业）	深耕卫星通信和卫星定位"通导一体化"产品及解决方案，建立了卫星产业"云+端（星云通管理平台+卫星终端）"的行业解决方案模式，将卫星通信产品及解决方案、车规级高精度定位模组和终端打造为业界领先水平 星联天通在天通卫星终端通信市场占有率排名第一，主要的客户集中在应急、交通、渔业、电力、铁路等行业，为行业客户提供专业的卫星通导一体化的产品及解决方案。星联天通在浙江、福建的海渔市场，提供了超过80%的海洋通信卫星终端，采用的是天通和北斗的通信定位方案、国产的卫星通信芯片、自研的卫星通信产品及调度管理平台，为周边渔民渔船提供应急保障的同时，也保证了国家海域信息的安全

---

① 徐松：《国家级"小巨人"达752家！深圳"专精特新"大幅扩容 经济发展再添动能》（https://baijiahao.baidu.com/s?id=1772525484433151820&wfr=spider&for=pc）。
② 李丹：《深圳国家级专精特新"小巨人"企业累计将达1050家》（https://www.sznews.com/news/content/2024-09/04/content_31190166.htm）。
③ 李旖露：《深圳新增认定4826家专精特新中小企业》（http://www.sz.gov.cn/cn/xxgk/zfxxgj/bmdt/content/post_10541334.html）。

续表

企业名称	主要创新产品及特点介绍
深圳科安达电子科技股份有限公司（专精特新"小巨人"企业、制造业单项冠军示范企业）	一家专业从事轨道交通产品研发、生产、销售的国家高新技术企业。主要围绕轨道交通领域提供产品服务和系统解决方案，主要产品包括轨道交通信号计轴系统、铁路站场综合防雷系统、铁路信号智能监测分析和诊断系统、信号监测防雷分线柜、道岔融雪系统等产品及相关解决方案，同时为轨道交通领域客户提供工程建设和系统集成服务 科安达开发的计轴系统广泛运用于国内铁路和城市轨道交通行业，在深圳、北京、上海、广州、武汉、成都、重庆、南京、杭州等全国50多个城市超过200条城市轨道交通线路中得到应用，市场占有率已达到60%，成为行业的"隐形冠军"

三 企业技术创新投入成效显著

企业创新研发投入显著。截至2024年11月，深圳共有高新技术企业2.48万家，企业技术中心401家（其中41家国家级、360家市级）。[①] 2023年，广东省科学技术厅公布的634家工程技术研究中心认定中，深圳占193家，全省第一。[②] 2023年，深圳企业基础研究经费占全国企业基础研究经费的47.9%，企业研发投入金额合计约占全国的16.87%；企业研发人员约占全国的15.24%。[③] 新兴技术的PCT（专利合作条约）专利排名位于前列，2023年，深圳市国内专利授权量23.51万件，居北上广深首位；PCT国际专利申请量1.59万件，约占全国总量的22.99%，连续20年居全国大中城市首位。[④]

---

① 熊子恒：《我市国家高新技术企业达2.48万家》（https://www.sz.gov.cn/cn/xxgk/zfxxgj/zwdt/content/post_11706198.html）。
② 何泳：《知识产权厚植深圳国际化法治化营商环境沃土》（http://www.sz.gov.cn/cn/xxgk/zfxxgj/zwdt/content/post_10566610.html）。
③ 罗仙凯：《科创地图之深圳：企业主导科创发展的城市到底有多强？》（https://new.qq.com/rain/a/20230618A0003V00）。
④ 李佳佳：《去年深圳PCT国际专利申请量1.59万件 连续20年居全国大中城市首位》（https://www.sznews.com/news/content/2024-04/26/content_30895345.htm）。

四 数字创新产品应用遍地开花

智能硬件领域，以深圳市大疆创新科技有限公司（以下简称"大疆公司"）为代表，获民用无人机驾驶航空器经营许可证企业的 1500 多家无人机企业，占据全球市场七成份额①；深圳市优必选科技股份有限公司的服务机器人已经应用在教育、家居、零售等场景，成为行业发展标杆；深圳市锐明技术股份有限公司作为商用车信息化龙头，以 AI 和视频技术为核心，推出包括摄像头、各类传感器、主机、显示屏等智能硬件产品和软件产品组成的整体解决方案，产品覆盖货运、公交、出租等多种商用车型。据瑞典调研机构 Berg Insight 2024 年最新出具的市场报告显示，公司在商用车视频远程信息处理方案安装量排名全球第一。②

计算机视觉领域，深圳思谋信息科技有限公司的机器视觉技术已惠及千万工业场景与产品产线，涵盖了高端消费电子、新能源、汽车、光学制造、半导体、广电文旅以及智能交通等行业，并与国内外多家世界 500 强企业达成合作，已服务了卡尔蔡司、空客、博世、佳能、大陆集团、舍弗勒、宝洁、联合利华等超过 100 家行业头部企业，赋能产线数百条。深圳市深视创新科技有限公司自成立以来，已为 200 余家高端制造企业提供可以完全代替人工质检的技术服务与解决方案，包括阿斯利康、拜耳、国药、富士康、立讯精密、美的电器等国内外知名企业。深圳云天励飞技术股份有限公司的"深目"是中国最大规模实战应用警用级人像识别系统。深圳前海微众银行股份有限公司 AI 团队推出了金融业内首个"联邦视觉系统"。

自动驾驶领域，大疆公司发布了千元级、性价比高的激光雷达，与深圳市速腾聚创科技有限公司、深圳市镭神智能系统有限公司的激光雷达共同加速了自动驾驶规模化落地，在自动驾驶增量零部件领域形成了初步集聚效应。华为、比亚迪、腾讯大举发力自动驾驶，在全国率先推出了业内一流的基础软硬件、车联网和应用产品和方案。

---

① 杜艳：《深圳民用无人机产值近 600 亿元，多省试点低空开放》（https：//static.nfapp.southcn.com/content/202204/21/c6420435.html）。
② 浙商证券：《商用车监控信息化龙头，出海正当时——锐明技术深度报告》（https：//www.hangyan.co/reports/3479257483111826607）。

智慧金融领域，深圳市证通电子股份有限公司为客户打造以互联网为基础平台、以云计算为核心技术、以金融科技为支撑的金融科技服务商。公司为国有各大型银行、股份制商业银行和各中小商业银行提供包括终端、业务软件、平台运营和机房托管等类型多样的差异化金融支付解决方案，产品应用于全球160余个国家和地区；微众银行的AI信贷风险管理体系做到全国领先，AI智能客服可直接回答约98%的顾客咨询；中国平安保险（集团）股份有限公司获批金融领域唯一国家级人工智能开放创新平台。

智慧医疗领域，2024年12月，国产医疗器械龙头企业深圳迈瑞生物医疗电子股份有限公司与腾讯共同打造的全球首个面向重症领域临床落地的大模型——"启元大模型"发布，为重症监护提供更为精准高效的诊断支持。此前，迈瑞与腾讯在体外诊断领域共同研发的"全自动外周血细胞形态学分析仪"，将检验科医生阅片时间从1800秒缩减到30秒，大幅提高工作效率和准确率；腾讯觅影成为"AI+医疗"标杆，并获批医疗领域唯一国家级人工智能开放创新平台，已在全国百余家三甲医院落地。

第五节　数字治理区域合作逐步深化

一　深圳数字经济"走出去"进展迅速

深圳加强与"一带一路"沿线国家数字经济合作并取得显著成效，以数字经济"走出去"促进多方利益协调均衡，实现"多赢"。习近平总书记在首届"一带一路"国际合作高峰论坛上提出，"我们要坚持创新驱动发展，加强在数字经济、人工智能、纳米技术、量子计算机等前沿领域合作，推动大数据、云计算、智慧城市建设，连接成21世纪的数字丝绸之路"①。"数字丝绸之路"等倡议建设实际上赋予深圳等城市在国际数字治理领域更大的作为空间。深圳与"一带一路"数字领域联动密切，沿线国家成为深圳数字企业海外主战场。2023年主办中国—东盟新兴产

---

① 黄勇：《数字丝绸之路建设成为新亮点》（http：//www.qstheory.cn/llwx/2019-04/22/c_1124396867.htm）。

业论坛，深圳与东盟30余家企业签约，意向合作金额超50亿元。① 一批重点企业积极拓展东盟国家业务，华为通过数字基础设施建设、5G、大数据等技术助力东南亚国家中小企业数字化转型形成发展新动能，运用SD技术帮助东南亚最大的水泥生产商构建数据中心；深圳网络视听节目和数字文化产品"出海"取得良好反响，腾讯公司出品的手游在东南亚市场广受欢迎，腾讯视频制作推出的《拜托了冰箱》《创造101》等综艺节目，登陆新马等国付费电视频道和本地视频网站，实现自制综艺境内外同步播出。2023年前7个月，深圳对"一带一路"沿线国家进出口5107亿元。② 深圳可以凭借独有的地理位置优势，建设面向东南亚地区的"一带一路"数字经济产业合作支点城市和我国第二个"丝路电商"合作先行区，可将数字经济领域的"深圳技术""深圳经验""深圳文化"推广至"一带一路"沿线国家和友好城市。加强与"一带一路"沿线国家数字经济合作，积极参与全国数字治理也是助力深圳企业"走出去"，培育世界一流数字经济企业，更好提供全球共享的数字产品服务。

二 数据跨境助力数据治理区域合作

依托深圳数据交易所等改革平台，通过持续的改革与制度规则调整不断完善数据跨境流程机制。

第一，建设标杆性国际数据要素流通服务中心，深数所参与国家和省市跨境基础设施、数据出境绿色通道建设运营，设立数据跨境咨询服务窗口和境外数据要素服务工作站，提供跨境政策咨询、国际合作、跨境合规自评估、数据安全实施路径、材料预审查、白名单报送、补贴申请指导等系列公共服务，优化外商投资环境。

第二，深数所加快建立港澳重点数据部门、境外团体之间的沟通衔接机制，构建跨境数据商网络，推动数据交互、业务互通、监管互认、服务共享等方面达成共识，推广深港澳个人信息跨境流动标准合同实施，

---

① 李晓旭：《"中国—东盟新兴产业论坛"在深圳召开30多家新兴产业企业签署战略协议意向合作金额超50亿元》（https://ep.ycwb.com/epaper/ywdf/html/2023-07/07/content_688_584842.htm）。

② 方慕冰：《深圳与"一带一路"沿线国家贸易额创新高》（http://tradeinservices.mofcom.gov.cn/article/difang/tongjisj/202309/153993.html）。

联动前海、河套在金融、科研、医疗、人才、民生等场景联合推出一批典型案例。

第三，深圳依托前海、河套等改革平台，率先开展数据跨境交易实践创新，在河套深港科技创新合作区，实践场内数据跨境交易，在交易模式、技术支撑、安全保障等方面形成了可复制、可推广的经验做法，福田区数据跨境交易试点入选"中国改革 2023 年度县域改革案例"。在前海地区探索开展数据特区建设，建设深圳（前海）数据跨境流动综合服务中心，向企业提供政策咨询、申报辅导、场景培育、应用推广等全流程、一站式的数据跨境流动服务；建设深圳（前海）国际数据产业园，聚焦国际数据跨境流动机制对接、规则衔接、标准制定和产业服务平台建设，为数据跨境交易积累了丰富经验。

第四章

深圳数字治理的重点领域探索创新

依托实力强劲的数字经济产业、全国领先的数字基础设施和创新能力领先的数字企业，深圳在数字经济、数字政府、数字社会、数字文化、数字生态、数据要素、区域合作七大重点数字治理领域实施了一系列创新举措，展开了前沿探索，为数字中国建设贡献出"深圳力量"。

第一节 数字经济治理领域

深圳为推动数字经济高质量发展，围绕数字经济核心产业、制造业企业数字化转型、公共数据开发、数字知识产权保护和平台经济业态治理等领域，以制度创新激活社会经济发展内生动力。

一 发挥特区立法优势夯实数字经济法治根基

深圳充分用好特区立法权优势，在数据要素管理、支持产业发展保障和促进人工智能业态发展方面以立法先行为数字经济发展提供法律保障。

（一）出台国内数据领域首部基础性、综合性立法

2021年6月，《深圳经济特区数据条例》经深圳市七届人大常委会第二次会议通过，2022年1月1日起正式施行。其中明确政府"应当建立健全数据治理制度和标准体系，统筹推进个人数据保护、公共数据共享开放、数据要素市场培育及数据安全监督管理工作"的责任，提出设立

市数据工作委员会，负责研究、协调本市数据管理工作中的重大事项，对网信部门和市政务服务数据管理部门以及其他相关部门的数据管理职责进行了界定。该条例的出台对于规范数据要素市场化行为，推动数据的有序流动和数据产业的健康发展，促进数据要素市场的培育和发展有重要作用。

（二）出台首部数字经济产业法律法规

2022年8月，《深圳经济特区数字经济产业促进条例》经深圳市七届人大常委会第十一次会议通过，同年11月1日起正式实施。该条例作为首部数字经济产业法律法规，以数字经济核心产业促进为主线，就基础设施、数据要素、技术创新、产业集聚、应用场景、开放合作、支撑保障七个方面的内容进行规定。该条例第二条明确数字经济产业的定义，即"数字经济产业，是指以数据资源作为关键生产要素、以现代信息网络作为重要载体、以数字技术的有效使用作为效率提升和经济结构优化重要推动力的各类产业"；第五条明确经济产业发展的部门职责，"市工业和信息化部门负责推进、协调、督促本市数字经济产业发展。市网信、发展改革、科技创新、公安、财政、人力资源保障、规划和自然资源、市场监管、统计、政务服务数据管理、中小企业服务、通信管理等部门在各自职责范围内履行数字经济产业促进相关职责。市各行业主管部门负责协调推动数字经济产业与本行业的融合发展"。作为深圳数字经济产业发展的"基本法"，该条例为深圳市数字经济产业发展和治理提供了总指引。

（三）出台全国首部人工智能产业专项立法

2022年8月，《深圳经济特区人工智能产业促进条例》经深圳市七届人大常委会第十一次会议通过，同年11月1日起实施。为抢抓人工智能产业发展机遇，该条例以推动产业高质量健康发展为核心，在产业概念、创新产品准入制度、强化基础研究等方面制定了较为详细的措施。在概念定义上，明确规定"人工智能是指利用计算机或者其控制的设备，通过感知环境、获取知识、推导演绎等方法，对人类智能的模拟、延伸或扩展"，以及破解人工智能产品落地难问题上，提出放宽市场准入"对于国家、地方尚未制定标准但符合国际先进产品标准或者规范的低风险人工智能产品和服务，允许通过测试、试验、试点等方式开展先行先试"。

尤其是在治理机制方面，明确提出"市人民政府应当按照国家人工智能治理相关规定，设立市人工智能伦理委员会"，并提出六条具体职责。

（四）出台企业数据合规的操作指引

2023年9月，深圳市人民检察院联合深圳市互联网信息办公室、深圳市司法局、深圳市发展和改革委员会、深圳数据交易所等编撰发布《深圳市企业数据合规指引》，内容涵盖数据安全合规管理组织体系、数据合规管理制度、数据全生命周期合规、数据出境合规等多个方面。该指引不仅完善了针对数据收集、使用、储存、交易等各个场景的合规风险防范体系，还在行政监管领域首次建立了数据合规激励机制，确立数据合规行刑衔接机制，契合深圳市建立健全企业数据合规管理体系的实际需要，为监管部门、司法机关办案提供参考。

（五）出台支撑数字经济产业发展配套法律法规

2023年12月，《深圳经济特区低空经济产业促进条例》经深圳市七届人大常委会第二十三次会议通过，自2024年2月1日起施行。起草保障新就业形态劳动者权益的《深圳市人民代表大会常务委员会关于加强新就业形态劳动者权益保护的决定（草案）》等。

二 体系化产业政策规划引导数字经济发展

为推动数字经济相关产业发展，深圳围绕"20+8"产业集群出台多项数字经济产业规划和政策，全面支持引导数字经济产业高质量发展。

（一）制定数字经济产业发展整体实施方案

早在2020年12月，深圳市人民政府办公厅印发《深圳市数字经济产业创新发展实施方案（2021—2023年）》，提出以"数字产业化"和"产业数字化"为主线，大力培育数字经济产业新技术新业态新模式，明确高端软件产业、人工智能产业、区块链产业、大数据产业、云计算产业、信息安全产业、互联网产业、工业互联网产业、智慧城市产业、金融科技产业、电子商务产业、数字创意产业12个重点扶持领域，推动数字经济产业发展。

（二）数字产业化规划引导产业集群化发展

2022年6月，深圳市政府《关于发展壮大战略性新兴产业集群和培育发展未来产业的意见》出台，提出培育发展壮大"20+8"产业集群，发展以先进制造业为主体的 20 个战略性新兴产业集群，前瞻布局八大未来产业。2023 年 8 月，《关于促进民营经济做大做优做强的若干措施》经深圳市委、市政府同意并正式印发，提出在新能源汽车、人工智能、新型储能等新兴领域大力培育一批民营领军企业，培育一批国家级、省级中小企业特色产业集群。2024 年，深圳市工业和信息化局发布《关于加快发展新质生产力进一步推进战略性新兴产业集群和未来产业高质量发展的实施方案》，进一步强化对数字战略性新兴产业集群的支持。期间，先后出台数字创意、智能机器人、新材料、生物医药、现代时尚、智能网联汽车、软件与信息服务、智能终端、超高清视频显示等产业集群三年行动计划，聚焦"20＋8"产业集群中与数字经济高度相关产业行动计划，对全市各数字经济相关产业集群的发展目标、方向和任务进行整体规划。

（三）支持数字经济基础设施建设和重点产业高质量发展

《深圳市支持新型信息基础设施建设的若干措施》《关于进一步促进工业设计发展的若干措施》《关于加快集成电路产业发展的若干措施》《深圳市极速宽带先锋城市 2024 年行动计划》《深圳市打造人工智能先锋城市的若干措施》等支持数字经济基础设施建设发展的具体举措，都对产业链关键环节的技术或项目给予资金支持（见表 4-1）。

表 4-1　深圳已发布的部分基础设施建设与数字产业化相关政策

序号	文件名称
1	《深圳市支持新型信息基础设施建设的若干措施》
2	《关于发展壮大战略性新兴产业集群和培育发展未来产业的意见》
3	《关于促进民营经济做大做优做强的若干措施》
4	《关于加快发展新质生产力进一步推进战略性新兴产业集群和未来产业高质量发展的实施方案》
5	《深圳市培育数字创意产业集群行动计划（2022—2025 年）》《深圳市关于加快培育数字创意产业集群的若干措施》
6	《深圳市培育发展智能机器人产业集群行动计划（2022—2025 年）》
7	《深圳市培育发展智能网联汽车产业集群行动计划（2022—2025 年）》《深圳市促进新能源汽车和智能网联汽车产业高质量发展的若干措施》

续表

序号	文件名称
8	《深圳市培育发展新材料产业集群行动计划（2022—2025年）》 《深圳市关于推动新材料产业集群高质量发展的若干措施》
9	《深圳市培育发展生物医药产业集群行动计划（2022—2025年）》 《深圳市促进生物医药产业集群高质量发展的若干措施》
10	《深圳市培育发展高端医疗器械产业集群行动计划（2022—2025年）》 《深圳市促进高端医疗器械产业集群高质量发展的若干措施》
11	《深圳市培育发展大健康产业集群行动计划（2022—2025年）》 《深圳市促进大健康产业集群高质量发展的若干措施》
12	《深圳市现代时尚产业集群数字化转型实施方案（2023—2025年）》
13	《深圳市培育发展智能终端产业集群行动计划（2024—2025年）》 《深圳市推动智能终端产业高质量发展若干措施》
14	《深圳市培育发展超高清视频显示产业集群行动计划（2024—2025年）》《深圳市关于推动超高清视频显示产业集群高质量发展的若干措施》
15	《深圳市关于推动高端装备产业集群高质量发展的若干措施》
16	《深圳市促进安全节能环保产业集群高质量发展的若干措施》
17	《深圳市推动软件产业高质量发展的若干措施》
18	《关于进一步促进工业设计发展的若干措施》
19	《关于加快集成电路产业发展的若干措施》
20	《深圳市极速宽带先锋城市2024年行动计划》
21	《深圳市加快打造人工智能先锋城市行动方案》 《深圳市打造人工智能先锋城市的若干措施》

资料来源：深圳市各相关部门官方网站。

三 探索制造业数字化转型新路径

"工业第一城"的深圳正以制造业数字化转型加快推进"产业数字化"治理，以抢抓数字化信息技术新机遇，全力推动制造业新一轮的高质量发展。

（一）若干政策支持企业产业数字化转型

深圳在《关于进一步促进深圳工业经济稳增长提质量的若干措施》中明确提出"加速制造业数字化转型"，之后围绕规上工业企业数字化转型、中小企业数字化赋能、产业园区数字化改造等方面全面支持制造业产业数字化转型，并分别制定了可操作的具体规程指引。

（二）出台具体的数字化转型操作规范

以工信部门为核心的主管部门，制定并形成了较为完整的操作流程和规范，全面推进数字化转型工作。先后出台《深圳市制造业数字化转型咨询诊断资助项目实施细则》《深圳市工业和信息化局制造业数字化转型咨询诊断项目扶持计划操作规程》等具体指引文件，已连续多年开展数字化转型咨询诊断工作，形成了"制造业数字化转型咨询诊断备案服务商名单"等机制，为推动企业研发设计、生产制造、经营管理、市场服务等全生命周期数字化转型提供支撑。

（三）多举措支持重点产业企业数字化转型

多措并举，通过策划举办各类峰会、培训会以及调研等各种方式支持重点产业企业数字化转型。例如，针对制造业转型，深圳先后举办了制造业数字化转型大会和中国制造业产品创新数字化国际峰会等，邀请企业、协会和高校等代表共同探索制造业数字化转型路径；针对时尚产业数字化转型，策划举办"时尚产业数字化培训会"，时尚产业（服装、家具、钟表、黄金珠宝、内衣、皮革、眼镜、工艺美术）各协会、产业联盟、工业设计及行业协会、头部企业等共同探讨时尚产业数字化转型发展的经验；针对高端制造数字化转型，策划举办深圳市高端装备产业数字化转型对接活动，解读深圳制造业数字化转型咨询诊断相关政策，分析典型案例；针对典型示范，开展数字化转型典型案例征集活动，围绕"链主赋能产业链供应链数字化转型""平台赋能产业集群数字化转型""数字化转型场景创新应用"等方向，向全市征集基础好、模式新、技术优、有成效、可推广、可复制的制造业数字化转型典型案例，用于编制案例集和宣传推广。

四 加快公共数据开放推动数字经济产业发展

公共数据治理是数字经济治理的重要一环，深圳注重将公共数据的开放共享牵引数据产业发展，以公共数据开放助力治理，推动企业创新和社会治理现代化。

（一）政府规章为公共数据开放提供规范

2023年6月，深圳市政务服务和数据管理局起草《深圳市公共数据开放管理办法（征求意见稿）》。该办法包括总则、开放基础、开放计划与实施、开放利用促进、安全管理、监督管理、法律责任以及附则共 8 章 74 条内容，为提高公共数据的开放和利用提供制度支持，提出建立三个公共数据开放相关平台，即公共数据资源管理平台、公共数据统一开放平台和公共数据开放安全域，并建立政府公共数据开放基金，用于弥补公共数据开放过程中的各项支出。

（二）探索首席数据官制度推动

2021 年 8 月，深圳市人民政府办公厅印发《深圳市首席数据官制度试点实施方案》，提出探索和试点设立首席数据官（Chief Data Officer，CDO）相关制度，以完善公共数据共享协调机制，加强公共数据开发利用，推动公共数据与社会数据深度融合，加快培育数据要素市场。方案明确选取市政府，福田、南山、宝安、坪山以及市公安局等作为试点，设立首席数据官。福田抓住福田区政务数据开放创新实验室作为广东省公共数据资源开发利用试点的契机，把首席数据官制度运作与数据开放利用创新性的相结合，在河套深港科技创新合作区探索特色应用，支持科研和企业服务。加强河套深港科技创新合作区科研机构和企业沟通，结合应用场景落地，以数据沙箱、可信计算平台、移动服务平台为载体，推动政务数据开放服务于科研和企业，探索政务数据与社会数据融合产生新应用和新价值的可行途径、新模式。坪山聚焦政务数据分级管理探索新机制。为破解政务数据分级分类标准不一、审批流程繁杂不清、数据安全管理粗放、隐私保护不全不足等难题，坪山区与深圳市政务服务数据管理局联合开展政务数据分级分类工作，出台《坪山区政务数据分级分类管理办法》系列制度。

（三）推动公共数据跨区域流动

全力支持粤港澳大湾区数据要素市场建设，联合珠海市探索公共数据融合应用。2023 年 6 月，深圳数据交易所联合珠海市香洲区共同推动全国首个"政所直连"公共数据产品正式上市，成为跨区域数据融合应用、公共数据市场化流通的全国首创。该产品基于公共数据产品价值在全国率先创新探索"基础数据价值＋加工服务投入"定价模式，并以数字人民币方式完成交付结算，在探索数字人民币在数据交易领域的使用、公共数据市场化流通道路上携手实现全国首创。

五 探索数字经济知识产权司法保护治理机制

伴随数字经济产业的发展，数字经济知识产权等纠纷日渐激增，深圳率先探索司法角度数字经济知识产权治理新机制。

（一）全国率先出台司法角度保护数字经济知识产权的实施意见

深圳市中级人民法院研究制定《关于加强数字经济知识产权司法保护的实施意见》，首次对数字经济知识产权司法保护的内容作了体系化梳理，提出加大对大数据、人工智能、区块链、云计算、5G 移动通信技术、网络安全等新兴数字技术创新成果以及数字文化成果、商业标识的保护力度，促进数字技术创新应用，并重点针对司法实践中较受关注的发明、集成电路布图设计、计算机软件、商业秘密、数字作品等提出加强保护意见。

（二）探索具有示范价值的数字经济知识产权司法保护新机制

通过开展数字经济前沿领域司法问题研究、探索新领域新业态知识产权司法裁判规则及完善适应新兴产业发展规律的技术事实查明机制等举措，探索数字经济知识产权司法保护新机制。包括在现有法律框架下，探索建立契合数字经济规律和知识产权审判规律的举证责任分配制度；完善多元化技术事实查明机制应对科技前沿难题；强化数字经济知识产权全链条保护，促进形成侵权案件民事、刑事、行政一体追究制度；通过线上线下相结合的方式，依托在线阅卷、E 键送达、远程视频对接等方式，以数字化方式在诉前化解纠纷。例如，王某某与腾讯公司个人信息保护纠纷案系广东首例适用《中华人民共和国个人信息保护法》的案例，厘清了互联网公司使用个人信息的界限；腾讯公司诉云电公司等不正当竞争案，对群控"刷流量"依法予以规制；依法严惩姜某某侵犯商业秘密罪案、王某某销售假冒注册商标商品罪案，严厉打击数字经济知识产权犯罪。

六 深化以平台经济等为代表的数字新业态治理

深圳为强化对平台经济的治理，以市场监督管理部门为主，在完善内部监管体系的同时，发挥企业和第三方机构在监管中的作用，打造协同监管机制。

（一）强化平台企业监管执法

深圳充分利用联席会议机制、出台信用评价标准等举措加强监管执法。例如，针对电商平台，出台全国首部《深圳市电子商务经营者第三方信用评价及应用暂行办法》，为开展电商企业信用评价、分级分类监管、信用联合奖惩等提供制度保障；建立投诉信用评分体系，引导企业主动、及时处理纠纷；通过电商交易纠纷在线多元化解决服务发现企业违法线索，支撑开展市场监管执法，促进企业合法化经营、规范化管理。

（二）构建多方协同联动机制

市场监督管理部门与阿里巴巴等平台企业签署合作备忘录，通过信息共享、资源共用和监管互补，在促进数据信息共享、监管执法协助、消费维权协作等方面实现协同管理。发挥深圳市众信电子商务交易保障促进中心等第三方机构作用，建立服务监管联动机制，推进多元解纷机制建设。鼓励企业签署《互联网平台企业关于维护良好市场秩序促进行业健康发展的承诺》，增强企业的责任感和监管意识。

（三）注重平台经济治理研究

深圳以中国（深圳）综合开发研究院、中国人民大学社会科学高等研究院（深圳）、广东省国研数治规划研究院等为代表的智库单位就平台经济健康发展开展相关研究。2021年9月，中国（深圳）综合开发研究院发布《中国平台经济健康指数》。2024年12月，由中国人民大学社会科学高等研究院（深圳）、中国人民大学经济学院联合主办的"从内涵到外延：平台创新图谱"主题论坛在深圳举办，会上发布《平台企业创新报告》。广东省国研数治规划研究院承接"深圳数字治理研究"重大课题，组织多场有关平台企业的座谈调研，并在《特区实践与理论》杂志发表学术论文《平台企业算法治理新格局研究》，探讨平台企业算法治理。

第二节　数字政府治理领域

深圳聚焦建设全球新型智慧城市标杆和"数字中国"城市典范，积极推进政务服务"一网通办"、政府治理"一网统管"、数字政府运行"一网协同"、数据资源"一网共享"，注重推进人工智能等前沿技术在数字政府领域的探索实践，各方面取得显著成效。

一　大力推进智慧城市和数字政府建设的关键战略

智慧城市和数字政府建设被列为"一把手"工程。为争当智慧城市和数字政府建设先锋，增强全局统筹力度，深圳市人民政府于2021年成立深圳市智慧城市和数字政府建设领导小组，领导小组组长由市长兼任，明确各区、各单位要将智慧城市和数字政府建设工作作为"一把手"工程。[①]

出台系列规划文件支持智慧城市和数字政府建设。聚焦于有序推进整体战略部署，深圳注重加快推进相关规划设计，2018年以来，先后出台《深圳市新型智慧城市建设总体方案》《关于加快智慧城市和数字政府建设的若干意见》《深圳市数字政府和智慧城市"十四五"发展规划》《深圳市数字孪生先锋城市建设行动计划（2023）》《深圳市加快打造人工智能先锋城市行动方案》等，明确新型智慧城市与"数字政府"建设整体规划设计，提出打造国际新型智慧城市标杆和"数字中国"城市典范，成为全球数字先锋城市，建设"数实融合、同生共长、实时交互、秒级响应"的数字孪生先锋城市等目标。

数字政府建设的法规制度支撑日趋完善。近年来，深圳市先后出台《深圳市政务服务"好差评"实施办法》《深圳经济特区数据条例》《深圳市政务服务投诉处理暂行办法》《深圳市市级政务信息化项目管理办法》《深圳市数字政府网络安全规划（2023—2025）》《深圳市打造人工智能先锋城市的若干措施》等系列文件，填补制度空白，为数字政府建设稳健推进提供有力保障。

二　"一网通办"打造数字化城市服务体系

深圳围绕一体化政务服务推出了一系列改革措施，在加快推进以数字孪生为特点的智慧城市和数字政府建设中，各项工作取得积极成效。深圳在国务院办公厅组织的全国重点城市一体化政务服务能力评估中实

---

① 深圳市人民政府：《成立深圳市智慧城市和数字政府建设领导小组》（https：//www.sz.gov.cn/zfgb/2021/gb1204/content/post_8909801.html）。

现五连冠,荣获 2024 年全球智慧城市大会最高荣誉"城市大奖",深圳市人民政府门户网站在 2024 年"网上政府发展梯度"评估中获评优秀,并连续四年位列全国第一。

(一)形成"三位一体"数字化政务服务平台格局

近年来,深圳积极开展政务服务数字化转型工作,在推进政务服务 100%社区全覆盖,市、区、街道、社区政务服务体系的基础上,形成"PC 端(门户网站)+移动端(微信公众号、微信小程序、软件 App)+自助服务终端""三位一体"的数字化政务服务平台格局,全渠道为企业和群众提供"综合+专业"的政务服务。其中,PC 端以广东政务服务网(深圳站)、深圳市总门户网、各区(新区、合作区)门户网等为代表,主要提供综合性的政务服务,深圳政务服务事项已 100%进驻广东政务服务网(深圳站),居民群众可通过网站轻松实现政务服务"一网通办"。移动端以"i 系列""深系列""@系列"为主,旨在为居民群众提供全方位、一体化的掌上政务服务。自助服务终端已在全国率先完成政务自助服务终端整合,实现"一机通办",深圳各级便民服务中心已部署自助服务终端一体机 500 余台,依托 1400 余台银行柜员机(STM),将政务自助服务延伸至银行网点。

(二)"i 系列"为企业群众提供一站式服务

"i 深圳"平台实现全方位、一体化掌上服务。自 2019 年起,深圳重点打造全市统一的移动政务服务 App——"i 深圳",汇聚政务服务、公共服务和便民服务资源,接入 3 个中直单位、43 个市级单位和 11 个区级单位的 8600 余项服务,接入"@深圳—民意速办"、深圳税务、深圳教育等各类平台端口,包括门户网站、微信小程序、微信公众号等,涵盖社会保障、医疗保障、交通出行、警务安全、教育科普、生活缴费、电子证明、游玩预约、文体资讯等领域。深圳市 95%以上个人政务服务事项均能"掌上办",累计注册用户数超 2000 万,指尖服务超 70 亿次。[①]同时,聚焦深港澳跨境政务服务,上线"港澳服务专区",为港澳人士提供 200 项服务,实现社保/公积金查询、通行证预约、医院挂号等服务

---

① 深圳市政务服务和数据管理局:《深圳获"世界智慧城市大奖"!》(https://www.sz.gov.cn/szzsj/gkmlpt/content/11/11706/post_11706154.html#19236)。

"指尖办"①；推动政务服务"省内通办"，上线"跨域通办专区"，现已实现与广州、珠海、东莞、中山等 11 个城市的跨城通办，通办事项包括个人与企业办事、人才服务、生活服务等；围绕打造国际化大都市目标，上线繁体字版以及英语、日语、韩语、法语、阿拉伯语、西班牙语、俄语、德语和葡萄牙语 9 种外语的多语种版，基本实现港澳台居民和外国人高频服务"一站式"办理。

"深i企"平台助力营商环境优化。"深i企"平台自 2020 年 3 月上线以来，聚焦于为企业提供政策服务、政务服务、诉求服务、专项服务，先后创新上线全国首个普惠式、智能化的在线法治体检平台——"企业法治体检"，"深i个"专区服务和智能法律服务平台等，在助力深圳企业高质量发展、优化营商环境等方面取得了显著的成效。截至 2024 年 10 月，"深i企"平台商事主体注册量已有 340 余万个，累计访问量超过 1 亿次，累计解决市场主体诉求近 66 万件，办结率高达 100%，满意率超 99%。② 为做好线下配套服务，"深i企"联合政务服务中心、金融机构、产业园区企业服务中心、第三方服务机构等，在全市已建立 54 个"i企"服务站以及 2 个市外服务站站点，聚力为深圳市场主体提供政策与政务咨询、资源对接、诉求跟办等服务。③

（三）系列改革让数据"跑路"代替群众"跑腿"

自 2018 年以来，深圳在全国率先开展秒批改革，首创无感申办"秒报"模式，并在此基础上打造"秒报秒批一体化"，实现后台数据和电子材料的自动填充。截至 2024 年 9 月，已实现"秒报"事项 838 项、"秒批"事项 375 项、"秒报秒批一体化"事项 288 项。④ 2019 年，深圳在全国范围内率先推出"一件事一次办"改革，将一件事涉及多个部门的"一揽子事"集成打包，打造跨部门、跨层级、跨平台的一体化政务服务

---

① 樊怡君：《年度盘点丨深圳智慧城市和数字政府建设十件大事：赋能城市"智"治，"数"说民生变化》（https://mp.weixin.qq.com/s/SZSBkIrr0720JVvZ7r_WLg）。
② 微信公众号深圳市中小企业服务局：《"深i企"助力优化深圳营商环境》（https://mp.weixin.qq.com/s/nc8MAod1hOU2j6JXD-v68g）。
③ 微信公众号"深圳智慧企服"：《"深i企"故事丨"深i企"用专业做好全市企业服务》（https://mp.weixin.qq.com/s/S72uCNApQrudhAYz8JqqFw）。
④ 微信公众号"深圳市政务服务和数据管理局"：《拿下全省政务服务技能"双料冠军"，深圳有多拼？》（https://mp.weixin.qq.com/s/iSRfPM0gIRgnzi8G6ide6A）。

新模式。2020年，深圳推出政务服务"免证办"，覆盖585种电子证照、6301个政务服务事项，在全国率先大规模实现电子证照"主动化、智能化"共享应用[①]。2023年，深圳在全国率先推出"一件事一次办"升级版"一件事任意办"，集成"全流程网上办理"、无人干预自动审批（"秒批"）、"免证办"等，为市民群众提供智能化"一表制"办理服务，实现从办理"单个事项"零跑动升级为办理"一件事"零跑动。此外，深圳还有效推进商事主体登记系统与市一体化政务服务平台对接，在全国率先推出"一件事"自主选、随心办"助企模式"，有效降低企业办事成本。

（四）"免申即享"让惠企利民政策快速兑现

"免申即享"改革是深圳推出的一种创新型政务服务模式，主要通过大数据、人工智能等技术，以数据共享、智能分析、主动兑现等手段，让符合条件的企业和群众免于申报、直接享受政策优惠、补贴或服务。

深圳"免申即享"改革最早开始于龙华区、罗湖区等地区的探索实践。2021年5月，龙华区基于数据账户基础建设成果，在深圳率先开发"免申即享"系统，将原"申请、受理、审核、提交收款材料、核拨、拨付"六大流程，重新设计、优化为"数据比对、意愿确认、政策兑现"三个环节，变"企业先报、政府再审"为"系统智审、确认申领"。龙华区自"免申即享"改革以来，先后发布五批"免申即享"事项清单，截至2024年10月已推出116项，涵盖助企、助才、助教、助学、助老、助残六大领域，兑现政策红利20.15亿元，惠及79万企业群众[②]。此外，龙华区2023年发布"政策AI计算器"，通过政策"拆解、匹配、直申"全流程服务，为企业自动匹配推送可享受的全部政策补贴，实现企业从查询到申报仅需3分钟，压缩90%以上的政策查找、解读和申报时间。同年7月，罗湖区以"我为群众办实事"实践活动为契机，提出"服务找人"的主动服务理念，探索开展"反向办"数据治理新服务模式，即线上通过大

[①] 深圳市政务服务和数据管理局：《深圳在全国率先大规模推进电子证照"主动化、智能化"共享应用》（https：//www.sz.gov.cn/szzsj/gkmlpt/content/8/8587/mmpost_8587952.html#19246）。

[②] 深圳市龙华政务服务和数据管理局：《深圳龙华"免申即享"政策增至116项》（http：//sz.people.com.cn/n2/2024/1017/c202846-41011047.html）。

数据、AI 等技术进行多维用户画像、定位"应享未享"服务人群、精准推送政策,线下整合政务服务资源提供上门帮办和现场导办服务。

基于罗湖、龙华等区借助数字技术实现精准、贴心政务服务的实践经验,深圳开始在全市推广"免申即享"改革,并在医保、信用、就业等领域进一步探索创新。一方面,在"i 深圳"平台上线政策补贴直通车平台,依托一体化政务服务平台支撑,实现利民惠企政策"免申即享""快速兑现"。截至 2024 年 1 月底,平台已汇聚上线 723 个补贴事项,累计发放金额超百亿元,惠及全市 240 万企业和群众。① 另一方面,在医保领域,通过数据共享获取民政部门的困难群众名单,由医保部门主动为符合条件的医疗救助对象办理居民医保参保手续及医疗救助待遇的"免申即享",实现医疗救助资助参保和待遇结算的一站式服务。在信用修复领域,推出"免申即享"自动修复政策,对市场监管领域仅受到通报批评或较低数额罚款的行政处罚决定信息,公示期限调整为 3 个月,实现企业信用的"应修尽修"。2024 年通过"免申即享"已累计完成行政处罚信用信息修复 4.7 万件,为深圳 4.7 万家失信主体重塑信用形象。② 在就业补贴方面,通过大数据校核确认参保人员身份等信息及企业反馈确认后,为符合条件的企业提供一次性吸纳就业补贴或一次性扩岗补助"免申即享"。

(五)企业设立一站式服务助力营商环境再升级

2018 年 10 月,深圳"开办企业一窗通"平台正式发布,通过整合多个部门的服务,实现企业开办的一次性受理和并联审批,为企业提供"一站式"服务。企业只需在一个平台上提交相关资料,就可以完成企业设立登记、公章刻制、税务购票、员工社保登记、公积金开户登记、预约银行开户等多项业务。目前,"开办企业一窗通"已实现外商投资有限责任公司设立、水电气报装功能、自助服务功能,以及音视频"双录"签名新模式等,进一步拓展一站式办理的服务范围和功能。同时,依托"开办企业一窗通"平台,市、区两级政府服务中心设立特色的"开办企

---

① 微信公众号"深圳发布":《年度盘点丨深圳智慧城市和数字政府建设十件大事:赋能城市"智"治,"数"说民生变化》(https://mp.weixin.qq.com/s/SZSBkIrr0720JVvZ7r_WLg)。

② 李佳佳、肖炜:《市信用中心开展信用修复服务提升行动 为全市 4.7 万家失信主体重塑信用》(https://www.sznews.com/news/content/mb/2024-12/25/content_31408429.htm)。

业专区（专窗）"，以及在深圳各区部署超过 100 台"登记注册智慧终端"，基本实现区、街道、社区三级政务大厅的试点覆盖。截至 2023 年 12 月底，"登记注册智慧终端"已为近 40 万家商事主体提供高效、便捷的自助服务。①

三 "一网统管"打造数字化城市治理体系

为整合政府各部门的数据和业务，深圳以"一网统管"着力打造数字化城市治理体系，构建横向到边、纵向到底、全闭环的数字化治理模式，推进政府治理领域向数字化呈现、智能化管理、智慧化预防发展，提升政府治理"一网统管"科学化、精细化、智能化水平。

（一）以"深治慧"为核心的城市级应用协同体系形成

建成"深治慧"决策指挥工作平台。深圳围绕经济调节、市场监管、社会管理、公共服务和生态环境保护等五大职能，创新管理模式，优化业务流程，打造城市级"深治慧"决策指挥工作平台，建成"1 + 6 + N"的"一网统管"基本架构，实现市域治理"一图全面感知、一键可知全局、一体运行联动"。其中，"1"是 1 个空间数字底座，指以建设全市性 BIM、CIM 基础平台为核心，加快大数据、物联感知、人工智能等智能中枢能力建设，打造高水平的城市三维空间数字底板；"6"是六大工作体系，包括多级联动、应用协同、数据中枢、能力中枢、安全保障、制度及运营管理体系，从组织、制度和技术等层面全方位推进和保障"一网统管"工作；"N"是基于统一数字底座打造的 N 个跨层级、跨地域、跨系统、跨部门、跨业务的城市级协同应用，旨在为深圳重点工作提供一体化、数字化、智能化科技支撑。基于以上架构，建成"深治慧"门户及框架、各区各部门应用、智能中枢、安全保障体系服务、制度及运营管理体系服务等，形成以中屏为主渠道，大屏、小屏协同配合的多渠道、多场景的数字化、可视化决策指挥应用服务体系。

"深治慧"在政府治理中获得广泛的创新应用。依托"深治慧"平台，围绕领导决策分析和指挥调度需要，构建一套科学、系统、全面的

---

① 李超：《深圳率先实现企业电子照章申领自助办》（https://www.sz.gov.cn/szzt2010/zdlyzl/spgg/ggxx/content/post_11074003.html）。

城市运行重点指标，用于感知城市运行状态、预警城市重大风险、评估城市发展水平和推动数字化决策分析。同时，加速推进在政府经济调节、市场监管、社会管理、公共服务、生态环境等领域打造数字孪生先锋应用场景，实现在投资调度、企业迁入迁出、市场主体信用指数、实有人口动态监测、公共服务重点指标、交通运行监测、城市生命线运行保障、公共安全和应急管理、生态环境质量监测分析等领域取得突破，为决策提供更加全面、深入的支持。截至2023年年底，发布1000多项城市运行重点指标，围绕经济发展、城市建设、城市治理、民生服务、可持续发展五大领域，打造"20+8"产业集群、重点片区数字孪生规划、民生诉求一体化服务、洪涝灾害风险处置、生态环境专题等"多跨"应用场景，上线百余个"CIM+"智慧化应用，不断提升城市态势感知和辅助决策能力。

（二）经济运行相关领域数字化转型加速迈进

深圳围绕推动经济高质量发展、经济领域治理体系和治理能力现代化，积极推进数字技术在财政、国资、审计、统计等领域深度应用。例如，深圳市财政局启动"智慧财政"项目建设，先后推进建设基础库等36个子系统，打造"安全、智能、开放"的预算管理一体化系统，实现市区财政预算管理一体化。深圳市国有资产监督管理委员会正式上线智慧国资权监管系统，实现国有产权全级次、全链条、全生命周期管理，同时系统荣获国务院国资委智能监管业务模型"杰出应用奖"，并实现了和深圳市场监管部门商事主体系统联网互通，破解长期以来双方登记信息不匹配、不一致等问题。深圳市审计局正式运行"金审三期"应用系统，进一步提升审计信息化支撑业务和网络安全防护能力。深圳市统计局打造智慧统计服务平台，平台采用"一中心、两门户、三应用、三支撑、三体系"的建设架构，涵盖统计工作门户、统计生产平台及多个业务子系统，实现统计业务的全面覆盖和信息资源的统一管理。

（三）"数字法治、智慧政法"体系建设有序推进

"智慧法院"建设持续推进。近年来，深圳市中级人民法院积极推进智慧审判、智慧执行、智慧管理等建设，持续提升智慧法院水平。智慧审判方面，在全国法院系统首创推出由法官（Judge）主导研发系统，律师（Lawyer）担任研发顾问，工程师（Engineer）和科技公司（Technology Company）提供技术支持的JLEC研发模式，以"智慧法院的智慧来源于法官"为指引，先后完成由深圳移动微法院、深圳法院电子卷宗随案同步生成系统、多元化纠纷解决机制信息化平台"融平台"、深圳法院E网送达平台、道路交通事故损害赔偿网上数据一体化处理平台等共同组成深圳法院智慧审判平台系统，在全国法院率先实现全业务网上办理、全流程依法公开、全方位智能服务。智慧执行方面，先后建立涵盖网络查控、外勤集约、E网送达的新鹰眼执行综合应用平台、执行电子卷宗系统等多个全国领先的执行业务信息系统精品。智慧管理方面，依托无纸化办案平台和审判监控平台，实现审判管理部门和院庭长的智慧监督管理。

"智慧检察"不断升级优化。在2020年以前，深圳市人民检察院打造高水平"智慧检务"平台，推出的案件管理"深圳模式"、大数据实时监控、远程视频提审庭审、电子卷宗、网上电子换押等，创下多项全国"首个"，实现用全国检察机关1/200的编制办结全国1/50的案件。其间，上线的深圳未检涉罪未成年人精准帮教系统和出台的"涉罪未成年人精准帮教深圳标准"，均为全国首创。2020年以来，致力于加快建设全国检察机关大数据法律监督研发创新基地。开发智慧检察数据一体化平台，整合知识产权、金融犯罪、公益诉讼等多个监督系统，形成14个"主题数据库"，建成全省首个大数据法律监督基础平台。构建"业务主导、数据整合、技术支撑、重在应用"的数字检察工作新格局，更加注重数据资源治理和数字专项监督，截至2023年年底，已累计归集政务、法治、外部等平台数据资源3900余万条，在刑事、民事、行政、公益诉讼"四大检察"建立法律监督模型84个，筛查案源7135条，流转监督事项4899件，立案2673件，推动检察机关法律监督模式从个案向类案、从被动向主动转型。①

"智慧司法"建设渐成体系。深圳市司法局紧紧围绕法治先行示范城市建设目标，推进智慧法治建设，充分运用科技赋能法治建设高质量发展。一方面，借助深圳建设人工智能先锋城市的契机，着力探索生成式人工智能大模型在社会矛盾诉前纠纷多元化解、规范性文件辅助审查、

---

① 李小东：《深圳市人民检察院工作报告（2024年1月30日）》（http：//www.shenzhen.jcy.gov.cn/inspection/statement/7031.html）。

政府法律顾问案件研判、行政复议文书生成、执法案件数据要素提取和文书生成等场景的应用,形成一批深圳经验和深圳样本。另一方面,打造以数字孪生为目标的监管场所全域时空信息平台,实现"全域覆盖、全网共享、全时可用、全程可控"。该平台基于国产自主可控云计算平台,全面应用大数据、人工智能、物联网等新兴技术,以万兆视频专网、鲲鹏云平台、三维实景地图、孪生中间件、大数据平台、能力开放平台为数字孪生底座,全面提升监管场所现代化治理水平与能力,推动监管场所的时空数字化变革与共建共治共享,在"2024政法智能化建设技术装备及成果展"中获专家评审第一名。

四 以"一网协同"打造数字化政府运行体系

加强数字政府统一平台支撑能力建设,为深圳市各区各部门提供集约高效的平台支撑、数据支撑和业务支撑,推动政府运行"一网协同"。

党政机关办公平台一体化。打造统一协同办公门户、"深政易"(粤政易深圳版)移动办公门户,打通党委、人大、政府、政协办公系统,打造一体化协同办公平台,覆盖45家单位,推动办文、办会、督办等工作跨部门、跨层级联动,实现内部办公的"只进一扇门,能办所有事"。

完善重点支撑系统。推进深圳市统一电子印章平台、统一可信身份认证管理平台建设,配合开发公务员考核系统政务人员信息管理、统一身份认证模块,夯实电子政务一体化基础。2022年年底,全市11890个可网办事项在广东省政务服务网实现100%单点登录,123个政务服务系统规范对接广东省统一身份认证平台,政府部门电子印章覆盖率100%。①

五 以"一网共享"打造一体化数据资源体系

当前,深圳已建立全市统一的数据资源共享体系,建立国家、省、市、区四层数据通道,实现纵向贯通、横向共享,为优化政务服务、营商环境等工作提供数据支撑。深圳已连续多年在"全球重要城市开放数据指数""中国开放数据指数"中位居全国前列。

---

① 深圳市政务服务和数据管理局:《深圳市政务服务和数据管理局2022年工作总结和2023年工作计划》(https://www.sz.gov.cn/szzsj/gkmlpt/content/10/10421/post_10421912.html#19233)。

在数据资源库建设方面，已建成全市统一的公共信息资源库，包括人口、法人、房屋、空间地理、电子证照、公共信用六大基础库，社会建设、市场监管、行政审批三大主题库以及相关业务库。截至2023年年底，形成约2179万人口、420万法人、65万栋楼、1309万间房屋的公共基础信息资源，归集来自56家单位（含区）超过23亿条公共信用信息。

在数据共享平台建设方面，不断提升数据归集、治理、共享能力，强化公共数据服务。截至2023年年底，深圳市政务信息资源共享平台已接入全市88家单位及各区，各部门发布资源目录数达1.89万类，信息指标项25.9万多个，归集的共享数据总量达205.53亿条，回流共享国家部委数据220类、省级数据资源196类，国家部委数据接口累计调用量达4.33亿次。

在政府数据开放方面，持续推动政府数据的社会化增值。在全国率先上线数据"字段搜索"功能，实现开放数据精准查找。各区各部门积极向社会开放数据，灾害性天气预警、降雨量实时信息、经营异常名录、城市道路信息等数据被高频使用。截至2023年年底，深圳市政府数据开放平台累计开放公共数据集4000多个，开放数据总量近18亿条，涵盖教育科技、卫生健康、生态文明等14个领域，平台注册用户13.7万多个，数据接口累计被调用2亿多次，数据集累计被下载77万多次。[①]

六　加快前沿技术在数字政府领域的创新探索

大模型的应用探索扩展至数字政府多个领域。当前，大模型已成为数字技术的发展趋势。政务业务是联接政府、企业和市民的重要枢纽，是大模型应用和创新的桥头堡。深圳注重加快前沿数字技术在数字政府领域的应用探索，目前，深圳市中级人民法院及深圳市信访局等市直部门，以及福田、龙华、龙岗等区已在咨询问答、智能办公、智能监测等应用领域场景开展探索。

（一）深圳市级相关部门的探索实践

深圳市中级人民法院上线运行自主研发的人工智能辅助审判系统，

---

① 深圳市大数据资源管理中心：《事业单位法人年度报告书（2023年度）》（http://www.shenzhen.net.cn/attachment/0/70/70622/1132721.pdf）。

将审判流程从立案到结案拆解为 85 个节点，结合法官关键工作场景，开发出立案智审、智能阅卷、智能庭审、智能文书生成 4 个相应的功能模块，真正实现 AI 全流程赋能，全面提升司法审判效率和质量。这是深圳在"人工智能＋"和"数据要素×"融合应用领域的标志性示范，是全国首个司法审判垂直领域大模型，标志着"人工智能＋审判"的深度融合进入实践阶段。2024 年 7 月该系统在深圳市法院系统全面应用，实现智能辅助阅卷 57052 件、辅助庭审 23701 次、辅助生成裁判文书 52554 份；当月民商事案件结案 3.7 万件、同比增加 73.9%，平均结案时间缩短 38.54 天，存案下降 29.3%①。

深圳市信访局强化数字赋能，与广东省采取"国家—省—市—区"四级联创、"省—市—区—街道—社区"五级应用方式建设"智慧信访平台"，借助大数据、AI 手段实现访源归集、涉法涉诉事项精准甄别。

深圳市气象局通过建成政府主导、多方参与、多源数据的智慧城市气象观测系统，创建"31631"递进式气象服务模式，与通信运营商、高新企业共同开展基于灾害影响的手机短信精准靶向预警信息服务等方式打造深圳市超大城市智慧气象服务经验，相关经验作为中国案例纳入《2023 年联合科学报告——可持续发展版》。

（二）深圳各区的探索实践

福田区成为全国首个落地盘古大模型的城区，基于该模型建设辅助办文、智能校对、自动生成摘要、辅助批示、智慧督办等应用，助力政务数字化转型。在政务服务方面，上线智慧助手"小福"，针对高频、复杂事项，提供实时问答互动、智能秒批、政策推送等智慧政务服务。在政务办公方面，上线办公助手，实现公文智能撰写、校对、签批、督办，提升办公效率。

龙华区率先在深圳开发首个面向行业垂直领域的 AI 产品——"龙知政"政务 GPT 大模型，将面向政务业务咨询问答、智能办公、招商引资精准选商、经济调度数字助手、交通服务和调度指挥、教育学习辅导、消防安全防控巡查等场景，激活传统业务系统效能，赋能数字龙华建设。

---

① 微信公众号"深圳政法"：《司法人工智能时代，来了》（https://mp.weixin.qq.com/s/sPZvFg3BU15_1JWkY0xKXg）。

龙岗区持续创新推出政务 AI 大模型应用，2024 年先后公布三批政务 AI 大模型应用，包括首批推出"龙小 i 人工智能应用矩阵"，涵盖政务百晓生（知识库问答助手）等六大创新应用，第二批涵盖政务 AI 数字人等六大应用场景，第三批覆盖合同管理、公共服务、基层治理、生态保护等多个领域。此外，龙岗区还在全国首推大模型赋能的政务"小红书"和"负一屏龙岗元服务"，探索提供"免安装、轻量化、随处可及"的公共服务体验。

宝安区基于腾讯混元大模型、腾讯云 TI 平台、腾讯云大模型知识引擎等产品在政务云环境下的私有化部署，构建起宝安区政务大模型服务体系框架，为政务服务的智能化和精准化提供支撑。腾讯应用多模态大模型技术推动政务数字化，实现智能客服、自动化审批及个性化政策推荐等功能，提升政府服务效率。

第三节　数字社会治理领域

深圳积极构建普惠便捷的数字社会，大力推进数字公共服务普惠化、数字社会治理精准化、数字生活智能化，社会治理的精准性、高效性、公平性和智能化水平不断提升。

一　推进数字社会治理精准化

（一）民生诉求综合服务成为改革名片

深圳"民意速办"改革是民生服务领域体制、机制、制度、平台"四位一体"的深水区改革。该改革是由技术赋能、制度创建及政治引领共同催化的，旨在突破传统行政管理的部门、区域、层级等壁垒，形成以信息为纽带的新权力结构体制，高效协同的工作机制，全流程闭环的诉求收集、分拨、处置平台，以及完善的职责清单。2023 年 10 月，深圳"民意速办"改革经验开始在广东全省范围内推广，国家发展改革委等五部门发出《关于再次推广借鉴深圳综合改革试点创新举措和典型经验的通知》，将"民意速办"作为 22 条深圳综合改革试点创新举措和典型经验之一在全国推广。

"民意速办"改革是深圳建立在局部探索实践之上的全域性改革。特别是坪山区、光明区的探索实践经验。2016 年，坪山区探索"循数治理"模式，突破信息壁垒，打造基于统一平台的智慧化政府，将群众需要办理的事件细化，依托信息化手段，实现事件采集、分拨、处置、跟踪、反馈、评价全流程闭环运作、有章可循；2017 年，在深圳市率先正式启动民生诉求服务改革，整合 148 个民生诉求受理渠道，发布《坪山区民生诉求事件管理办法（试行）》，并先后进行五轮民生诉求流程优化改革。2019 年，光明区探索推出群众诉求服务"光明模式"，以网格化为基础、信息化为支撑，通过搭建群众诉求服务智慧系统，集成社会治理大数据，形成光明区社会矛盾风险评估一张图、一张表，实现第一时间发现、上报、分拨、化解、反馈、评估的全链条智慧管控。

"民意速办"改革围绕"建好一个平台、完善一张清单、建立一套标准、形成一系列机制"深入推进。平台方面，建立以"@深圳—民意速办"为主渠道的"1+11+N"全市民生诉求渠道体系，将 537 个民生诉求渠道统一归集到民生诉求线上渠道入口，实现民生诉求集中受理、统一分拨、全流程可视、全过程闭环；平台上线以来，总服务量 5754.32 万次，诉求平均办理时长压缩超过 65%，诉求事件按时办结率 99.49%，满意率 99.96%[①]。清单制度方面，以最小颗粒度编制 3 级 18 大类 4177 项民生诉求事项目录清单，[②] 同步明确职责清单、实施清单，建立健全"1+3+N"制度规范体系，推动一次派单成功率从 75% 提升到 98.8%[③]，三天内办结的诉求占比从 14% 提升到 39%，一天内办结的诉求占比从 2.9% 提升到 20%[④]。流程标准方面，建立一套覆盖诉求受理、分拨、处置、反馈、督办、评价的全周期管理标准规范体系，全流程"一张工单跟到底"。体制机制方面，强化深圳市政务服务和数据管理局在公共治理中的中枢地位，使其成为民生诉求业务主管部门；建立起"24 小时诉求

---

① 樊怡君、关炜瀛：《"@深圳—民意速办"平台建立 24 小时诉求快速响应机制》（https：//baijiahao.baidu.com/s？id=1798393919987075034&wfr=spider&for=pc）。

② 樊怡君：《民生诉求综合服务改革让"民之所盼必有应"》（https：//www.sz.gov.cn/cn/xxgk/zfxxgj/zwdt/content/post_11412587.html）。

③ 杨丽萍：《"民意速办"解民忧烦"百姓书房"点亮心房》（https：//www.sz.gov.cn/szzsj/gkmlpt/content/10/10790/post_10790104.html#19236）。

④ 云城、冯秀成：《深圳"民意速办"改革的基本特征与逻辑意蕴》，《特区实践与理论》2024 年第 3 期。

快速响应"机制、快处快裁机制、"不满意重办"机制等，推动居民群众的诉求以及所反映的突发情况得到快解决、真解决、彻底解决。

（二）"块数据"为数字社会治理提供基础支撑

建立"一基五柱"动态关联的智能底板。深圳市委政法委牵头出台全国首个《社会治理要素统一地址规范》地方标准，建成全市动态更新的"一码多址"的房屋地址库，并以统一地址库为基础，建立房屋、人口、法人、通信、事件五大基础数据的分级分类标准，形成房屋、人口、法人、通信、事件五大基础数据筛子。同时，以房屋地址库为载体，以房屋编码、身份证号码、社会信用代码、手机号码、事件编码为关联，推动建立房屋、人口、法人、通信、事件"五码关联"的块数据库。此外，进一步探索融合市监、教育、水务等部门数据，以及水、电、快递等企业数据，做到基础数据底板底数清晰。统一地址和"块数据"智能底板已在全市 10 个区和市直 13 个部门进行广泛部署应用。

基于"块数据"打通"数据和业务"两个闭环。通过"块数据＋网格化＋部门应用"创新实践，打通数据和业务两个闭环，促进市域社会治理的数据融合和业务协同。依托"块数据"智能底板，各部门在服务和管理中产生的业务数据打上标准地址标签，数据可通过标签实现精准"入格"，社区网格员对"入格"数据进行核实后上报各部门，便可实现数据闭环，形成动态更新的"活数据"。同时，基于精准入格的各部门业务数据，社区网格员可在日常巡查工作中向各部门反馈问题线索，实现基层巡查和部门执法的联动。

全面推广"块数据＋"应用。以块数据为基础构建"百平台"支撑体系，包括以人口、法人生命树为主线，围绕出生（注册登记）、服务、管理、信用四个业务环节，为教育、卫生、公安等业务系统提供入块、上图、进格的智能化支持；利用"块数据＋小程序"等技术手段，开发和接入基层各种"治理小应用"，包括出租屋管理、老龄津贴发放、物业管理等。加快推进"块数据"智能底板在智慧党建、应急管理、社会治安防控（重点人员管理、重点区域防控、重点案事件管理）、网格化管理以及全市 CIM 平台建设等方面的重要支撑作用。例如，南山区推进"网格化＋块数据"改革，宝安区试点商事主体"登记、服务、监管、信用"

一体化，坪山区探索"块数据+市域社会治理"应用场景。"块数据"底板建设已在广东省全面推广，并被浙江、陕西等地借鉴复制。

二 促进数字公共服务普惠化

（一）教育信息化"双区"建设扎实推进

深圳先后入围教育部"基于教学改革、融合信息技术的新型教与学模式"实验区和"智慧教育示范区"。基于教育信息化"双区"建设需要，建立市、区、校三级协作共同体，市级做好政策、项目、进度和数据等"四大统筹"，区级实验项目涵盖课程变革与跨学科融合、教与学模式创新、教育数据采集与应用、新型教师队伍建设和体制机制改革五大试验方向并以"1+2"模式系统推进，校级项目实施主要通过遴选100所教育信息化"双区"实验校进行具体改革试验。建立市级统筹项目，包括建立深圳市云端学校，启动先锋教师计划，征集云端精品课例，建立全覆盖、全学段的教学资源包。其中，深圳市云端学校由"总部实体学校+入驻学校"形成，是全国第一所"互联网+"平台型未来学校。建成深圳教育云资源平台，提供3.3万节优质课例视频资源，涵盖小学、初中、高中全学段45个学科，实现优质资源均衡供给。深圳各区基于区域实际需求和基础条件，通过实验带动区域信息化教学整体提升。例如，福田区探索"AI赋能下个性化互助性学习"策略，罗湖区开展新型教育云平台支持的数字化"思乐课堂"，南山区在智能时代教与学方式变革的实践探索。①

（二）智慧健康服务体系实现创新发展

深圳全面实施数字健康应用工程，打造智慧医院示范样板，建设深圳电子处方中心、突发公共卫生事件应急管理系统。例如，深圳市第二人民医院龙华医院打造粤港澳大湾区首个具备"超级数据心脏"的新一代智慧医院。推广智慧健康"一键通"服务，启用"社康通"官方微信小程序，实现家庭医生签约、基本公共卫生服务预约，以及居民查询和

---

① 深圳市教育信息技术中心：《以实验区建设为契机夯实信息化工作"六大机制"树立市域统筹区校协同一体化发展"深圳样板"》（http://www.szdj.edu.cn/xxhsq/cgzs/cggk/index.html）。

参与维护居民电子健康档案信息。全面推广应用"电子健康码",市民健康服务信息实现线上线下、跨区跨机构"一码通",社康机构全面实现移动医保支付;截至2024年8月,深圳市医保码激活人数已超1720万,居广东省首位,定点医药机构接入率超99%、结算率超41%;在广东省首先实现就医结算迈入"刷脸时代";深圳市南山区率先实现"诊间零付费、诊后一次付"的信用就医模式,群众平均就医时间缩减30%;开通医保线上购药服务,实现参保群众"足不出户,云端购药"[1]。推进医院间检验检查数据互联互通,建成46家互联网医院,[2] 全部公立医院实现114项医学检查检验结果互认共享,[3] 推动医院与其举办的社康机构间实现医学检验和影像检查结果互联互通互认。在中医医疗、数字化诊断等方面积极探索人工智能大模型的应用。例如,深圳平乐中医健康集团成立全国名中医"黄煌经方AI工作室";深圳市人民医院上线人工智能大模型预问诊系统,上线深圳医保智慧服务助手。建设"智慧卫监"新型"互联网+监管"综合信息平台,获国务院原医改办、广东省医改办推广。

三　普及数字生活智能化

(一)数字家庭试点步入"快车道"

深圳市龙岗区自从2022年被住建部等评为数字家庭建设试点地区以来,积极抢抓数字家庭试点先机,发挥深圳数字化产业优势,从强化技术创新、完善工作机制、优化政策扶持、挖潜场景应用、政企共建平台等方面发力,因地制宜探索数字家庭建设路径,通过全屋智能技术赋能,提升住房、教育、医疗等领域的建设项目智能化、数字化、绿色化水平。截至2023年4月,龙岗已将空间智能化拓展运用到学校打造智慧教室、医院打造智慧VIP病房,挖掘房地产潜力项目23个,合计约1.8万套住

---

[1] 深圳市医疗保障局:《深圳全面推进公共服务数智赋能 构建智慧便民服务体系》(https://www.sz.gov.cn/cn/xxgk/zfxxgj/bmdt/content/post_11727279.html)。

[2] 黄思华:《"阳"了不用慌!深圳46家互联网医院可线上问诊》(https://mp.weixin.qq.com/s/M8gglEsJTdO76zelZRcK1Q)。

[3] 深圳市卫生健康委员会:《深圳市卫生健康委2023年度工作总结》(https://www.sz.gov.cn/szzt2010/wgkzl/jggk/lsqkgk/content/mpost_11191084.html)。

房，建筑面积近150万平方米。① 同时，通过政企合作共建，筹建国内首个大型集"政、产、学、研、展"于一体的方舟壹号空间智能开放实验室，实验室已被列入住建部支持建设的科技创新平台（住建部全屋智能重点实验室）。截至2024年9月，已应用并完工的全屋智能项目共8个，其中配备全屋智能产品的保障性住房近7000套。②

（二）智能社区建设助力构建便民惠民智慧服务圈

《中华人民共和国国民经济和社会发展第十四个五年规划和二〇三五年远景目标纲要》提出，要推进智慧社区建设，依托数字平台与线下服务机构，构建便民惠民的智慧服务圈。深圳市宝安区自上榜"社区治理特色基地"，成为国家十大社区治理特色基地之一以来，率先试点建设"智慧社区"，构建智慧社区"1+1+3+N"主体建设框架，实现社区概况一网统揽、社区党建一网统领、社区治理一网统管、公共服务一网统合。在智慧社区建设中，着力于升级完善"区—街道—社区"三级智慧系统，试点搭建"1个智慧平台+N个应用场景"，建成"AI+智慧社区"新底板，在社区治理领域探索"AI+智慧党建""AI+多维感知""AI+社会重点管控""AI+应急管理""AI+人才服务""AI+电子政务"等"AI+智慧治理"新模式，在社会服务领域探索"AI+智慧养老服务""AI+便民公共服务""AI+数字宣教服务""AI+居民自治服务""AI+社区家园服务"等"AI+智慧惠民"新图景。智慧社区建设成效突出，宝安"智慧社区"入选全国社会治理创新案例（2023）以及被评为"2023年数标指数全国典型实践50强案例"。

第四节　数字文化治理领域

《数字中国规划》指出，要打造自信繁荣的数字文化。近年来，自媒体等数字文化的兴起，正深刻影响社会意识的形成。深圳以探索文化数据要素市场交易机制、完善知识产权法律与政策体系、推动文化产业数

---

① 张鹏、蔡智鸿、钟伟杰、唐家国：《全国"数字家庭建设试点现场会"在龙岗举行》(http：//www.sz.gov.cn/cn/zjsz/fwts_1_3/tzdt_1/content/post_10545298.html)。

② 深圳市龙岗区人民政府网：《龙岗区数字家庭建设试点顺利通过国家部委中期评估》(https：//www.sz.gov.cn/cn/xxgk/zfxxgj/gqdt/content/post_11538138.html)。

字化转型等举措不断将数字文化治理推向纵深。

一 探索文化数据要素市场交易机制

成立全国文化大数据交易中心，推动文化大数据交易体系建设。2022年8月，全国文化大数据交易中心在深圳成立，平台为文化资源数据和文化数字内容提供确权、评估、交易等专业服务。汇集文物、古籍、美术等资源，通过底层关联服务引擎和应用软件标识进场，通过各类数字化生产线解构具有历史传承价值的中华文化元素、图片、视频、音频、多媒体等，与其他要素及其权益进行交易。全国文化大数据交易中心的建设，破除了文化数据要素的市场分割，实现了底层技术统一，基本解决文化数据的确权问题，搭建起比较合理的评价体系，同时为文化数字内容提供多网多终端分发服务，推进政府间、部门间及市场化主体间的文化数据要素市场融通。

打造国内首个专注服务于文化数字化领域的"文化投行"。深圳前海股权交易中心筹备设立"文化数字化事业部"，聚焦文化数字化领域"小巨人"企业发展，以"专精特新培育板"文化数字化专板为入口，以关键核心技术创新为底座，以企业文化数字资产管理为核心，以企业文化数字化商业路径转型与资本路径设计服务为支撑，依托深圳完备的金融市场、产业供应链体系以及深圳前海股权交易中心综合金融服务资源的优势，重点以深圳与广东文化数字化企业为服务目标与试点，面向各类文化数字化企业预上市培育输出专业化服务产品与生态。

深圳文化产权交易所发布版权认证平台，孵化打造古典艺术品数字版权事业部。2023年6月深圳文化产权交易所在第十九届中国（深圳）国际文化产业博览交易会上发布版权认证平台。该平台联合具有作品登记认证资质的权威版权认证机构，对拟进场的版权标的进行版权存证、版权预登记。深圳文化产权交易所联合相关单位成立"古典艺术品数字版权事业部"，针对传统文化（古典）艺术品的垂直领域提供专业化服务，涵盖文化艺术品版权确权、确价、确信服务及流通交易，打造数字与文化深度融合的实践样板间。

二 完善数字文化版权保护的法律与政策体系

（一）系统构建数字经济知识产权司法保护框架

2022年，深圳市中级人民法院出台全国首个《关于加强数字经济知识产权司法保护的实施意见》，在数字文化方面提出要进一步加强数字文化成果保护，妥善处理互联网领域文化创作及传播的著作权保护新问题，准确判断短视频、体育赛事转播、表情包、字体、延时摄影等数字化成果的作品属性，妥善处理涉网络游戏、数字音乐、网络文学、网盘搜索、在线教育、图解电影、配音软件、视频直播、共享会员等著作权纠纷，探索完善数据库著作权保护规则。积极审慎适用行为保全，提高保全的精准性，及时有效遏制通过信息网络传播侵权作品的行为。

（二）创新出台相关政策打造知识产权标杆城市

率先实施惩罚性赔偿制度。2020年11月，深圳市中级人民法院出台全国首个知识产权惩罚性赔偿的司法指导文件《关于知识产权民事侵权纠纷适用惩罚性赔偿的指导意见》，明确惩罚性赔偿的具体适用情形、基数确定规则和倍数确立依据等，细化惩罚性赔偿的具体操作规则，推进惩罚性赔偿落地。出台以来，已在司法实践中累计作出知识产权惩罚性赔偿判决29件，累计判赔金额达1.69亿元，有效打击和遏制了数字经济发展中频发的恶意侵权、重复侵权行为。2021年，率先实施惩罚性赔偿制度的经验被国家发展改革委列为22条深圳综合改革试点创新举措和典型经验之一在全国推广。

出台知识产权保护示范区建设方案。2023年10月，深圳出台《深圳市国家知识产权保护示范区建设方案》及配套行动计划，提出到2025年，深圳将高标准完成国家知识产权保护示范区建设，积极构建全链条保护生态体系，建成综合治理典范区、全链条保护样板区、创新要素集聚区、跨境合作先行区"四区引领"的知识产权标杆城市。结合深圳实际，配套行动计划提出6项重点工程，着力打造一批知识产权保护服务样板，推进"广深港澳"科技创新走廊知识产权协同创新。

发布国内首个知识产权侵权纠纷技术检验鉴定标准。2022年9月22日，深圳市市场监管局制定发布全国首个知识产权侵权纠纷检验鉴定地方标准《知识产权侵权纠纷技术检验鉴定工作规范》，对知识产权侵权纠纷鉴定、技术判定咨询等予以制度规范。

建立契合数字经济规律和知识产权审判规律的举证责任分配制度。在群控"刷流量"等新型互联网案件中采用证据披露、证据妨碍排除和优势证据规则，着力解决赔偿金额确定难的现实困境。大力推广区块链技术在审判中的应用，于2021年4月上线广东省深圳法院区块链证据核验平台，首期接入"至信链"等区块链应用，实现第三方存证平台便捷存证、深圳移动微法院轻松举证、证据核验平台高效校验的闭环链条，建设一条从电子数据到电子证据的可信数据通道，降低数字版权成本、简化电子证据核验过程，有效破解维权成本高、周期长、取证难问题。

（三）构建知识产权风险防范与纠纷化解新机制

成立国家海外知识产权纠纷应对指导中心深圳分中心。2020年4月，由国家知识产权局批准设立的国家海外知识产权纠纷应对指导中心深圳分中心正式挂牌。该中心以中国（深圳）知识产权保护中心为依托，通过建立海外风险监控机制、海外纠纷信息共享机制、海外维权服务机制，探索海外知识产权维权工作的"深圳模式"。

发挥行业调解力量，探索纠纷化解新机制。2023年，深圳市福田区、南山区等区级人民法院纷纷与中国（深圳）知识产权保护中心、深圳市版权协会、深圳市商标协会、深圳市文化市场行业协会等共同签订"矛盾纠纷多元化解工作框架协议"，合力构建知识产权纠纷多元解纷"共同体"。

发布典型案例引导构建规则。2022—2023年，深圳中级人民法院连续两年发布"数字经济知识产权司法保护典型案例"，数宗案例入选广东高级人民法院发布的数字经济知识产权保护典型案例，充分发挥司法裁判规则引领作用，引导数字经济产业健康发展。例如，"深圳市腾讯计算机系统有限公司诉深圳市酷士多网络科技有限公司侵害著作权及不正当竞争纠纷案"在明晰"云游戏"平台的运行逻辑和技术实现路径的基础上，对经营主体的相关行为进行法律定性和评价，指出运用技术进行商业模式创新应当以尊重他人合法权益为前提，具有鲜明的司法导向和示范效果。

三 专项政策推动数字文化产业创新发展

大力发展数字文化等新型业态。2020年,深圳市文化广电旅游体育局发布《关于加快文化产业创新发展的实施意见》,提出要大力发展数字文化产业和创意文化产业等新型业态,到2025年,数字文化等新型业态占文化产业的比重超过60%。

加快培育数字创意产业,打造全国首个数字创意全产业链集聚区。数字创意产业作为文化创意和数字科技深度融合的新兴业态,是深圳市"20+8"产业集群布局中的重点产业。2022年6月,深圳市文化广电旅游体育局等单位联合发布《深圳市培育数字创意产业集群行动计划(2022—2025年)》,提出加快数字技术研发及应用、扩大优质内容供给等六大重点任务;对应重点任务实施数字技术研发与应用促进行动、内容创作生产提升行动等六大行动。① 2023年6月,深圳市文化广电旅游体育局出台《深圳市关于加快培育数字创意产业集群的若干措施》,措施主要支持数字创意技术和设备、内容制作、设计服务、融合服务等四大业态发展,重点发展创意设计、网络视听、动漫游戏、数字文化装备以及数字创意新型业态,加快培育高水平产业集群,巩固相关领域在全国的领先地位。2024年2月,深圳市文化广电旅游体育局印发《深圳市数字创意产业集群扶持计划操作规程》,以具体明确的操作规程规范数字创意各细分领域发展扶持计划的组织实施,更好发挥财政资金对数字创意产业集群高质量发展的扶持和促进作用。②

四 打造数字文化产业空间助力要素集聚

国有企业牵头探索城市文化旅游数字化应用形式。深圳大鹏所城始建于明洪武二十七年(1394),是深圳市内现有三个全国重点文物保护单

---

① 深圳市文化广电旅游体育局等:《深圳市文化广电旅游体育局 深圳市委宣传部 深圳市工业和信息化局关于发布〈深圳市培育数字创意产业集群行动计划(2022—2025年)〉的通知》(http://wtl.sz.gov.cn/xxgk/ghjh/fzgh/content/post_9854727.html)。

② 深圳市文化广电旅游体育局:《深圳市文化广电旅游体育局关于印发〈深圳市数字创意产业集群扶持计划操作规程〉的通知》(http://wtl.sz.gov.cn/ztzl_78228/tszl/whcy/whcyflfg/content/post_11165645.html)。

位之一，①也是中国目前建筑体量保存完整的明清海防卫所之一，经大鹏新区管理委员会授权，由国有企业深圳华侨城鹏城发展有限公司负责管理。2020年，深圳华侨城鹏城发展有限公司以大鹏所城作为集团数字化战略发展的试点项目，开展包括智慧停车场、虚拟现实技术研发等数字化项目，为大鹏所城的数字化发展不断贡献力量。② 2024年，大鹏所城上线"智旅"地图，游客可通过手机扫码小程序，在线一览所城景点、名迹、服务设施，更有三条特色路线方便游客深度体验大鹏所城文化。③

打造国家级数字文化产业空间，推动数字创意产业要素聚集，典型如龙岗数字创意产业走廊。2020年年底，深圳市龙岗数字创意产业走廊获得国家级文化产业示范园区创建资格，创建期内创造文化产业增加值占龙岗区文化产业增加值比重始终保持在80%以上，占龙岗区GDP比重超过8%，占深圳市文化产业增加值约15%，为区域文化建设和经济增长提供了强劲动力。作为全国首个数字创意全产业链集聚区、粤港澳大湾区首个文化产业带，深圳市龙岗数字创意产业走廊形成以数字硬件产业主导，影视动漫、游戏电竞、网络视听、数字设计产业协同发展的"1+4"产业格局，是深圳文化建设高地和经济发展重要增长极，2023年获评国家级文化产业示范园区。④

五　博览会等系列活动加速数字文化繁荣

政府部门牵头主办学术研讨会，共商数字时代文化体制机制改革议题。2024年11月，由深圳市委宣传部、深圳市社会科学联合会、深圳报业集团主办，以"深化文化体制机制改革，加快建设高质量文化强市"为主题的第十六届深圳学术年会主题学术研讨会举行⑤。会议就数字技术

---

① 深圳市文化广电旅游体育局：《市级以上文物保护单位名录一览表》（http：//wtl.sz.gov.cn/ggfw/whl/shwhttylb/index.html）。

② 岑凯欣、王昕：《城市文化旅游的数字化发展研究——以深圳大鹏所城为例》，《旅游纵览》2022年19期。

③ 大鹏党工委党政和人大办公室：《大鹏所城—较场尾片区，这些变化你发现了吗？》（https://www.dpxq.gov.cn/isz/bmdt/content/post_11645408.html）。

④ 金歌：《国家级文化产业示范园区 | 深圳龙岗打造数字创意全产业链集聚的"超级廊道"》（https://news.qq.com/rain/a/20230517A051KE00）。

⑤ 赵鑫：《深化文化体制机制改革 加快建设高质量文化强市》（https://www.sohu.com/a/831682411_99927700）。

对文化产业的影响、文化产业发展如何紧抓人工智能技术爆发机遇、利用全国文化大数据交易中心盘活文化资产等方面展开讨论。

举办文化产业博览会,以信息技术促进展会交易。2023年6月,由中央宣传部、广东省人民政府和深圳市人民政府等主办的第十九届中国(深圳)国际文化产业博览交易会在深圳开幕。① 该展会聚焦数字化,首次设立"数字中国——AI时代的文化创新"主题展区;同时,展会打造"文博会消费季",运用大数据、云计算等现代信息技术升级营销模式,通过电商平台提供的流量支持和技术赋能,助力参展商与海量的线上线下买家精准对接,扩大线上交易。

承办论坛活动,探讨数字出版前沿技术发展与应用。2023年6月,由中宣部出版局主办,中国新闻出版研究院、深圳市委宣传部、北京大学出版研究院承办,深圳出版集团有限公司执行的首届文化强国建设高峰论坛之数字出版前沿技术发展与应用分论坛在深圳举办。② 该论坛以"数字出版前沿技术发展与应用"为主题,出版业界、学界代表齐聚一堂,探讨出版深度融合发展,共议建设文化强国、出版强国之路。

第五节　数字生态治理领域

深圳将"数字生态文明治理"置身于生态文明和美丽中国建设中,充分发挥数字化信息技术和综合授权改革试点政策优势,围绕数字技术对传统治理的赋能以及数字技术对传统数字生态治理变革两大领域探索了众多鲜活案例。

一　数字底层基座奠定数字生态文明治理基础

搭建城市数字生态治理底层数据基础。

第一,建设城市信息模型(CIM)平台。深圳按照"整体规划、标准先行、分步实施、急用先行"策略,围绕空间数字底座、空间服务引

---

① 李晓玲:《"中国文化产业第一展"聚焦国际化数字化　用优质文化产品供给赢得"满堂红"》(https://www.gov.cn/yaowen/liebiao/202306/content_6886102.htm)。
② 焦子宇:《首届文化强国建设高峰论坛之数字出版前沿技术发展与应用分论坛在深圳举办》(https://baijiahao.baidu.com/s?id=1768153598740364209&wfr=spider&for=pc)。

擎、机制标准规范等分期建设与应用服务，初步建成全市域统一的二维、三维空间基础底座，已实现上万栋建筑信息模型与全市 2000 平方公里倾斜摄影深度融合及一体化展示。①

第二，建立"深圳市智慧环保平台"。形成以生态环境大数据为中心，兼顾智慧政务、智慧监管、智慧服务、智慧应用四大应用为基础的全市基层治理平台，实现生态环境监管精准化、环境治理系统化、绿色发展科学化、政务管理信息化。2021 年年初，该平台已上线系统 48 个，接入 50 亿条历史监测数据，全面覆盖 9 万家污染源，超过 6500 个监测点位、107 种类型数据的全流程可视化监管。②

二 数字技术全面赋能提升生态污染源头监测能力

市区在挥发性有机化合物、工业污水等重点污染物的源头检测上，充分利用数字化技术解决污染源头监测问题。

第一，针对挥发性有机化合物（VOCs）监测建立监控平台。为加强对 VOCs 排放行为的监管，2019 年深圳即对全市 300 家涉 VOCs 重点企业安装工况过程监控设备，搭建"工况监控及数据分析平台"。该平台能够实时获取企业涉 VOCs 废气产生和治理关键设备全天候运行工况等数据，监控污染产生、收集及处理过程的设备运行情况，做到污染源监控全过程覆盖。

第二，针对 PM2.5 监测建立立体监测系统。2018 年，深圳市布局 PM2.5 自动监测网络，在全市 74 个街道完成全面监测点的建设，形成"一街一站"的网格化空气质量监测系统。③ 作为全国首个按照国家标准建设的覆盖所有街道的网格化空气监测系统，该系统可以对全市 74 个街道的 PM2.5 进行排名，排名结果通过深圳空气质量 App，微信小程序，微信公众号"深圳人居委"对外公布。公众可以通过这些平台实时查询

---

① 赵燊:《统筹推进 CIM 基础平台建设 筑牢城市高质量发展空间底盘》（http：//www.chinajsb.cn/html/202404/15/39591.html）。

② 西部经济网:《平安智慧城市深圳市智慧环保平台荣获"人民匠心产品奖"》（http：//www.swbd.cn/shangjing/104177.html）。

③ 王丰:《深圳"一街一站"空气监测体系上线 PM2.5 数据实时可查》（https：//baijiahao.baidu.com/s?id=1602531468941868300&wfr=spider&for=pc）。

深圳的空气质量情况。

第三，针对机动车尾气污染监测建立监管系统。2021年，深圳创新搭建智慧环保平台机动车排放监管系统，实现移动的机动车辆的精准监测。① 该系统打通生态环境、公安交警、交通运输、市场监管等部门数据，从机动车排气污染的生命周期入手，以信息系统为技术支撑，确保存量监测、协同执法，盯控污染源外溢。

第四，针对工业污水监测建立溯源系统。以宝安区为例，该区利用数字监管技术构建工业污水区域管控精准溯源的新模式，通过建立工业污水区域管控精准溯源系统在辖区污水处理厂进水端、管网关键点位、重点工业园区排口等关键点位布设监测站，构建动态水质在线监测网络。

第五，针对海洋污染源监测探索采用智能监控设备。深圳发挥大学、科研院所和企业多方力量研发智能无人机设备，探索解决海洋污染源样本采集新方案。2020—2023年，定制研发智能无人机阵列装备"海上烈鸟"1.0，成功在万山岛等多个海域的连续取样作业和传感器数据采集，为海洋探测科学研究提供宝贵的多点同步周期性数据。②

第六，针对噪声污染监测构建监测全市网络。打造全市域、全天候的噪声监测预警体系，开发噪声地图，综合运用GIS（地理信息系统）、CIM（城市信息模型）和噪声仿真模拟等技术，初步实现噪声地图与城市信息模型的深度融合；升级"远程喊停"。截至2023年年底，深圳已安装该监控系统200余套。

三 全链条协同系统打造生态综合执法闭环模式

充分利用数字化信息技术，打通综合执法全链条，系统构建综合执法新模式。

第一，搭建全市统一生态环境综合执法指挥调度系统。该系统对接物联网感知平台获取的原始监控数据，连接水环境、大气环境、信访投

---

① 深圳市生态环境局：《深圳积极构建"天地车人"一张网，精细管控，靶向治理，奋力绘就"美丽深圳"新画卷！》（https://meeb.sz.gov.cn/xxgk/qt/hbxw/content/post_11105152.html）。

② 颜莎：《我校牵头的国际首个用于多深度海水采集的无人机阵列"海上烈鸟"2.0成功完成海上作业测试》（https://newshub.sustech.edu.cn/html/202307/44211.html）。

诉、污染源监管等业务系统与移动执法系统、网格管理系统，实时掌握监管对象企业污染物排放动态，根据各项在线监测、监控、排放标准，制定各类告警判断规则。该系统自动判断并生成非现场监管执法事件任务，并按主体责任、紧急程度及规定处理流程分别指派、推送至具体的环保执法部门、监管对象企业、运维单位具体经办人。

第二，区级探索打造综合性生态环境监管系统。龙华区建立区级生态环境管理信息化系统，以"精准治污、科学治污、依法治污"为主旨，实现生态环境监管"发现+预警+溯源+执法"全闭环，实现重点污染源全覆盖，构建起通过"互联网+监管"的一体化平台。① 宝安区打造"生态环境智慧管控系统"，形成"数据一库集成、任务一舱调度、业务一网统管"的生态环境信息化作战体系。② 同时，基于深圳市城市可视化数字 CIM 平台数字底座和宝安区智慧政务平台，宝安区建设区域空间生态环评电子服务系统，全面融合区域环评试点成果与生态环境监管工作，实现环评审批与企业服务"一站式"管理。

四 多元主体加快数字化赋能"双碳"战略

政府、企业、社区以及个人等充分利用数字化技术积极参与"双碳"战略，推进建设"近零碳社会"。

第一，福田区以数智化打造"近零碳机关"。③ 综合运用云计算、人工智能等新一代技术，搭建智慧低碳管理框架，打造"双碳云脑"。建设集碳排放与碳足迹追踪、零碳服务 App、智慧低碳餐厅和车辆管理等于一体的综合平台，实施公共建筑与办公设施能源数字化管理。高标准推进"一网统揽"综合低碳治理平台建设，将物联网、大数据等技术与节能有机融合，提供全生命周期的数字化用能服务。利用大数据分析技术深度挖掘数据资源，分析机关用能用电、碳排放特征及水平，测算各环节、

---

① 深圳市龙华区人民政府网：《龙华首个综合性生态环境监管系统上线》（https：//www.szlhq.gov.cn/xxgk/xwzx/gzdt/content/post_10692415.html）。
② 澎湃新闻网：《环境治理和政务服务体系建设发生质的飞跃？这个地方有何法宝？》（https：//m.thepaper.cn/baijiahao_24393003）。
③ 深圳市福田区机关事务管理局：《深圳福田：打造"近零碳机关"先行样板》（https：//www.szft.gov.cn/bmxx/qjgswglj/gzdt/content/post_11127328.html）。

各部位、各设备节能降碳潜力，加强数据分析结果应用，整合共享数据资源，建设碳运行态势感知体系和可视化指挥调度体系，为机关碳管理的指挥调度、风险防范、事件处置提供技术支撑。

第二，典型企业以数字技术探索碳中和的"深圳样板"。一是互联网企业腾讯的探索。2021年，腾讯与深圳市生态环境局等机构联合打造的"低碳星球"小程序，市民每次通过腾讯乘车码、腾讯地图乘坐公交、地铁，或是通过微信运动累计步数，可以获知每次公共出行的具体减碳量，并累计碳积分。① 同年，腾讯联合生态环境部宣传教育中心推出碳中和科普公益活动，依托"碳中和问答"小程序，帮助用户在轻松答题过程中学习了解碳中和知识，助力碳中和公益项目。2022年，腾讯上线"碳碳岛"功能游戏，在游戏中真实还原碳中和建设路径，潜移默化中助力提升公众对绿色低碳生活的认知和认同。② 二是房地产企业万科的探索。万科以大梅沙万科中心碳中和实验园区为样板，通过引入园区数字化微电网智能系统，将光伏、储能、充电桩和建筑负荷结合起来，实现能源的分散供应和管理，包括利用可再生能源和能源储存技术，提高能源利用率，减少温室气体排放，每年预计太阳能发电量约为72万千瓦时，仅屋顶的光伏作为清洁电源就能提供整个大梅沙生物圈三号约85%的电能要求。绿电比从17%提高到85%，建筑能耗下降60%，每年预计发电量是改造前的3倍。该案例成为广东省唯一入选中国生态环境部2022年"绿色低碳典型案例"的园区③。

第三，部分社区利用数字化技术探索近零碳社区新路径。一是福田区甘泉路近零碳示范社区，该社区围绕"零碳"主题而打造的CIM数字孪生平台。平台融合GIS、BIM和IOT等技术，汇聚社区内建筑三维模型、节能减碳、环境监测等大量数据，基于全市统一的CIM时空信息底座搭建"低碳示范、创新引领、智慧服务"等专题应用场景，可对规划

---

① 央广网：《深圳试点碳账户：用"低碳星球"小程序可积累碳积分》（https：//baijiahao. baidu. com/s？id = 1719448247002376372&wfr = spider&for = pc）。
② 陈嵘伟：《冯嘉浩：用网络游戏宣传绿色低碳新风尚》（http：//static. nfapp. southcn. com/content/202212/19/c7189295. html）。
③ 吴蕾：《广东唯一！深圳大梅沙生物圈三号入选生态环境部"2022年绿色低碳典型案例"》（https：//baijiahao. baidu. com/s？id = 1774026220598424851&wfr = spider&for = pc）。

设计方案进行仿真，模拟不同时间段、不同天气情况的社区场景；支持分专业 BIM 构件信息查询；实现智慧立体停车楼的停车原理仿真模拟；接入社区碳排监测数据、视频监控、环境监测数据、车辆出入信息等数据，辅助园区智慧运营和精细化管理，充分展现社区内的减碳成效、科技创新、环境态势和运行机制。① 二是龙岗区新桥世居客家围屋，项目开发国内首个社区近零碳智慧管理平台，智碳中心作为零碳社区的"智慧大脑"，依托互联网、物联网、5G、大数据等技术，实时在线管控社区能源、设备、光伏、碳排放、碳足迹等数据，形成了一整套碳排放计算、碳积分发放和低碳活动运营的智慧平台。通过该平台可以实时在线管控社区能源、设备以及监测碳排放情况，大屏数据为即时的社区碳排放、光伏发电量等数据。②

第四，探索个人参与"双碳治理"。为支持个人积极参与"双碳"战略，深圳市盐田区创新通过数字平台探索生态文明碳币交易。③ 盐田区利用数字化技术建立生态文明碳币系统平台，通过平台上的生态文明知识闯关游戏、个人通过"随手拍"功能将不文明或文明行为上传到系统、入住绿色酒店、在绿色餐厅就餐等，都可以获得碳币；经过官方认证的绿色酒店和绿色餐厅将安装二维码，用户当来到这些地方消费时，通过扫描二维码就可以记录数据；个人自愿参加小区、企业、政府等组织的生态文明活动，通过扫描活动二维码，由碳币系统统一发放 50 个碳币。碳币系统还与城管、交警等部门达成合作。基于现有的公共自行车平台，系统与城管部门对接，用户骑行 1 次核算成 2 个碳币，起点与终点不同，一天最多 4 次。

五 创新技术探索产业服务和监管模式改革新方向

深圳不仅巧妙地运用数字化技术为传统生态治理注入强大动力，广

---

① 李秀瑜：《打造国际一流近零碳示范社区！甘泉路近零碳示范社区获中国人居环境奖》（https：//baijiahao.baidu.com/s？id＝1796476992051957124&wfr＝spider&for＝pc）。
② 刘娥：《"碳"寻龙岗⑬ | 新桥世居：深圳首个近零碳与可持续发展示范社区演绎未来生活场景》（https：//baijiahao.baidu.com/s？id＝1776972793110123051&wfr＝spider&for＝pc）。
③ 陈琳君：《盐田掀低碳风暴 生态文明建设全民行动呈现新跨越》（https：//iyantian.sznews.com/yantian-zt/contents/2017－09/28/content_17430659_0.htm）。

泛激发社会参与活力，更是积极主动地借助这一前沿技术的力量，深入推进产业服务改革，全力挖掘其潜在效能，大胆探索契合未来发展趋势的治理新模式。

第一，打造环评前置化监管模式。宝安区创新以数字化信息技术破解企业环评面临的难题，打造全国首个区域环评"智能选址"服务系统，创建新型前置化监管模式，汇集生态环境、国土空间规划、产业园区等49个专题图层100多项数据，划定8类23个评价单元，提出区域空间生态环境管理要求，形成"一张评价地图"，从源头管控为企业提供全方位准入依据。① 企业只需在系统地图上轻轻一点，马上就能精准查询所选点位的各方面环境管理要求，实现零成本、零跑动"云"上找厂房。该服务系统还推出环境咨询报告"一键定制"服务和"推荐园区"功能，为企业选址提供"点餐式"服务。

第二，运用数字孪生技术探索未来生态环境监测新方向。《深圳市数字孪生先锋城市建设行动计划（2023）》提出，要依托CIM平台开展城市导览、水资源治理、环境监测、环卫一体化等领域场景应用，切实提升生态智慧化监管能力；推进数字孪生河湾流域建设，打造水旱灾害防御、水量平衡分析、水环境达标等重点领域应用，有效支撑"六水共治"。基于此，深圳积极探索绿色智慧的"CIM+生态文明"新模式，通过数字孪生技术应用，真实还原深圳辖区内的监测站点场景，大幅提升监测的可视化程度，推动环境监测数据、设备和管理之间的连接更加智能。

第六节　数据要素治理领域

数据要素是数字时代的"石油"，数字经济发展的核心引擎，高水平数据要素市场对数字经济高质量发展和产业数字化转型具有基础性支撑作用。深圳聚焦数据要素价值释放的核心环节，谋划先行先试改革举措，推动数据要素理论和实践取得新突破。

---

① 胡百卉：《宝安区域环评"智能选址"擦亮营商环境生态底色》（https://static.nfapp.southcn.com/content/202310/19/c8211726.html）。

一 争取授权和自主创新构建数据治理框架

积极争取中央授权和自主创新双轮驱动,推动数据要素市场化配置改革探索,构建起数据治理框架。

(一)中央授权为深圳数据要素治理创造政策条件

《深圳建设中国特色社会主义先行示范区综合改革试点实施方案(2020—2025年)》提出,深圳要"率先完善数据产权制度,探索数据产权保护和利用新机制,建立数据隐私保护制度。试点推进政府数据开放共享。支持建设粤港澳大湾区数据平台,研究论证设立数据交易市场或依托现有交易场所开展数据交易。开展数据生产要素统计核算试点"等数据要素制度建设方面的多项重大任务。国家发展改革委和商务部联合发布的《关于深圳建设中国特色社会主义先行示范区放宽市场准入若干特别措施的意见》则内容更加具体,包括设立数据要素交易场所、个人信息保护与分享利用、公共数据开放、跨境数据流动国际规则制定、离岸数据交易平台等多项任务要求。财政部发布的《关于支持深圳探索创新财政政策体系与管理体制的实施意见》提出,"指导深圳研究数据资源相关会计问题。积极推进数据资产管理研究,探索试点公共数据资产确权、估值、管理及市场化利用"。

(二)特区立法明确数据治理的重点

《深圳经济特区数据条例》为深圳数据治理奠定了法律基础。尤其是从个人数据、公共数据、数据要素市场和数据安全四个方面对数据规则进行了明确。例如在数据权益方面,明确自然人对个人数据依法享有人格权益,包括知情同意、补充更正、删除、查阅复制等权益;自然人、法人和非法人组织对其合法处理数据形成的数据产品和服务享有法律、行政法规及本条例规定的财产权益,可以依法自主使用。

(三)社会参与数据交易前沿研究

各类研究院、实验室等创新形式的社会力量深度参与,推动数据交易治理相关理论和规则的前沿研究。2022年5月由深圳数据交易所联合50家国家智库、高校、大型企业共同发起成立中国首个致力于构建可信数据要素流通体系的开源社区——"开放群岛开源社区"(Open Islands Community)。该社区围绕技术开源协同、行业标准制定、数据要素场景落地等开展隐私计算、大数据、区块链、人工智能等前沿技术探索和落地。深圳成立全国首个数据要素社会组织——深圳市数据要素发展协会，深圳数据交易所联合南方电网平台科技成立"电力数据要素创新实验室"，国家信息中心与深圳市人民政府共建粤港澳大湾区大数据研究院。

二　依托数据交易所探索数据交易制度体系

（一）系统化构建数据交易制度体系

2022年5月，中共深圳市委全面深化改革委员会正式审议通过《深圳市探索开展数据交易工作方案》，为深圳数据交易制度改革做好顶层设计。市发展改革委先后发布《深圳市数据商和数据流通交易第三方服务机构管理暂行办法》《深圳市数据产权登记管理暂行办法》，对保护数据要素市场参与主体的合法权益，促进数据的开放流动和开发利用，培育发展数据要素市场奠定了制度基础（见表4-2）。

表4-2　深圳市两部数据交易暂行办法的主要内容

办法	主要内容
《深圳市数据商和数据流通交易第三方服务机构管理暂行办法》	包括总则、业务运行、安全管理、监督管理、附则，共5章27条。明确了制定目的和依据、适用范围、基本原则、部门职责以及场所职责，并对数据商和第三方服务机构的定义作出解释；对数据商和第三方服务机构规范开展业务作出相关规定，并明确数据商和第三方服务机构的业务类别、数据商合规审查及合同签订等内容；对数据商数据开发及交易代理安全义务、安全保护管理体系、应急处置机制等作出规定；从监管方式、禁止性行为等方面进一步加强对数据商和第三方服务机构监督管理
《深圳市数据产权登记管理暂行办法》	包括总则、登记主体、登记机构、登记行为、管理与监督、法律责任、附则，共7章34条。在全国范围内首次界定了适用范围、登记流程和权责责任，包括数据资源和数据产品的首次登记、许可登记、转移登记、变更登记、注销登记和异议登记，在明确数据产权登记适用范围、数据确权方式、数据产权登记流程和协同监管机制等方面具有创新性，为进一步完善数据确权、推动数据资产入表、促进数据交易和授权运营、实现数据价值化等方面奠定了良好基础

（二）深圳数据交易所全面推进数据交易落地

深圳深入贯彻落实综改试点和深化数据要素市场化配置改革等任务使命，成立深圳数据交易所。作为数据交易场所，深圳数据交易所以建设国家级数据交易所为目标，从合规保障、流通支撑、供需衔接、生态发展四方面，打造覆盖数据交易全链条的服务能力。成立以来先后探索发布《深圳数据交易所交易规则（试行）》等18个数据交易文件，为数据交易落地提供操作规范和指引（见表4-3）。

深圳数据交易所是深圳市委、市政府落实中央《深圳建设中国特色社会主义先行示范区综合改革试点实施方案（2020—2025年）》文件精神、深化数据要素市场化配置改革任务的关键举措，也是深圳不断优化数字经济产业布局，打造全球数字先锋城市的重要实践。深圳数据交易所构建数据要素跨域、跨境流通的全国性交易平台，探索适应中国数字经济发展的数据要素市场化配置示范路径和交易样板。截至2024年11月，深圳数据交易所数据交易规模突破140亿元，其中跨境交易2.47亿元。

表4-3　　深圳数据交易所已发布数据交易规则文件

序号	文件名称
1	《深圳数据交易所有限公司交易标的交付与交易评价指引（试行）》
2	《深圳数据交易所有限公司交易标的价格确定与交易结算指引（试行）》
3	《深圳数据交易所有限公司数据交易合规师认证实施细则（试行）》
4	《深圳数据交易所有限公司数据分类分级指引（试行）》
5	《深圳数据交易所有限公司数据商分级分类指引（试行）》
6	《深圳数据交易所有限公司第三方机构数据安全管理办法（试行）》
7	《深圳数据交易所有限公司数据安全管理办法（试行）》
8	《深圳数据交易所有限公司信息披露管理办法（试行）》
9	《深圳数据交易所有限公司数据要素服务工作站管理制度（试行）》
10	《深圳数据交易所有限公司会员管理制度（试行）》
11	《深圳数据交易所有限公司生态合作方管理办法（试行）》
12	《深圳数据交易所有限公司禁止交易及谨慎交易数据识别指引（试行）》
13	《深圳数据交易所有限公司交易管理办法（试行）》

续表

序号	文件名称
14	《深圳数据交易所有限公司数据交易合规审核委员会管理办法（试行）》
15	《深圳数据交易所有限公司交易标的准入指引（试行）》
16	《深圳数据交易所有限公司数据资源登记入库指引（试行）》
17	《深圳数据交易所有限公司数据流通及交易合规指引（试行）》
18	《深圳数据交易所有限公司争议处理指引（试行）》

资料来源：深圳数据交易所官方网站（截至2024年12月）。

三 建立数据跨境流动高效便利安全机制

深圳充分发挥全国改革开放门户和先锋作用，在数据合规、跨境流动和服务方面先行先试，构建数据跨境流动新机制。

出台数据跨境流动操作性指引文件。《深圳市企业数据合规指引》其中一章专门明确"数据出境合规"的具体要求，对数据出境的安全评估、向境外提供个人信息的条件等做出具体的明确要求。成立多个数据跨境流动服务平台。例如，深圳市委网信办（深圳市互联网信息办公室）会同福田区委宣传部、深圳应急保障中心在河套深港科技创新合作区专门建成深圳市数据跨境流动服务平台，负责个人信息出境标准合同备案工作。

政府引导多主体协同探索。近两年来，市委网信办等单位积极联合相关政府部门和专业机构、法律界、企业界及相关协会，以论坛、白皮书等形式，推动数据跨境流动探索与实践。2023年，在深圳市互联网信息办公室等单位指导下，深圳数据交易所发布《跨境数据流通合规与技术应用白皮书（2023年）》，并围绕跨境监管规则、合规审核要求、跨境业务典型案例等方面举办多场论坛，探讨数据跨境流通的痛点与机遇。

创新探索跨境贸易数据平台。海关总署于2022年9月提出支持前海"数据海关"创新试点，同年12月批复前海试点建设跨境贸易大数据平台。深圳跨境贸易大数据平台依托国际贸易"单一窗口"，建立海关、税务、外汇、海事、边检、市监、交通、口岸等部门的数据共享及交叉验证机制，同时链接进出口企业、机场、港口等跨境贸易重要参与方，报关行、船代、理货等供应链服务商，以及银行、保险等金融机构，共同构建跨境贸易联盟区块链网络，面向企业、地方政府、监管单位提供跨境贸易大数据服务，推动形成跨境贸易服务生态系统，推动境内外口岸数据互联、单证互认、监管互助互认。

强化国际数据流通基础设施和园区空间建设，夯实数字治理区域合作基础。建设国际互联网数据专用通道，夯实国际科研合作基础。2023年，光明科学城国际互联网数据专用通道获批建设。作为连接光明科学城与国际通信出入口局的"信息高速公路"，该通道建成后将显著提升光明区网络通信能级，提高国际科研工作、跨境交流等活动效率，为产业转型升级和外向型经济发展提供有力支撑。打造国际数据产业空间，推动数据要素便利、高效、安全跨境流动。2024年11月，深圳（前海）国际数据产业园启动仪式举行，该园区将聚焦国际数据跨境流动机制对接、规则衔接、标准制定和产业服务平台建设，着眼国际数据合作、企业集聚发展、产业生态培育、数据产权登记和流通交易等基础配套服务。

四　探索全链条数据安全监管机制

深圳在国家数据安全监管制度下，创新探索事前事后相结合的全链条数据安全监管制度，并在重点产业强化数据安全监管。

（一）事前预防阶段安全监管制度

在数据安全事前预防阶段，严格预防和监管数据安全风险。《深圳经济特区数据条例》第三章"公共数据"和第五章"数据安全"多次提到要建立数据分类分级制度，确保数据安全。深圳首个公共数据安全领域的地方标准《公共数据安全要求》对公共数据安全标准进行定义，确定数据分级保护的方式和受侵害等级，并将公共数据安全与网络安全等级保护体系进行有效衔接，实现公共数据安全层面的延展。根据国家和省市关于数据分类分级要求，在保障个人信息和重要数据安全方面，深圳市审计局于2023年5月发布《深圳市审计局个人信息和重要数据保护管理办法》。根据数据的敏感程度，该办法将个人信息和重要数据划分为公开、内部、敏感三类数据，并在此基础上根据数据的重要性、敏感性和对业务的影响程度进行分级，有效确保了数据的安全。2024年4月，由深圳市政务服务和数据管理局指导，深圳市信息安全管理中心与全知科技公司共同牵头编制的《公共数据安全评估方法》地方标准正式发布，标志着深圳市在构建科学、规范、高效的数据安全保障体系方面迈出关键一步。

（二）事后处置阶段安全监管制度

在事后处置阶段，明确数据安全风险发生后的处置、问责。《深圳经济特区数据条例》第八十五条和第八十六条规定，数据处理者应当建立数据安全应急处置机制，制定数据安全应急预案，并在发生数据泄露、毁损、丢失、篡改等数据安全事件时应立即启动应急预案。《深圳市企业数据合规指引》第三十一条规定，要建立起数据安全应急预案、演练和处置机制，企业应当制定数据安全应急预案，并每年至少组织一次应急响应培训和应急预案演练。《深圳经济特区数据条例》作为国内首个数据领域基础性、综合性立法，在数据安全领域进行了较为完善的制度体系设计，并在对标国家法律的基础上，对"App不全面授权就不让用"、大数据"杀熟"、强制个性化广告推荐等数据安全热点问题作出回应，主张大数据"杀熟"最高可罚款5000万元。

（三）重点产业领域数据安全监管制度

深圳在《国家车联网产业标准体系建设指南（智能网联汽车）（2023版）》《车联网网络安全和数据安全标准体系建设指南》等政策文件指导下，强化智能网联汽车领域数据安全监管。2022年8月，深圳在全国率先施行首部智能网联汽车管理法规《深圳经济特区智能网联汽车管理条例》，对市政府、网信部门和智能网联汽车相关企业等数据安全各相关方的职责进行明确。其中，两项地方标准涉及智能网联汽车领域的信息安全和数据安全，分别为《智能网联汽车信息安全技术要求》和《智能网联汽车数据安全要求》，对于促进智能网联汽车产业高质量、可持续发展具有重要意义。

五 提升全社会数据安全素养

深圳围绕攻防应急、安全共护、宣传展示等方面探索多元参与网络数据安全治理。

大力开展网络安全攻防应急演练。为检验各个信息系统在真实攻击环境下的网络安全防护能力，不断提高各单位的网络安全突发事件应急处置能力，提升防范突发网络安全事件的水平和责任意识。2021年以来，深圳先后组织开展网络安全应急演练、"深蓝－2022"深圳市大规模实网攻防演练等活动，对网络数据安全隐患排查，以及网络安全突发事件先期处置、事件上报、分级响应等应急工作开展情况进行模拟演练。

强化个人信息和网络数据安全共护。为加强数据治理、保护数据安全意识，深圳探索多元参与共护机制。2021年以来，多次开展网络个人信息和网络数据安全共护活动，以自律承诺推动互联网企业落实主体责任。由深圳市委网络安全和信息化委员会联合深圳市工信局、公安局、市场监督管理局、政务服务和数据管理局、通信管理局举办深圳市网络数据安全共护大会系列活动，推动党委政府、企业、媒体、社会组织、广大网民等多方参与的数据安全共护格局。

积极开展网络数据安全宣传。加强网络数据安全宣传教育，在"网络强国"战略指导思想下，深圳参与组织举办网络安全宣传周、湾区创见·2020网络安全大会等网络数据安全宣传展示活动，通过宣传活动广泛普及网络安全知识和技能，营造全民共筑网络安全防线的浓厚氛围。

提升数据安全技术能力。深圳通过举办创新大赛、安全大会，以及组织实训、职业教育等方式，加强对数字人才的安全技术培养，营造良好的数据安全技能学习环境。深圳主办第二届"网鼎杯"网络安全大赛，为国家及各行业选拔、推荐、储备网络数据安全顶尖人才，促进全国各行业网络安全建设。在全市范围内开展数据安全攻防对抗等实战演练，提高数据安全技术人员参与积极性，实现数据安全技术理论向实践转化，切实提高相关人员的数据安全技能。

第七节　数字治理区域开放合作

深圳持续构建开放共赢的数字领域区域合作格局，强化数字治理区域开放合作，通过举办重磅会议等活动，推进与新加坡和粤港澳大湾区重点城市的合作等系列创新举措，提升深圳数字治理在全球的声望，开创数字治理开放合作新局面。

一　高端展会论坛提升深圳数字治理声量

系列高端会议落地深圳，强化深圳同世界各国数字经济、数字能源等方面的区域合作，有力助推深圳打造全球数字先锋城市。2022年11月，举办第二十一届中国互联网大会。本届大会汇聚全国互联网以及数字经济领域的杰出企业家、知名专家、学者，各方积极地建言献策，推动深圳加快建设全球数字先锋城市。① 2023年6—7月，举办"2023国际数字能源展"。超过100个国家和地区，407家国际数字能源龙头企业，近2000名能源学者、智库专家及全球能源企业领袖参加，各方聚焦全球数字能源领域前沿技术和实践，围绕全球数字能源产业链提质升级、加强各国数字能源生态相关方交流合作等广泛交流。② 2023年11月，举办第五届世界科技与发展论坛平行论坛之一"世界数字经济论坛"。论坛聚焦国际社会共同关注的重大发展问题，探讨数字科技赋能全球可持续发展，推动全球数字经济合作，为实现全球经济可持续发展作出实质性贡献。2024年8月，举办第五届全球数字经济产业大会，各方以打造"数字经济产业生态圈"为目的，全国数字经济相关行业上下游深度交流，推动全球数字经济产业区域合作和创新发展。2025年7—8月，举办第六届全球数字经济产业大会暨智能工业展。

除上述活动外，先后举办2023腾讯全球数字生态大会、世界数字城市大会、电气电子工程师学会（IEEE）标准大会、IEEE标准协会粤港澳大湾区分会等。多场全球高端数字治理论坛落地深圳，彰显并提高深圳数字治理影响力。

二　持续推进新加坡—深圳智慧城市合作倡议

2019年以来，深圳持续推进和新加坡在数字互联互通、创新创业、人才交流与发展三方面的合作，更好加强与新加坡的数字治理合作和"数字一带一路"建设。2019年，深圳市与新加坡通讯及新闻部签署

---

① 央广网：《"发展数字经济 促进数字文明"2022（第二十一届）中国互联网大会在深圳开幕》（https：//baijiahao.baidu.com/s? id =1749633538270601456&wfr = spider&for = pc）。

② 央视网：《400余家国际数字能源龙头企业齐聚深圳2023国际数字能源展开幕》（https：//local.cctv.com/2023/06/30/ARTIqavZR3rR5QYM03RjJs83230630.shtml）。

《关于新加坡—深圳智慧城市合作倡议的谅解备忘录》，开展电子发票、5G、物联网和区块链联合创新等数字互联互通项目，助力双方经贸往来。在 2022 年 11 月公布的第三批合作项目中，中新（深圳）跨境贸易数据国际互联互通项目、深新前海智慧城市合作创新示范园区项目被列为旗舰项目。深新新能源商用车数智化服务平台项目、深新新型中空纤维膜二氧化碳捕集利用及封存项目等三个重点项目涵盖了产业数字化、数字生态文明和数字文化板块。① 2023 年 12 月，新加坡通讯及新闻部和新加坡资讯通信媒体发展局在新加坡—中国（深圳）智慧城市合作联合执委会上宣布，与深圳的合作伙伴签署 8 个合作备忘录并发起 14 个新合作项目，包括人工智能在电子商务物流、绿色能源存储、智能康复护理和智慧城市解决方案中的应用等项目。② 截至 2023 年 12 月，新加坡智慧城市合作联合执行上共启动项目 43 个，签署谅解备忘录 29 份。

三 加强深圳与粤港澳大湾区城市数字治理区域合作

依托平台强化深港数据合作，带动国际数字贸易。深圳打造的国际贸易一站式公益性公共服务平台——深圳国际贸易"单一窗口"，③ 发挥数据资源汇聚优势，持续整合物流、通关、收付汇、融资、退税、进出口收费、政策咨询、风险防控等国际贸易链条业务，不断强化服务能力，有力支撑深圳跨境贸易便利化。探索建立跨境贸易数据平台。海关总署于 2022 年 9 月提出支持前海"数据海关"创新试点，同年 12 月批复前海试点建设跨境贸易大数据平台。上线深港跨境数据验证平台，通过区块链技术的创新应用，为深港两地的居民、企业和机构提供可靠的数据验证服务，支持跨境工作、生活和商业活动的顺利便捷开展。河套深港科技创新合作区深圳园区推出深港"联合政策包"28 条，推动合作区深港数据资源合作共享，推进深港在人工智能和数据分析方面的发展和合作，探索促进数据跨境安全流动。

---

① 朱族英：《深圳与新加坡签订 14 个合作项目》（https：//www.chinanews.com.cn/cj/2022/11-25/9902564.shtml）。
② 美通社：《新加坡和深圳通过 14 个新项目推动智慧城市合作》（https：//www.prnasia.com/story/431057-1.shtml）。
③ 具体信息见深圳国际贸易"单一窗口"官方网址（https：//sz.singlewindow.cn/index）。

签订深莞惠数字一体化协同发展战略合作协议，助推粤港澳大湾区数字治理协同。2024年，深圳市政务服务和数据管理局、东莞市政务服务数据管理局、惠州市政务服务和数据管理局共同签订《深莞惠数字一体化协同发展战略合作协议》。[①] 该合作协议主要内容有8项，涵盖公共服务融合共通、跨区域经营企业服务、信息基础设施互联互通、数据资源共享应用、推进"数据要素×"行动计划等。

---

① 惠州市政务服务和数据管理局：《〈深莞惠数字一体化协同发展战略合作协议〉签订》（https：//zfsg.gd.gov.cn/xxfb/dtxw/content/post_4438561.html）。

第 五 章

深圳数字治理的若干挑战

人工智能等数字技术突飞猛进,全球数字治理格局发生着深刻演变,人类既面临世界两极分化,发达国家与发展中国家收入差距拉大,又面临无人机技术等引入加剧局部战争恶化等全球性问题,更需要思考未来碳基生命与硅基生命冲突的潜在危机。从宏观视角看,国家之间的前沿技术争夺更加激烈,围绕数字核心技术的冲突和竞争全面展开,甚至引发局部战争。从微观视角看,经济下行压力较大,个人创造财富渠道变窄,创新创业亟须在数字化变革中谋求新赛道、经济增长新亮点。在全面建设社会主义现代化城市的征程中,面向率先基本实现治理体系和治理能力现代化的总体目标,深圳构建高水平的数字治理体系仍然面临系列迫切挑战。其中有全国范围内普遍存在的数据治理法律法规尚不完善等共性问题,更有深圳作为超大城市建设中国特色社会主义先行示范区必须面对的治理难题。

第一节 数字技术加速两极分化

全球数字治理格局正处于深度重塑的关键节点,诸多错综复杂的挑战接踵而至,数字技术加速全球两极分化的问题越发凸显,核心技术争夺、数字财富的抢占等犹如一道难以逾越的鸿沟横亘于不同国家、地区以及群体之间,深刻地改变着人类社会发展的轨迹。深圳作为中国改革开放的前沿窗口,在大国竞争和技术创新的最前沿,将直面全球两极分化下数字治理的全新挑战,更需要在弥合城乡差距,推动平台垄断治理方面提出更具中国特色的解决方案。

第一,发达国家、地区以先发优势占据数字资源,导致出现全球两极分化。发达国家凭借深厚的技术积累、完善的产业体系与强大的金融优势,在数字经济红利的瓜分中占得先机。以美国为代表的发达国家凭借在芯片、操作系统等关键数字技术的核心知识产权,迫使发展中国家在发展相关产业时,不得不花费高昂代价获取技术许可,甚至面临技术封锁的困境。国际电信联盟(ITU)《2024年事实与数据》数据显示,2024年5G覆盖全球人口将达到51%,其中高收入国家84%的人口被5G覆盖,而低收入国家只有4%的人口可以使用5G。① 发达国家通过对数字资源的牢牢把控,全面限制发展中国家数字产业的自由发展,使得全球数字经济发展的红利分配严重不均,加剧国家间的贫富差距与发展不平衡。与此同时,发达国家将数字技术应用在军事领域,无人机、人工智能等技术在局部战争广泛应用,加剧人道主义灾难,让冲突地区的无辜民众深陷战火泥沼,给地区稳定与和平蒙上厚重阴影。发达城市、城区与欠发达地区之间在数字资源分布上差距加大。中国互联网络信息中心发布的第53次《中国互联网络发展状况统计报告》显示,截至2023年12月,农村地区的互联网普及率仅为66.5%,远低于全国平均水平(78.0%),且农村网民仅占全国网民总数的29.8%。在农业领域,《中国数字经济发展研究报告(2023年)》数据显示,2022年中国服务业、工业的数字经济渗透率分别为44.7%、24.0%,而农业领域数字经济渗透率仅有10.5%。在整体的数字素养方面,中国社会科学院信息化研究中心发布的《乡村振兴战略背景下中国乡村数字素养调查分析报告》显示,城市居民平均得分56.3分,农村居民平均得分35.1分,差值高达21.2分,农民数字素养得分显著低于其他职业类型群体。②

第二,数字企业以技术垄断掌控财富分配的砝码。加拿大学者尼克·斯尔尼塞克(Nick Srnicek)在《平台资本主义》一书中提出,"在一个超低利率和投资机会的时代,平台经济最终会成为盈余资本的一个出口"。随着平台经济趋向垄断化,进一步将大量非垄断性资本挤出市场,

---

① 王其冰:《国际电联:全球仍有约三分之一人口无法上网》(http://www.news.cn/world/20241128/c447a38cbe2a47499dcd378843571a24/c.html)。
② 李晨赫:《乡村振兴亟待弥补"数字素养鸿沟"》(http://zqb.cyol.com/html/2021-03/16/nw.D110000zgqnb_20210316_2-05.htm)。

导致中小资本和新增资本的普遍过剩,风险投资丧失价值,加剧资本积累过剩的矛盾,加速新的资本生产过剩和财富剥削。尤其是数字技术成为平台企业充当掠夺底层劳动者财富的科技工具。部分平台企业及平台上的经营者利用这种信息不对称毫无底线地剥削底层劳动者,"掠夺欺骗"居民财富。例如,2013—2019年各类P2P平台疯狂发展,这些P2P网络借贷平台成为企业少数人牟取暴利的工具,以"e租宝"等为代表的互联网金融平台让无数家庭财富被"洗劫一空"。

第二节 数字技术冲击社会伦理

在数字时代的浪潮下,数字技术、产品和服务深度嵌入人们生活的方方面面的同时,对传统社会伦理的根基发起了猛烈冲击,尤其是以短视频平台、人工智能算法等为代表的数字技术导致人类社会从未面临的伦理困境纷至沓来,历经千百年构筑的价值体系与道德秩序或将陷入混乱的泥沼。深圳是改革开放的窗口,是数字产品和服务的试验场,是不同文化意识形态碰撞交融的舞台,更需要妥善应对数字伦理的新挑战。

第一,良莠不齐的数字文化挑战社会伦理道德。当前,短视频、游戏等平台对国民伦理生活影响巨大,快手、火山、抖音等短视频平台形成全新的数字文化内容,其中不乏暴力、色情以及有违社会良俗的内容。这些内容在科学性、价值导向上几乎是毫无用处,却被用户广泛传播阅读,在算法机制加持下,进一步巩固形成"信息茧房",极大地影响受众尤其是青少年的身心健康,影响人们的世界观和价值观。甚至部分国外敌对势力、极端主义利用这些平台进行隐秘的反华、反社会宣传,影响国家意识形态安全。

第二,数字垄断压抑社会创新活力。在"高技术"与"强资本"的结合下,部分数字企业对劳动群体的剥削处于"极端化",出现"996"甚至"007"。典型的如码农活在关键绩效指标(KPI)里,外卖员活在算法下,导致本应最具活力的年轻群体创新精神和动力被极大地压抑,来自底层甚至中产阶级的无力感正在加剧。在算法机器的面前,个体就像"绞肉机里的肉"显得微不足道,社会的精神活力被压抑,正常的生活工作状态受到影响。与此同时,龙头企业压抑"万众创新"。当数字龙头企业达到一定的规模后，为进一步扩大规模效应和建立企业壁垒，采用"疯狂"的"资本猎杀式"收购创新企业来降低市场竞争。创业圈流传"大树脚下寸草不生"，"巨无霸"企业的垄断下，出现"只有月亮、不见星星"的行业格局。在硅谷，近20年来以苹果、亚马逊、谷歌、Facebook、微软为代表的头部科技公司收购了硅谷以及整个美国地区数百家中小型创业公司，以巩固自身主导地位，增强企业壁垒。

第三节　现有规则与基层数字治理规则衔接尚需理顺

改革开放40多年来，中国制定了大量法规。作为社会发展和法治建设过程中的现有规则，这些法规为社会治理提供基本的框架和准则，也构成当下数字治理的制度基础。基层数字治理规则是为适应数字时代的新需求、新技术和新挑战，在城市治理实践中不断探索和形成的一系列新规定、新机制和新办法。随着基层数字治理的快速推进，两者之间的衔接问题越发复杂且关键。

一　数字治理探索进入"无人区"参照对象少创新挑战大

当前，深圳数字治理创新所需要的相应制度设计、体制改革不再是改革开放初期从香港地区或西方发达国家照搬经验就能出成效的阶段，经济社会发展面临的新问题、新挑战和新需求迫切需要深圳打破传统工业化时期积累的治理架构与经验，直面数字治理创新的新需求与新挑战，建立更适应新技术、新业态和新结构并且与国际接轨的中国特色数字治理体系。

第一，数字新形势加速了"顶层设计"与"摸着石头过河"不协调的挑战。改革开放以来，深圳乃至中国以发展工业经济为重点，通过自主创新与向外吸收引进相结合逐步建立起服务工业化建设的社会经济治理体系。党的十八大以来，围绕国家治理体系和治理能力现代化，我国立法、规章等政策体系更加系统化、完备化、体系化，包括在数字领域，加快形成以《数字中国建设整体布局规划》、数据"二十条"等为代表的制度的"四梁八柱"。在国家整体制度设计基本完备，且顶层规划越加完备的情况下，传统治理体系的优势和不足在数字经济较为发达的区域正呈现出"授权"与"自主改革"的欠协调。尤其是在数字治理的新领域，地方"摸着石头过河"，需要顶层更多的授权，但传统的治理结构和组织框架下，存在国家改革战略安排与地方改革需要的交互机制尚不能较好处理的问题。同时，数字时代传统国家战略安排与地方创新反馈的交互机制有待理顺，包括共识凝聚、改革反馈、授权协调等。

第二，地方数字治理进入"无人区"后"能力迷茫"的挑战。在建设中国特色社会主义先行示范区的背景下，深圳正以先锋之姿迈向全域数字化转型，探索别人没有走过的治理道路。在这个过程中，以政府为代表的治理主体整体上相对依赖40多年形成的工业社会治理架构及经验，或者从国外发达国家或地区借鉴经验。这导致出现两个方面的新问题。一是传统工业领域的治理经验无法解决数字领域的新问题，传统的政府机构设置、各类治理组织配置、法规及行政经验无法适应数字经济发展的迫切需求。例如，新一轮AI数字产业革命蓬勃发展，AI大模型、低空经济、无人驾驶等业态发展迅猛，商业模式新颖，深圳传统工业时代的监管体系面对新经济、新业态，既容易出现监管空白导致各种行业乱象频出，又容易出现监管过严过僵压抑乃至扼杀创新力量，所以传统监管机制犯错的成本代价越来越大、弹性越来越小。二是"无人区"领域的治理"工具箱"不足。以前，在部分领域，深圳乃至全国通过从发达国家或地区借鉴经验的治理模式一定程度上解决了部分领域的治理制度供给问题。但在进入"无人区"后，这种模式已经无法适应治理的复杂程度、敏感程度、艰巨程度，亟须在数字治理改革的实践中形成新经验、深化新认识、拿出新方案。尤其是深圳前沿性的新技术、新业态高速发展，带来全新的治理挑战。深圳是我国技术创新前沿，以人工智能、低空经济为代表的新技术、新业态在拥有巨大的潜力和价值的同时，也因其先进性和新颖性在科技创新、产业创新与制度创新逐渐进入无先例可循、无经验可依的"无人区"，缺乏可靠的路径和经验，在伦理规则、隐私安全等方面加速突破传统的监管体制机制，并提出更高的要求。另外，从数据产业发展看，中国的数据领域法规制度整体偏向于强调保护个人信息。该状况在一定程度上将个人信息、个人隐私和个人数据的概念混同,导致在现实层面的可操作性不强,① 且在客观上未必利于用户利益,更不利于大数据产业的发展。司法案件统计数据显示,近年来数据流通和个人信息保护之间的冲突案例越来越多,而其中较多案例都体现出中国国情的特殊性,表明中国在该领域已经进入"无人区",移植过时的保护规则束缚产业发展,数据时代迫切需要具有中国特色的规制创新。

二 数字领域法规落地难与地方立法探索挑战大并存

数据的特性决定了数字经济与数字治理须打破地理区域限制,如数据交易存在于全球范围的跨境流动交易,国内也有全国性市场与地方数据交易并存,因此它并非地方治理单方面的事宜,需要国家之间、国家与地方之间的多向协同。当前,国家规制偏于宏观方向指导,部分领域客观存在执行层面的落地难,并且与地方发展实际存在局部不适应。在执行层面,国家或省级层面政策一定程度上对深圳数据相关产业发展、数据治理产生影响。同时,地方受限于立法滞后性等现实因素,加上新领域的立法探索能力尚有不足,部分程度上限制了深圳本地的数字领域业务发展。

第一,部分领域上层法规偏宏观与地方数字治理对具体化的落地指引需求之间存在偏差。数字技术突破加速新经济、新业态和新模式的出现,而部分国家或省级层面的法规受限于立法的滞后性和整体的宏观性,导致地方最新技术与业态的发展需求有待适应,一定程度上影响新产业发展。例如,数据交易领域主要有《中华人民共和国民法典》《中华人民共和国电子商务法》《中华人民共和国电子签名法》《中华人民共和国网络安全法》《中华人民共和国数据安全法》《中华人民共和国个人信息保护法》"一典五法"。该领域的立法规定整体上相对宏观,对地方的指导性不强,地方落地操作层面的可执行性有待明晰。而且,数据安全开放领域的法规不明晰,数据开放的安全分类、分级标准缺失等,数据资源开发利用界限、跨境数据流动、隐私保护等问题在立法层面并未得到妥善解决。

---

① 王林:《进入"无人区"大数据法治要创"中国规则"》(http://zqb.cyol.com/html/2018-01/09/nw.D110000zgqnb_20180109_1-11.htm)。

第二，地方层面的数据相关立法探索存在不少障碍与挑战。据不完全统计，截至2023年年底，全国共有关于数据的地方性法规37部、地方政府规章33部；从立法地域分布看，有19个省级人大常委会和6个设区的市级人大常委会制定了地方性数据法规，22个省级人民政府和11个设区的市级人民政府制定了地方政府数据规章，尚有12个省级人大常委会未发布地方性数据法规，9个省级人民政府未发布地方政府数据规章。从立法主题看，70部关于数据的地方性法规和政府规章中，综合类立法占11.43%，关于促进大数据或者数字经济发展的立法占30%，关于公共数据开放共享的立法占47.14%，关于医疗数据、地理数据等行业数据的立法占8.57%，关于数据安全的立法占2.86%（见图5-1）。综合分析发现，地方数据领域立法等方面存在以下不足：首先，可执行性不强问题比较普遍，地方立法过于强调规避风险，创新担当意识不强，立法的同质化明显。例如，部分地方直接照搬国家立法或者照搬其他省市地方立法，缺乏针对性的具体措施，倡导性条款过多，内容粗略简单。其次，公共数据开放主管部门统筹难，各地存在由网信部门、数据资源管理局、

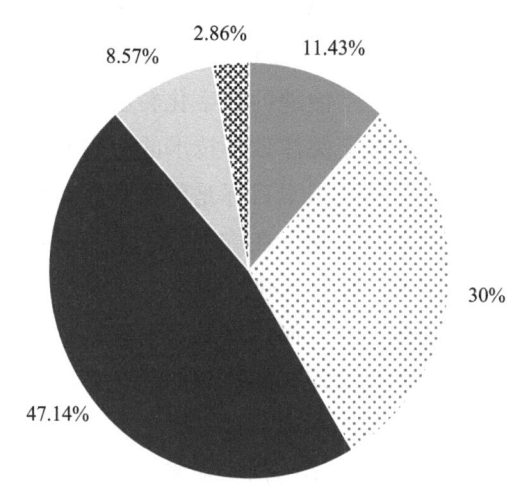

图5-1 关于数据的地方性法规和政府规章立法类型占比

政府办公厅等部门负责公共数据开放的不同做法。最后，数据确权缺乏国家层面法规的明确依据。数据确权在业界仍有较大争议，国家政策已经确立建立数据资源持有权、数据加工使用权、数据产品经营权等分置产权运行机制的大方向，但目前我国法律尚未规定数据获得物权保护。

第四节　数字化建设实操偏离治理价值目标

数字治理是将数字技术赋能社会治理，通过数字技术应用与智慧治理的深度融合，实现降本增效，带动政府数字化转型，最终实现共享、共治、智治的社会治理新模式。在这种新型治理模式下，最终形成政府、社会组织、公民等多元主体共同参与的社会治理新格局，有利于促进社会公平，但也会带来一系列挑战。

一　"数字形式主义"造成某些基层负担

从"数字赋能"到"数字形式主义"的情况有所增加。近年来，各地围绕智慧城市、数字政府、政府服务和社会治理等领域加快信息化、智能化、智慧化项目建设，推动治理的数字化转型赋能。然而，在整个数字化转型的过程中，存在过于关注数字技术的应用而忽略治理目标的情况。事实上，数字技术赋能的根本目标是降低政府运营成本，提高内部运作效率，实现公共利益最大化。在推进数字政府的建设过程中，少数部门出于自身利益等原因，倾向从建设项目、强调"观感"的角度出发，片面地强调项目的"高大上"而忽略与用户连接的应用开发，导致部分项目过于重视内部硬件投入而忽略流程的优化再造，重视前期建设而忽略与用户互动的运行体系的构建，过于突出引入最新技术建设数字项目，应用起来存在"不好用、不会用、不愿用"问题，少部分平台或App带来基层工作的新负担，出现"数字形式主义""屏幕官僚"等现象。极少数由"面子工程""政绩工程"驱动上马建设的数字项目，存在"为了数字化而数字化"，种类繁多的App、小程序、系统，不但没有给街道社区工作人员、市民群众带来便利，反而增加了基层治理的成本和负担，造成资源的极大浪费。据调研，深圳市某区职能部门平台多达80

余个,经"减量提质"后拟保留32个,受理端各委办局的诉求服务系统,服务内容交叉、主管单位不同、系统信息互不相通,市民群众为办一件事或同类业务而向多个平台重复提交诉求的情况依然存在。

二 "数字鸿沟"依然有待破解

"数字鸿沟"包括"数字技术的认知鸿沟"与"数字技术的应用鸿沟"。从认知鸿沟看,一部分群体对数字社会的认知存在主观上的"忽视"或滞后,习惯于套用传统思维范式,尤其是工业文明的思维惯性解读数字技术下瞬息万变的社会图景。这一群体尚未充分洞悉人工智能等前沿数字技术给社会结构、经济运行、文化传播带来的颠覆性冲击,对于隐藏其中的发展契机、知识迭代需求也缺乏敏锐感知。在更宏观、更深层次的视角审视,全球范围内横亘的"数字认知鸿沟",其要害远不止于技术设备的有无或操作技能的熟稔程度差异,它进一步折射出地域之间、阶层之间、群体之间在数字资源获取、数字素养培育、数字权力享有等多方面的失衡状态。这种失衡犹如一道无形却坚固的壁垒,阻碍着信息的均衡流动、公平分配,进而限制社会整体向着更高层次的数字化协同共进,加剧了社会分化风险,成为全球可持续发展征程中亟待跨越的关键障碍。

数字技术带来现实的"应用鸿沟"。数字技术的应用在很大程度上可以便利群众,但是对于老人、小孩、残障人士、文盲等信息弱势群体来说,这些技术手段可能会形成一道鸿沟,增加这部分群体的生活阻碍,他们很可能会被"忽视"在公共政策与服务之外。尽管数字化服务应用与传统服务方式可以共存,但是在某些特定情境下尤其是涉及老年人与儿童群体上,存在公共服务数字化"一刀切"或"优先化"现象,导致数字优势群体对数字弱势群体的"资源掠夺",造成系统性的社会排斥。现在大力推行的"非接触式"办税服务,对于不懂电脑和网络的居民群众,在网上自主办税是比较困难的。对老年群体访谈情况显示,老年人"数字鸿沟"问题明显,更习惯到服务大厅窗口现场办理业务。一项数字课题问卷数据显示,随着年龄的增长,倾向于线上办理业务的比重逐渐下降,在60岁及以上的群体中,倾向于线下窗口办理的占比不断增加,其中70岁及以上的占比高达50%。如何有效避免"数字鸿沟",保障弱势群体的合法权益，是数字治理必须面对的公共伦理困境。

三 "信息茧房"仍待估量应对

信息失真问题越发严重。社交媒体平台一般是基于用户生成内容（UGC）模式建立起来的，缺少传统媒体中的信息把关人，每一位用户都可以生产和传播信息，这为谣言和虚假或恶意信息的迅速传播创造了环境。信息失真、傀儡账号、谣言或恶意活动会对个人或团体的声誉造成极大损害。一项研究表明，2016年美国大选期间，Facebook上排名前20位的假新闻无论是分享量还是评论量都远超排名前几位的真实新闻①。单纯的虚假信息也许通过媒介平台标明"真"和"假"标签就能让用户识别，但现实中，不少信息往往是真假参半，还存在不少更模糊的语言和更隐蔽的算法对信息传播加以操控。网络用户捏造虚假事实故意挑起舆论对立，放大负面影响。例如，2023年6月，四川成都发生的男子被"诬陷"地铁偷拍事件，②涉事女生在网络上发布视频诬陷男生在地铁车厢内偷拍，视频两天内阅读量达到2000万，让男生承受巨大的网络暴力，"厌男"评论和发言层出不穷，即使该男子自证清白，甚至后续走正当法律程序起诉涉事女生，也无法改变网络舆论对他的负面评价。

"回音室效应"与群体极化现象普遍存在。皮尤研究中心的研究指出，社交媒体平台不仅不能促进争议性话题领域中更加公开的公众交流对话，反而抑制了对话的产生，出现"回音室效应"，即由于信息的选择性接收与传播，造成网络中群体的割裂、独立。③数字媒体时代，相关平台能够将原本发生于现实生活中的社会活动或进程进行放大升级，基于算法等工具产生特定导向，从而使社交媒体平台更容易被操控，有时平台还会出于自身利益考量对公众进行屏蔽，使得传播也呈现出"圈子化"趋势，从而产生群体间的对立与割裂。

---

① 缪琦：《"美国人喜欢看"：假新闻横扫网络，特朗普成最大赢家？》（https://www.yicai.com/news/5190779.html）。

② 视觉志：《一个男性被诬陷偷拍后，自证清白的200天》（https://news.qq.com/rain/a/20240301A04ZEU00/）。

③ 吴飞：《数字平台的伦理困境与系统性治理》，《国家治理》2022年第7期。

虚拟游戏沉溺现象长期存在。随着 VR（虚拟现实）、AR（增强现实）等科技的不断发展，虚拟偶像不仅以"二次元"世界的纸片人形象存在，还以三维动画的立体姿态参与开演唱会、主持节目、直播带货、客串"导游"、与粉丝互动等现实活动，日益"活"起来，导致产生大量沉迷于虚拟偶像或动漫的"二次元"青少年群体。他们有的沉迷于虚拟偶像，甚至脱离社会实际生活。例如，18 岁的小琳表示"爱上"了游戏《恋与制作人》里的"霸道总裁"李泽言，不仅花费大量金钱购买游戏周边产品，甚至为游戏角色与现实中的男朋友分手。①

第五节 数据安全保护问题加速浮出水面

在数字经济时代下，数据呈现体量大、种类多、传播广、变化快、可复制等特性，与业务场景强关联，更渗透至个人与国家安全的方方面面。从世界范围看，数据安全危险和风险日益突出，如"棱镜门""剑桥分析"等数据安全事件层出不穷。

一 跨境数据流动安全问题不容忽视

数字贸易蓬勃发展，全球贸易往来、金融投资和技术交流日益频繁，数据跨境传输、访问和使用中，数据跨境流动的种类、数量与频次持续大幅上升，日益频繁的数据跨境流动暗藏国家安全隐患。为保护跨境数据安全，国家先后出台《个人信息出境标准合同备案指南（第二版）》《数据出境安全评估申报指南（第二版）》《促进和规范数据跨境流动规定》等法律规范，以指导数据跨境流动。深圳依托深圳数据交易所，在全国率先探索跨境数据交易流通机制，形成了一套较为完善的跨境流动机制。但面对激增的跨境数据需求，跨境数据流动的安全风险依然极大。根据中国信息通信研究院《数据要素流通视角下数据安全保障研究报告（2022 年）》，中国超 80% 的安全风险发生在数据的流通环节，跨境数据流动过程中可能受到网络攻击、恶意软件和黑

---

① 新华社新媒体：《半月谈 | 人设不"塌房"，虚拟偶像吸粉忙》(https：//baijiahao.baidu.com/s? id = 1697625133450132586&wfr = spider&for = pc)。

客攻击等安全威胁，跨境数据涉及个人隐私保护问题、跨境电子商务交易中的数据安全问题等。根据国家互联网应急中心的报告，2017—2018年，中国发现，基因数据跨境传输925余次，涉及境内358万个IP地址，覆盖境内31个省（市、区）。中国基因数据流向境外6个大洲的229个国家和地区，涉及境外IP地址近62万个。2024年，国家互联网应急中心发现并处置两起美国对我国大型科技企业机构进行网络攻击以窃取商业秘密的事件。①

二 个人和企业数据安全风险加剧

个人隐私、企业商业秘密、政府数据的泄露影响居民和企业的生产生活、财产安危甚至危及国家安全。据深圳市网络与信息安全行业协会数据，2023年全球各地数据泄露事件频发，政府部门、科技公司、门户网站等已成为数据泄露的重灾区。

第一，个人信息和隐私泄露。2023年10月至2024年10月，北京互联网法院共受理个人信息保护纠纷案件113件，该院受理的个人信息保护纠纷案件呈现快速增长趋势，此前5年间该院受理的个人信息保护纠纷案件共计58件。② 相关案例层出不穷。2019年2月，人脸识别公司深圳市深网视界科技有限公司发生数据泄露，致使超250万人数据、680万条记录被泄露。③ 2021年年底，深圳警方成功斩断一条利用"落地页"非法收集个人信息并进行贩卖获利的黑灰色产业链条，涉嫌非法获取公民个人信息上万条。④

第二，企业核心技术数据泄露。企业预防数据泄露的成本持续增加。根据IBM《2024年数据泄露成本报告》数据，一场数据泄露的平均成本从2023年的445万美元上升至488万美元，增幅达到10%。据网络公开

---

① 中国警察网：《为境外公司非法采集我国铁路数据，涉案人员获刑！》（https：//baijiahao.baidu.com/s？id=1809140767229353060&wfr=spider&for=pc）。
② 任晓宁：《个人信息保护纠纷案件正快速增多，84%被告为互联网企业》（https：//m.eeo.com.cn/2024/1030/694851.shtml）。
③ 齐智颖：《深网视界被曝百万数据泄露，人脸识别信息安全引担忧》（https：//baijiahao.baidu.com/s？id=1626668938982553293&wfr=spider&for=pc）。
④ 赣州网警：《上万条个人信息被非法贩卖，深圳警方一网打尽！》（https：//baijiahao.baidu.com/s？id=1733065597273292054&wfr=spider&for=pc）。

资料，深圳近几年来多次发生企业核心技术数据泄露案件。2019年，深圳发生国内首宗涉及5G技术侵犯知识产权刑事案件，深圳中兴工程师泄露5G技术相关文档，文档估值430万元[①]；2020年，深圳两家存储芯片企业因涉嫌商业秘密泄露陷入诉讼风波，保守估计损失1000万元。

第三，"黑产"加速蔓延。威胁猎人的《2024年上半年数据泄露风险态势报告》数据显示，2024年1—6月监测到的3.4万个黑产团伙中，经分析验证及真实数据泄露事件的黑产团伙共计1973个，较2023年下半年新增984个，增长近一倍。[②]

第六节　数字治理所需的基础能力仍需补齐

技术、企业和人才是数字经济发展的核心，是数字治理落地实践的基础支撑。从现实看，深圳乃至中国在基础技术攻坚关键赛道、企业数字禀赋、治理智力等诸多基础能力的短板正成为前行的阻碍，影响深圳数字治理的推进速度与成效。

一　基础性核心技术不足的挑战

对标全球一流国家或城市，深圳乃至全中国数字经济规模的庞大并不能掩盖核心技术支撑的薄弱，尤其是在基础研究和中枢性软件等"卡脖子"技术上的短板依然突出。

基础研究不足制约数字核心技术创新。现有的创新依托于产品创新、应用创新和工艺创新的比例偏大，企业往往避开投入大、风险高、见效慢的基础性和源头性创新领域，而更多地采用模仿跟随、投资并购等方式快速获取已有的技术成果，导致的不利影响是前沿领域的核心技术和关键零部件被发达国家垄断。高端医疗器械、科学仪器、工业检测设备、工业母机等依赖进口，核心芯片等领域关键技术"受制于人"，90%以上

---

① 尚黎阳、韦磊、何丽华：《两名工程师泄露5G核心技术文档获刑》（https://www.chinanews.com.cn/m/sh/2020/04-24/9166623.shtml）。

② 猎人君：《2024年上半年数据泄露风险态势报告》（https://www.thepaper.cn/newsDetail_forward_27963751）。

的装备制造业关键零部件和90%以上的电子信息产业芯片依赖进口。① 中枢性软件产业生态培育不足。例如，深圳虽然电子软件产业发达，但受限于行业积累，整体生态和龙头企业培育并不突出。根据由中国科学院《互联网周刊》（CIW）、德本咨询（DBC）、中国社会科学院信息化研究中心（CIS）共同发布的"2024工业软件企业top50榜单"，深圳仅有华为、金蝶软件、万讯自控、固高科技4家企业上榜。据调研，大量制造业核心工业软件过分依赖国外产品，每年企业需要支付高额使用费用，不利于制造业企业向价值链高端升级。例如，研发设计类工业软件基本被达索、西门子等海外龙头企业掌握，国产工业软件主要用于工业机理简单、系统功能单一、行业复杂度低的领域。

二 部分企业转型偏慢的挑战

以传统制造业和服务业为代表的传统产业和中小企业的数字化转型依然偏慢，"不敢转、不愿转、不能转、不会转、不善转"等问题依然突出。传统制造业数字化转型偏慢。以服装、黄金和钟表为代表的制造业数字化水平不高，传统产业数字化转型乏力。受限于战略认识、数字技能和资金储备等多方面因素影响，广大中小微企业仍面临数字化"转型找死、不转等死"的两难困境，数字化转型升级仍有较大的提升和改进空间。《中国中小企业数字化转型报告2024》数据显示，六成以上的中小企业仍处于数字化转型的早期阶段。②

服务业企业数字化转型参差不齐，转型存在诸多内部制约。服务业数字化转型领先企业和滞后企业的业绩差距进一步拉大，以传统批发和贸易为代表的传统服务业广大中小微企业转型需求最迫切、基础最薄弱、数字化难度最大，急需多层次支持。企业高层对数字化战略缺少系统性专业认知与定位，行业交流与专业支撑不够，企业数字化转型战略不清，导致"不善转"；企业技术门槛高、资金投入多、回报周期长、探索风险高、成本偏高与人才支撑不足普遍存在，尤其是传统行业与中小企业转

---

① 谭慧芳、谢来风：《综合性国家科学中心高质量建设思路——以粤港澳大湾区为例》（http://www.cdi.com.cn/Article/Detail?Id=17979）。

② 马思：《最新报告：中国中小企业数字化转型，六成处于早期阶段》（https://baijiahao.baidu.com/s?id=1802741112547441557&wfr=spider&for=pc）。

型风险高，导致"不敢转"。

三 数字治理研究智力短板的挑战

近年来，北京、上海等城市依托高校陆续成立了众多数字治理类智库，为数字治理的理论研究提供支撑。统计发现，深圳尚未成立一家以"数字治理"为名的研究机构，开展数字治理研究的机构偏少，主要以粤港澳大湾区数字经济研究院、深圳大学社会管理类相关学院或研究中心为主，社会智库以广东省国研数治规划研究院等为代表。同时，在数字治理人才方面，深圳数字人才主要集中在传统互联网优势产业，人才分布不均匀，综合型人才匮乏，主要集中在ICT（信息与通信）行业、消费品行业、金融行业及交通行业，跨领域、跨学科的多层次数字治理人才不足。研究智力的短板，较难支撑深圳在城市数字化治理的理论与实践探索。

第 六 章

国内外城市数字
治理亮点经验借鉴

他山之石，可以攻玉。国内外一流城市凭借先发优势与创新探索，在数字治理领域积累了丰富的数字治理实践成果。本章旨在跨越地域与文化的藩篱，深入剖析这些国家及先进市的数字治理模式，挖掘其蕴含的共性智慧与个性创新，梳理出可供借鉴的策略，为深圳数字治理实践注入新的活力。

第一节　国外城市数字治理亮点经验

一　美国纽约数字治理经验

纽约作为世界知名大都市，高度重视公众需求，早在2011年就提出"数字城市路线图"，制定明确的数字战略，利用数字技术进行城市治理。[①] 近年来，在布隆伯格（Michael Bloomberg）和白思豪（Bill de Blasio）两任市长的推动下，通过开放数据，将各类数字平台的用户作为利益相关者嵌入未来数字化发展，借助"市民智慧"参与城市治理建设等举措，使纽约基础设施不断完善，数字包容性不断提升，城市治理水平不断提高。2019年，提出"一个纽约2050"（OneNYC 2050）战略，总体规划纽约未来城市愿景，着力从包括公平教育、高效出行、基础设施等八个方面建设公平智慧城市。这一总体规划的出台标志着纽约形成了

---

① 纽约市官网:《纽约市公布"数字城市路线图"》（https://wenku.baidu.com/view/a610fcee551810a6f5248626.html?_wkts_=1732779233989），详情见（https://www.nyc.gov/）。

相对完善的城市数字治理综合解决方案。

(一) 制定数字治理和数据治理法律法规

第一，制定《开放数据法案》(Open Data Law)，实施大规模数据开放。2012 年，美国地方政府历史上首次将政府数据大规模开放纳入立法，纽约市于 2 月正式通过《开放数据法案》。①《开放数据法案》明确规定，到 2018 年，市政府及分支机构在不侵犯个人隐私和安全的前提下，其所拥有的数据必须对公众实施开放。依据《开放数据法案》，市民不需要经过任何注册、审批的烦琐程序，即可不受限制地使用来自市政机构的数据信息，包括 1600 个开放数据集，涵盖犯罪统计数据、用电量、地铁公交的实时动态等数据。

为进一步提升智慧城市建设和数字化治理，纽约市在推动数字技术创新和应用的基础上，坚持贯彻"数据驱动"理念，设立纽约开放数据平台 (NYC Open Data)，为市民提供数以千计可公开下载的数据类型。2022 年，NYC Open Data 持续更新，共发布 200 多个新的数据集。② 为鼓励市民查看和使用政府数据，纽约市政府还专门在政府官网设立"OPEN FOIL NY"的入口。③ 市民和企业可针对自身生活和发展的数据需求，通过"OPEN FOIL NY"的申请入口向纽约市的 50 多个政府部门与公共服务机构提出数据开放请求。

通过《开放数据法案》，纽约市进一步建立起一个基于城市社会运行数据的"生态系统"，即由政府出面公布、运维数据，企业、公共服务组织和市民深入探索和挖掘其应用场景，推动城市智慧化向更高层次发展。在《开放数据法案》支持下，数据办公室的"数据桥"(Data Bridge) 将烟囱式的信息整合到一个平台上，允许来自 40 个不同机构的跨部门数据分析④；纽约城市治理团队与各机构密切合作，以帮助各机构充分利用数据，并提升数据分析的质量和效果。目前，纽约市通过政府开放数据设

---

① 卫通智慧研究院:《智慧城市吴红辉: 美国第一大都市的智慧转型——纽约》(https: // zhuanlan. zhihu. com/p/509500204)。
② NYC Open Data (https: //opendata. cityofnewyork. us/)。
③ 纽约政府网 (https: //www. ny. gov/programs/open-foil-ny)。FOIL 指 "Freedom of Information Law"，即《信息自由法》。
④ 尹帅航:《国外城市数字治理经验与启示》,《数字经济》2023 年第 8 期。

计和开发的城市服务应用程序（App）已达 21 款，涵盖交通、犯罪、健康、应急等领域。

第二，出台系列法律文件加强网络数据安全监管。为加强数据安全监管，2012 年，《开放数据政策和技术标准手册》发布，对数据标准进行统一定义，并详细规定数据产权和数据流转的全过程。2019 年，纽约州州长安德鲁·M. 库默（Andrew M. Cuomo）签署了《停止黑客攻击和改进电子数据安全法案》(Stop Hacks and Improve Electronic Data Security Act，简称"盾牌")和《身份盗窃保护与缓解服务法》(Identity Theft Protection and Mitigation Services Act)，使之成为法律。① 前者扩大了纽约州原有的《数据泄露通知法》所涵盖的个人信息类型；后者要求任何受信贷报告机构（CRA）监管的企业，为受到影响的消费者提供五年的预防身份信息盗窃和补救服务。2021 年，纽约州通过一项新的生物识别隐私条例。② 该条例规定，收集生物识别信息（如面部和指纹）的企业必须在门口张贴显眼的标识，向顾客说明企业正在收集顾客的生物识别信息。此外，该条例禁止企业出售或交易生物识别信息。如果企业违反了，顾客可以向法院提起诉讼、要求企业赔偿。该条例适用于大部分的商业机构，包括商店、餐厅、剧院、体育场、博物馆等场所，但对包括警方在内的政府机构不适用。

（二）开展以数据为驱动的行政体制机制改革

在开放数据的同时，纽约还推动以数据为驱动的行政体制机制改革。2009 年，纽约在市级层面成立"纽约城市数字化转型领导小组"，统筹规划城市数字化转型发展。③ 设立包括首席数字官、首席分析官、首席信息官在内的专业性数字化团队，与市议会、技术团队等多元利益相关主体合作，协同参与数据开放工作。市长数据分析办公室（MODA）和信息技术与电信部门（DoITT）合作组成开放数据团队。④ MODA 作为纽约市的

---

① 杨慕青：《纽约州通过改进数据安全、加强身份盗窃保护两项法案》（https：//www.secrss.com/articles/13278）。

② 李娅宁：《纽约出台生物识别隐私条例，商家必须在门口张贴标识告知顾客》（https://static.nfapp.southcn.com/content/202107/14/c5524709.html）。

③ 孙飞、程荃：《数字技术推动城市政务服务创新的经验与启示》（https：//www.drc.gov.cn/DocView.aspx？chnid=379&leafid=1338&docid=2906797）。

④ 上海城市研究：《观点｜纽约城市治理之数字治理》（https：//www.sohu.com/a/282494907_99965941）。

数据分析中心,可直接向市长汇报,倡导在全市数据分析和社区中使用开放数据;通过收集和分析所有市政部门的数据,打破各部门的数据壁垒。DoITT 负责与市政机构和供应商 Socrata 一起管理技术运营,确保技术能力不断发展,以更好地满足用户需求。市政机构是数据所有者,机构内的开放数据协调员是开放数据团队的主要联系人。其中 MODA 于 2013 年成立,通过大量数据的深度分析,它在城市管理风险点确定、市政服务的质量和效率提高、政府透明公开等数字治理方面发挥了巨大作用,于 2018 年载入《纽约市宪章》。MODA 成立以来,纽约市发现违法改装公寓的准确率提升了 5 倍,发现商店售卖走私香烟的准确率从 30% 提升到 82%,发现危楼的准确率从 13% 提升至 75%。

(三)高度重视并完善数字基础设施建设

完善数字基础设施建设,夯实数字治理基础。纽约市将完善数字基础设施作为转型战略的核心任务。2011 年以来,纽约市推动大规模的基础设施修缮工程,通过数字技术的应用提升照明、水质保护、废物管理、空气污染等基础设施的功能。纽约市启动一系列计划,通过采用最新光纤技术、扩大公共 Wi–Fi 覆盖率,为市民、初创公司提供数字技术项目的协同办公环境等。政府搭建数据平台进行高质量的数据开放,市民、初创公司等社会主体对开放的数据进行交叉分析和深度挖掘,以实现最大限度数据价值的利用。

2014 年,纽约市制定实施了"LinkNYC"免费高速 Wi–Fi 无线网络计划,使其在 2016 年就成为世界上最大和最快的城市 Wi–Fi 网络。[①] 2020 年 7 月,市长白思豪宣布加快实施《纽约市互联网总体规划》,为 5 个行政区提供高速互联网访问。这被视为纽约面向未来城市发展的"新基建"计划。根据该规划,纽约市将在发布后的 18 个月投资 1.57 亿美元,连接 60 万纽约市居民。2022 年 7 月,纽约市推出首个 Link5G 信息亭,并为网络资源较少的低收入社区提供免费的 5G 服务和高速无线网络,以满足市民上网的需求。

---

① 邓敏:《纽约打造全球最快免费无线网》(https://www.chinanews.com.cn/gj/2016/03-22/7806001.shtml)。

（四）推进多主体协同参与数字治理

纽约市积极推动企业、高校等相关主体合作，发挥多主体协同治理优势。例如，由技术型企业承担支持工作，为政府部门提供大数据管理与应用解决方案。2013年，政府和学术专业团队开发了纽约宏观调查系统（Macroscope），利用纽约各地初级电子病历（EHR）数据跟踪吸烟者、肥胖者、高血压和糖尿病等慢性病患者，研究患病率和致病因素，相关数据最终汇总传输到纽约市卫生局的初级保健信息项目（PCIP）。Macroscope提供了关于纽约人健康状况的即时、可靠的信息。PCIP通过人口健康系统（Hub）来检索数据，使研究人员能够提出有针对性的问题，如"过去一年有多少20—39岁的女性接受过初级保健，体重指数超过30？"通过使用Hub操作，患者的个人信息将被保存在相对安全、集中的数据基站，从而降低了患者隐私泄漏风险。[①]

（五）推动数据治理实现"数字善治"

更强调数据使用的"公平"理念，帮助弱势群体跨越"数字鸿沟"。自2014年市长白思豪上任以来，便倡导"缩小贫富差距"，提出"数据使生活更美好"。因此，纽约市在数字治理领域更加强调数据在公共服务提供、预算决策、政策出台、措施评估等方面的重要性，更强调"公平"（Equity）而非"平等"（Equality）理念，旨在通过数字技术为弱势群体、特殊群体赋能，以帮助其跨过"数字鸿沟"。例如，纽约开放数据平台在主页设置了"新手"和"老手"入口。对于新用户，官方通过制作视频、讲述故事、公开报告的方式对数据进行可视化处理，为市民提供租房置业、找工作创业、出行娱乐等各类数据。又如，纽约市城市规划部门开发了地铁公交的实时动态运行系统，为市民提供实时信息，便于市民出行。为使深陷"数字鸿沟"的群体得以畅享智慧城市建设所带来的发展红利，规划部门将地铁公交的实时动态数据信息直接展示在路边电子屏幕等物理媒介上，为没有智能手机或不擅于操作智能设备的群体提供出行便利服务。

---

① 李韬、尹帅航、冯贺霞：《城市数字治理理论前沿与实践进展——基于国外几种典型案例的分析》，《社会政策研究》2024年第3期。

二 新加坡数字治理经验

新加坡作为一个城市型国家，是世界上率先提出"政府信息化"的国家之一，致力于建设全球第一个智慧国家。自1980年《国家计算机计划》发布以来，新加坡就走上了对数字政府的探索之路，先后经历信息技术普及、国家科技计划、电子政务行动计划、智慧国计划四个阶段[①]，相关成绩一直位于世界前列。2017年，新加坡通过推出《数字经济框架》《数字政府蓝图》《数字准备蓝图》三项规划，聚焦企业、政府和公民三大建设主体，以全面而系统地支撑"智慧国"。2020年、2021年连续两年新加坡在瑞士商学院管理发展研究所（IMD）编写的智慧城市指数排名中，被评为全球"最智慧"城市。2024年，在IMD发布的最新智慧城市指数排名中，新加坡登顶亚洲智慧城市榜，全球排名第五，击败北京、中国台北和韩国首尔等城市，获"超级冠军"荣誉[②]。其数字政府顶层设计等数字治理经验值得深圳学习借鉴。

（一）自上而下大力度统筹数字政府建设

新加坡很早就将智慧城市建设上升到国家战略，通过由政府规划、监管和指导，利益相关主体协作，自上而下地建设全面系统的"智慧国家"体系。2006年，新加坡启动第6个信息化产业十年计划"智慧国2015"（iN2015），旨在应对和解决城市病等社会问题，将国家打造成为无缝集成IT、网络和数据的智慧国家，从而在根本上改变人们的生活、社区和未来。2014年，"智慧国2015计划"提前实现，在此基础上，提出全球首个由政府统筹的智慧国家发展蓝图"智慧国2025计划"，旨在秉持"大数据治国"理念，推动建立全国性数据连接、收集、分析的操作系统，并通过大数据的处理和分析，准确预测公民需求，优化公共服务供给，使公民享受到更及时优质的公共服务。2017年，推出《数字经济框架》《数字政府蓝图》《数字准备蓝图》三项规划，聚焦企业、政府

---

① 胡税根、杨竞楠：《新加坡数字政府建设的实践与经验借鉴》（https：//www.govmade.cn/dig/20200919/492005817650774016.html）。
② 狮城新闻：《新加坡登顶亚洲智慧城市榜，全球排名第五》（https：//www.shicheng.news/v/PrvZw?__cf_chl_tk=Q_1UaCo9_LyLxz.0WqwPdUQ0w_idd.3QPByUJikpN_0-1735521874-1.0.1.1-0ORQF96YV41VSphdUwfKD5TyoKdBb9JtnDqT5nkW.FE#new）。

和公民三大建设主体，以全面而系统地支撑"智慧国"建设。2018年，更新发布《智慧国家：前进之路》，将数字系统列为两大基础之一，数字政府列为三大支柱之一，进一步凸显数字治理在智慧国家战略中的地位。2022年，新加坡在持续推进"智慧国2025计划"的同时，以市民满意度和舒适度为善治的核心，推行一系列便民、惠民举措，包括电子驾照、Singpass App（提供多达4种官方语言）、GovWallet和GoWhere等智慧城市应用开发。

（二）实施八大国家战略项目提升数字服务水平

新加坡政府计划通过实施一系列国家数字战略项目实现智慧国家的建设，于2023年达成一系列战略目标，包括将70%适配的政府系统托管在商业云上，所有公职人员必须具备基本的数字素养等。目前，其战略项目主要有8个，分别为国家数字身份系统（NDI）、电子支付、CODEX平台、人生时刻（Moments of Life，MOL）、智慧国传感器平台（SNSP）、智慧城市出行系统、可持续发展的智慧榜鹅园区、GoBusiness项目。

其中，国家数字身份系统旨在为每个用户提供一个数字身份，以便用户与政府和私营组织间进行安全方便的数据交换。[①] 电子支付意在使公民、企业和政府部门进行简单、安全且顺畅的数字交易，减少现金和支票的使用。CODEX平台是核心运作、开发环境和电子化交换平台，鼓励公有组织和私营企业合作以开发更快、更高效、以用户为中心的面向公众的服务。人生时刻基于以公民为中心的角度，将公民一生不同阶段所需的公共服务数字化集成。智慧国传感器平台是综合的全国范围感知平台，其平台功能包括无线传感网络、泳池防溺水监测、老年人紧急呼救按钮、环境监测四项，能让新加坡更加智慧、更加环保、更加宜居。智慧城市出行系统目前已进行"解放手"（Hand-free）交通票务技术的探索，未来将进一步利用数据和信息技术，改善公共交通通勤方式。可持续发展的智慧榜鹅园区聚焦于打造集居民区、商业区、大学校园、社区设施、公园和水域网络于一体的智慧数字园区。GoBusiness项目在于设立GoBusiness官网网站，通过统一的官方口径向企业提供商务方面的政府帮助、手续简化和防疫信息等。

[①] 静姝：《新加坡数字身份证——Singpass全解析》（https：//www.sgnews.co/128984.html）。

（三）设计政府主导的治理机制实现动态化管控和精细化监测

新加坡数字城市治理突出以政府为主体，以市民需求为导向，借助设计良好的治理机制，通过数字化手段对城市发展进行动态化管控、对公共管理进行精细化监测，推动社会服务的全方位覆盖。例如，在城市的动态化管控中，国土资源与城市规划部门建立与民众、社会组织和土地相关的数据中心，通过监测移动通信设备的活动范围以及城市人群的流动轨迹，对城市未来的中心区、功能区、边缘区进行预测，从而合理规划城市布局。在环境保护方面，通过大数据平台实现对各个监测区域环境的实时监测、分析与预警，提高应对环境突发事件的应变能力。在公共卫生领域，将大数据运用于临床诊断及治疗，使得医生可以跟踪提取患者全过程诊疗信息，实现智能问诊、远程医疗。

（四）不断强化个人数据保护立法

以个人数据保护立法"未雨绸缪"，抵御数字时代风险。新加坡是较早进行个人数据保护立法的国家，其个人数据保护立法已有10多年历史。2012年，新加坡议会通过《个人数据保护法令》(The Personal Data Protection Act, PDPA)，明确提出机构不得侵犯公民的个人数据安全，公民在个人数据受到侵害时可以寻求法律保护。[1] 2014年，出台《个人数据保护规例》，作为《个人数据保护法令》的主要附属立法，重点规范查阅、更正个人数据和转移个人数据等内容。2018年，新加坡颁布《关于国民身份证及其他类别国民身份号码的〈个人数据保护法令〉咨询指南》，特别强调对于国民身份证及身份证号的收集、使用和披露行为的规范，规定机构一般不得收集、使用或披露国民身份证号码或复印件。同时，根据《个人数据保护法令》，新加坡还设立新加坡隐私委员会（Personal Data Protection Commission，PDPC），其主要职能包括提高人们对数据保护的认识以及执行《个人数据保护法令》。[2] 2020年11月，新加坡国会通过《个人数据保护法（修订）草案》，对《个人数据保护法》和《个人数据保护规例》等相关立法予以完善。在立法上出现重要的变化，

---

[1] 支付合规小组 Payment Geeks：《"新马泰"个人信息保护法律简述（一）：新加坡个人信息保护法律概述》(zhuanlan.zhihu.com/p/442651513)。

[2] 屈文生：《新加坡：立法动向体现个人数据保护新进展》(http://www.cfgw.net.cn/epaper/content/202008/21/content_29473.htm)。

包括形式和内容上的重大变化、强化机构对于公民个人数据的保护义务、强化大数据时代公民的个人数据权利、回应人工智能时代新技术对个人数据侵犯的现状等。

（五）紧抓技术机遇迅速出台大模型治理框架

以体系化的治理框架规范大模型的开发和应用。2024年5月，新加坡政府发布《生成式人工智能治理模型框架》（"Model AI Governance Framework for Generative AI"，简称"生成式 AI 框架"）。生成式 AI 框架的构建，根植于新加坡资讯通信媒体发展局（IMDA）、专注于提供 AI 解决方案的 Aicadium 公司以及 AI Verify 基金会联合发布的"关于生成式人工智能的讨论文件"所着重阐述的政策理念，并广泛汲取了主要司法管辖区、国际组织、研究界以及顶尖人工智能组织的深刻见解和热烈讨论成果，精准反映出生成式 AI 领域内新兴的原则、备受关注的焦点问题以及前沿的技术发展态势。该框架建议从问责制、数据、可信开发和部署、事件报告、测试和保证、人工智能造福公众等 9 个维度全面审视生成式 AI 的开发。①

三 英国伦敦数字治理经验

伦敦是从传统工业化向数字现代化治理转型的国际超大城市代表之一，高度重视科技对城市高效、精细化管理的支撑作用。伦敦在实施城市治理数字化转型上具有很强的技术和文化基础，同时具有先进的伦理导向。伦敦 2013 年提出《智慧伦敦规划》（Smart London Plan），2018 年提出《智慧伦敦路线图》（Smarter London Together），进行智慧伦敦建设。2024 年，英国政府发布《数字发展战略 2024—2030》，构建"数字包容""数字责任""数字可持续性"等概念和目标，充分体现了数字治理的伦理导向。②

---

① 安全内参网：《新加坡发布〈生成式人工智能治理模型框架〉》（https://www.secrss.com/articles/66729）。
② 中国科学院网信工作网：《英〈数字发展战略 2024—2030〉优先发展数字公共基础设施和人工智能》（https://ecas.cas.cn/xxkw/kbcd/201115_145094/ml/xxhzlyzc/202404/t20240430_5013328.html）。

（一）叠加高科技推进市政设施数字化与智能化

利用物联网、大数据、云计算、人工智能、区块链等高科技，实施涵盖智能电网、智能垃圾桶、智能交通指挥系统等多个领域的市政工程。主要措施包括：

第一，建设城市地理信息系统。通过 GIS、CAD 和 3D 虚拟技术，对伦敦西区近 20 平方公里城区范围内的 4.5 万座建筑进行模拟和信息化处理。基于此建立的城市地理信息系统，能为城市景观设计、交通管控、环境污染防控、应急管理等诸多领域应用提供新的视角。

第二，大量采购智能灯柱。智能灯柱通过加入直插式接线端子、WLAN 模块、电动汽车充电系统等组件，能够同时提供照明、控制系统、扬声器、监控摄像机、WLAN 和电动汽车充电站等功能。

第三，在街头投放智能垃圾桶。智能垃圾桶配有 Wi-Fi 无线网络传输功能，不仅能指导市民正确垃圾分类，并且在垃圾填满后会向卫生清理部门发送信息，以通知清洁人员及时处理。同时，垃圾桶的两侧配有 LCD 显示屏，能滚动播出热点新闻、天气预报、股市行情等各类资讯。此外，它还具有自动报警功能，为需要帮助的路人提供紧急报警服务，在一定程度上保障了市民人身安全与城市社会治安稳定。

第四，推动智能电网、智能电表等节能设备广泛应用。伦敦通过实施"柔性伦敦"（Flex London）等政策，鼓励发展智能电网技术并推广使用智能电表。其中，智能电网除了可以提高供电可靠性和电网稳定性，也具有应对极端事件的能力，它还能够实现需求动态响应，用户可直接参与电力市场的运行。智能电表能够向消费者或能源供应者直接提供能耗信息，消费者无须再估算费用，通过合理预算便可减少能源的浪费。[1]

（二）多措并举强化城市数据开放利用

伦敦通过落地实施伦敦数据库（London Datastore）、伦敦空气质量地图（London Air Quality Map）、伦敦规划数据中心（Planning London Datahub）等项目优化城市数据开放利用。

第一，创建伦敦数据库。伦敦数据库由大伦敦管理局（GLA）创建，

---

[1] 上海市人民政府发展研究中心：《伦敦"智慧城市"建设对上海的经验借鉴》（https://www.fzzx.sh.gov.cn/jcckxx_2019/20200121/0053-10547.html）。

是伦敦政府开放数据的重要举措，是伦敦城市众多行政部门和公共服务机构打破行政壁垒、实现数据共享、改善公共服务、应对城市挑战的重要抓手。① 人们可通过该数据库免费访问大伦敦管理局和其他公共部门持有的数据并进行数据使用。该数据库是国际认可的数据资源平台，拥有多项功能。例如，市政厅可使用住房数据，为小型开发商选址、新学校位置建模等提供数据支持；通过人口统计数据，可以预测机会区域的人口增长、模拟学校规划区域的入学需求等。

第二，打造伦敦空气质量地图。该地图显示伦敦各地空气质量监测站的位置以及装有移动空气质量传感器的谷歌街道景观车（Google Street View Cars）所覆盖的地区。地图中可显示伦敦的超低排放区、低排放巴士区、快速充电站以及学校和托儿所的位置信息并展示伦敦的环境政策，以及供民众查看2016年以来伦敦的空气质量数据及至2025年的相关预测。②

第三，设立伦敦规划数据中心。其前身是伦敦发展数据库（LDD）。伦敦规划数据中心由大伦敦管理局（GLA）创设，包含有关伦敦所有发展建议的数据。与以往版本不同，该数据中心通过从自治市镇和申请人那里获得的实时数据，实时显示城市的变化以及规划对城市的影响。而且，该数据中心向公众完全开放。

第四，其他开放利用城市数据举措。建立伦敦数据分析办公室（LO-DA），③ 并计划进一步增加数据共享和加强合作；发展全城范围的网络安全战略，预防网络发展对商业、公共服务和民众带来的负面影响；规范数据使用和建立问责制，确保公共数据的合理使用；支持建设开放的数据生态系统，提高透明度和提升创新力。

（三）打造平台促进地方政府数字化合作

打造平台并联通大伦敦范围内的33个机构，形成数字化合力，共促大伦敦城市治理水平提高。作为一个大区，大伦敦行政上包含伦敦金融

---

① 祝碧衡：《伦敦数据仓库：运行十三年的数据支持服务》（https：//www.istis.sh.cn/cms/news/article/98/26198）。

② C40 Cities Climate Leadership Group：《伦敦市长Sadiq Khan今天启动了世界上最先进、最全面的空气质量监测网络，以帮助调查和改善伦敦的有毒空气》（https：//www.c40.org/zh-CN/news/mayor-launches-world-s-largest-air-quality-monitoring-network-in-london/）。

③ 孙飞、程荃：《数字技术推动城市政务服务创新的经验与启示》（https：//www.drc.gov.cn/DocView.aspx?chnid=379&leafid=1338&docid=2906797）。

城（简称"伦敦城"）与 32 个自治市。只有将这些区域相互联通，才能更高效地提高城市治理水平。2019 年，大伦敦各行政区政府与伦敦市议会成立伦敦技术与创新办公室（LOTI），作为 33 个地方政府的协作平台与工具。① 该办公室主要负责识别并解决阻碍公民获取高质量公共服务的"基石问题"，从而实现更好的数字合作与共享。例如，LOTI 扶持了一个名为"数字学徒"（Digital Apprenticeships）的项目，以建立伦敦地方政府的数字人才库。又如，2020 年年初，LOTI 启动了一个数字化工具包和交互式仪表板项目，旨在帮助大伦敦的 32 个自治市协调技术、合同和 IT 能力。其中，"城市工具：伦敦"（City Tools：London）平台是伦敦市政府与伦敦市政咨询服务商 Bloomberg Associates 合作开发的，城市交互式仪表板已经绘制超 800 个 IT 系统及其各自的合同，并实时录入每个行政区的同时段数字技能水平。

四 韩国首尔数字治理经验

韩国首尔作为城市数字治理的佼佼者，位列全球城市实验室（Global City Lab）"2019 年全球城市 500 强榜单"第 19 名，以其创新的理念、高效的举措为深圳数字治理提供极具借鉴意义的范例。

（一）实施"智慧首尔"计划夯实数字治理顶层设计

实施"智慧首尔"计划夯实智慧城市顶层设计。2011 年，韩国政府公布"智慧首尔 2015"（Smart Seoul 2015），② 旨在建立基于新一代技术的城市基础设施和综合城市管理体系，进一步提升首尔的城市竞争力，提升城市居民的幸福感。首尔市政府重点关注可持续提升城市竞争力与完善基础设施建设，对城市智慧化发展做了较为全面、系统的规划，整体可分为 3 个阶段：第一阶段以完善基础设施为主，旨在优化交通信息服务，搭建信息平台；第二阶段以服务与功能整合为主，致力于推进数据与设备相结合，以更好地满足市民群众需求；第三阶段以完善基础设施与满足基本需求为前提，旨在进一步整合多种业务、推进多部门协作，加快高效智能

---

① 腾讯研究院：《伦敦："共创"智慧城市是领导力与参与感的综合设计 | WeCity 档案》（http://www.tisi.org/16450）。

② 上海世界城市日事务协调中心：《韩国首尔：智慧首尔——城市治理现代化》（https://www.worldcitiesday.cn/zh/zscp/alk/2023/yz/hg/20240724/48e8368d030e4a3e9ce71e3df3cfaae1.html）。

城市生态系统（Smart City Ecosystem）的建立。这一整体规划由首席信息官（Chief Information Officer, CIO）主导实施，由CIO下设的部门及首尔数据中心确定相关规划内容及具体预算。为制定合理、高效的政策，首尔推出前置咨询评估机制（Pre-consulting），围绕政策、方案的可行性进行具体评估，通过评估排除冗余政策，推进政策规划设计优化完善。

（二）提供更智能更均等化和便捷的公共服务

首尔推出一系列助推智慧城市发展的措施，主要集中于通信和交通的基础设施以及开放政府两个方面。在基础设施方面，首尔在交通、垃圾处理、数字服务三方面均开展了多样化的探索实践。

第一，推出夜间巴士优化路线。① 首尔政府与电信公司韩国通信开展合作，通过30亿笔夜间通话记录与500万笔出租车交易记录，实现对夜间流动人口的流动方向的精确分析，以其分析结果为指引，重新规划夜间巴士的路线及具体的站点。这一基于大数据的精确分析及其结果应用，极大地提高了乘客乘坐巴士的满意度。

第二，推广使用智慧公共垃圾桶传感器。智慧公共垃圾桶可通过传感器自动侦测垃圾桶是否装满垃圾，并记录、上传相关侦测数据至数据平台，实现与垃圾车的链接，垃圾车将依据垃圾桶上传的数据情况选择最合理的行走路线进行垃圾回收。

第三，向市民提供免费的Wi-Fi服务②。市民群众可在全市范围内享受免费Wi-Fi网络。移动首尔（Mobile Seoul）平台是一个汇集多样信息服务、拥有互动功能、可提供咨询服务的综合性平台。市民群众可通过智能手机或平板电脑，在移动首尔平台上查找政府部门和医院的位置，接收地产消息、招聘列表及文化活动通知等多样而实用的信息，向政府反馈关于城市治理的意见和对公共事务问题进行投票，以及向平台发送任何有疑问且需要专业解答的信息。

在开放政府方面，推出公共网络向市民群众共享政府开放数据。"首尔开放数据广场"（Seoul Open Data Plaza）是一个政务信息平台，其中有

---

① 韩国旅游网：《首尔深夜巴士（猫头鹰巴士）》（https：//www.hanchao.com/contents/traffic_info_detail.html? id = 7044）。

② 首尔政府网：《首尔市领先全球在公共生活圈全区安装公共Wi-Fi6》（https：//chinese.seoul.go.kr/）。

33个咨询系统、880个数据库，具体覆盖十大领域，旨在为市民群众开放共享政府数据。① 为便利市民群众登录首尔开放数据广场，平等享受政府的开放数据，首尔推出了 U – 服务（U-Service）网络，为市民群众提供网络连接服务，使得市民可通过网络连接到市政府所有的部门及政务信息平台，获取开放数据。

（三）顺应大模型技术突破趋势推动 AI 数字治理

首尔抢抓大模型技术爆发机遇，政府与社会合作大力推进人工智能治理，主要体现在机构协同、国际合作、优化数字政策等多维度。

第一，成立专业治理机构。2024 年 4 月成立"AI 战略最高理事会"，作为韩国官民合作下的人工智能最高综合治理机构，由科学信息通信部长官和泰斋大学校长担任联席主席，成员包括 AI 领域专家和政府官员，共 32 人。该理事会下设 AI 半导体、技术研发、法律与制度等六大部门，负责统筹协调人工智能发展相关事务。此外，韩国还成立由 100 多家大中小企业及初创企业组成的"人工智能大模型促进会"，将其作为外部顾问团，促进官民常态化沟通，为政府提供政策建议，推动落实人工智能创新生态系统建设。

第二，参与全球 AI 治理。积极参与和领导经济合作与发展组织（OECD）和联合国等全球化议题，通过举办"AI 首尔峰会"等国际会议，提升韩国在全球 AI 治理中的影响力，推动建立数字新秩序。

第三，优化数字包容政策。充分考虑经济社会环境变化带来的包容政策需求，优化国家数字包容政策，推动数字技术发挥积极社会影响，确保数字技术发展与社会需求相适应。②

第二节　国内城市数字治理亮点经验

一　北京数字治理经验

为破解诉求服务处理流程长且办结时间久，市民群众对政府各部门

---

① 首尔市政府网：《通过首尔开放数据广场，开放公共数据》（https：//chinese.seoul.go.kr）。

② 朱苏远：《韩国制定"AI 及数字化创新增长战略"》（https：//www.istis.sh.cn/cms/news/article/98/26904）。

分工不清晰导致办事难等问题，北京坚持"民有所呼、我有所应"，聚焦"七有"①要求和"五性"②需求，2019年年初在学习借鉴浙江"浦江经验"、福州"马上就办"等经验的基础上，进一步深化延伸"吹哨报到"，推出以12345市民服务热线为主渠道、具备"一点两环、四全一保"③特点的"接诉即办"。北京以抓重点改革的魄力推进"接诉即办"改革，历经吹哨报到、接诉即办、主动治理（未诉先办）三个阶段，不断探索以市民诉求驱动超大城市治理的有效路径，在整体推进、阶段创新、成果固化等方面，对深圳进一步深化"民意速办"改革具有较强的借鉴学习价值。

（一）以高度统筹和发挥先锋模范作用焕发治理改革动力

第一，市委深改委高度重视并设立专项小组。2021年1月，增设北京市委"接诉即办"改革专项小组，在北京市委全面深化改革委员会领导下，负责全市"接诉即办"改革工作的统筹谋划、顶层设计、系统建设、整体推进。④

第二，各级各部门党委"一把手"亲自抓。结合实际，推进全市16个区和经济技术开发区、343个街道乡镇党（工）委、3440个社区、有条件的村均建立党建协调委员会，引领驻区单位党组织积极落实市民诉求改革相关工作。

第三，充分发挥党员干部先锋模范作用。造就一批敢于扛责、敢于较真的基层党支部书记，引导支部书记成为源头解决市民诉求的第一责任人；推动全市76万名在职党员回社区（村）"双报到"，引导参与为民办实事。

（二）以层级改革和上下联动将改革推向纵深

第一，"吹哨报到"阶段。⑤2018年2月，北京将"街乡吹哨，部门

---

① "七有"：是指"幼有所育、学有所教、劳有所得、病有所医、老有所养、住有所居、弱有所扶"。
② "五性"：是指反映市民需求的便利性、宜居性、安全性、公正性、多样性五个方面。
③ "一点两环、四全一保"："一点"是指"接诉即办"的核心是"以人民为中心"，遵循"人民城市为人民，人民城市人民建"的新理念；"两环"是指"接诉即办"由"接诉"和"即办"两个体系构成，较好地平衡了发现问题和解决问题；"四全"是指"接诉即办"倡导全治理主体参与、全过程闭环管理、全方位制度创新、全面化城市体检；"保"是指坚持党的领导，持续对"接诉即办"配置注意力。
④ 胡雪峰：《开创首都全面深化改革新局面》（http：//www.rmlt.com.cn/2024/0111/692692.shtml）。
⑤ 共产党员网：《街乡吹哨 部门报到——北京以党建引领破解城市基层治理"最后一公里"难题》（https：//www.12371.cn/2019/07/18/ARTI1563416799243226.shtml）。

报到"改革作为"1号改革课题",深入推进明责赋权、力量下沉。明确街道6大板块98项职责、乡镇7大板块118项职责,使街乡"吹哨"有据;重点赋予街乡党(工)委参与权、建议权、指挥调度权等6项权利,使其"吹哨"管用,破解基层治理难题。推动城管执法、卫生健康等5部门433项行政执法权下放,加快基层治理"重心下移"和行政"条块重构"。

第二,接诉即办阶段。[①] 2019年,深化改革"吹哨报到",延展"吹哨"主体,以群众诉求为"哨",政府职能部门向基层、一线、群众报到,建立起市委统一领导,以12345政务服务热线为主抓手,各级业务部门(单位)接诉即答、即办的为民服务体系,进一步推动跨部门协调、跨层级联动。围绕"接诉即办",建立起首接负责办、吹哨报到办、提级统筹办、督查跟进办的协同办理机制和以服务群众为导向的考评指标体系。通过强化群众监督、新闻媒体监督、纪检监察机关专项监督,健全接诉即办监督体系,实现"双反馈"运转流程。打造全面接诉、分类处置、精准派单、限时办理、回访考评、监督监察的全流程工作闭环,全力做到"小事不出社区村、大事不出街道乡镇",提升市民群众办事的便捷度与满意度。截至2024年10月底,北京12345热线累计受理市民诉求1.5亿件,解决率、满意率分别达到96.8%、97.1%[②]。

第三,主动治理阶段。2021年,借助推行"接诉即办"的海量市民诉求数据优势,北京以2020年数据描述分析产生的月报、季报和专报为依据,聚焦诉求反映集中的高频、共性问题,摸索提炼出包含2000余个问题的三级派单目录和标准化派单流程,实现对诉求工单的分类治理,明确每类工单的责任归属,将67个市级部门、16个区、343个街道(乡镇)、近60家承担公共服务职能的市属企业、超过100家重点平台企业共同纳入派单范围,增强了回应处置的有效触达。2023年8月,京津冀三地17个城市市民热线对诉求事项的"一键互转"功能开通,目前已累

---

① 北京市人民政府网:《中共北京市委 北京市人民政府关于进一步深化"接诉即办"改革工作的意见》(https://www.beijing.gov.cn/zhengce/zhengcefagui/202011/t20201105_2129024.html)。

② 任珊:《北京"每月一题"写入城市治理典型案例》(https://www.beijing.gov.cn/ywdt/gzdt/202412/t20241219_3968957.html)。

计处理市民和企业诉求16.1万件。同时，建立"每月一题"机制，每月围绕一个主题，选取若干具体问题，在重点领域和区域开展治理。以强化市、区、街道乡镇三级协同联动，集中破解持续时间长、解决难度大的诉求难题，推动接诉即办向主动治理、未诉先办深化。①

（三）以系统总结与提升接诉即办改革实践经验

以固化"党委领导、政府负责、社会协同、群众评价"的接诉即办工作体系为落脚点，坚持全过程人民民主，市级层面高规格成立立法工作专班，在"四套班子""一把手"带队下，多轮次向人大代表、基层工作人员、市民群众广泛征集意见9000余条，通过立法和同步宣传，提高人民群众参与立法积极性，有效保障立法质量。② 2021年9月，《北京市接诉即办工作条例》颁布实施，标志着接诉即办改革进入法治化发展轨道。③ 同时，查漏补缺，梳理出十余项配套制度，包括优化全面接诉、分类处置、精准派单、限时办理等环节，健全首接负责、"吹哨报到"、分级协调、风险预警推送、个人信息保护、京津冀联动、在京单位协同等。实施两年来，北京市各级先后出台包括《关于优化提升市民服务热线反映问题"接诉即办"工作的实施方案》《关于进一步深化"接诉即办"改革工作的意见》等相关工作制度832项，初步构建起"上下贯通、衔接有效"的制度体系。

（四）以理论武装形成数字政府治理改革实践理论

北京举办接诉即办改革论坛，形成数字政府治理改革实践理论成果，实现以数字政府治理的理念指导改革实践和以数字治理的改革实践反哺理论，彰显了数字治理和改革创新的互惠性。2024年12月，2024北京接诉即办改革论坛开幕，开幕式上《北京接诉即办理论研究成果》成功发布。该成果包含中国社会科学院、北京大学、清华大学、中国人民大学等高水平研究团队的系列研究文章，全面总结了北京在接诉即办改革中

---

① 任册：《北京"每月一题"写入城市治理典型案例》（https：//www.beijing.gov.cn/ywdt/gzdt/202412/t20241219_3968957.html）。

② 任册、孙宏阳：《接诉即办以来12345受理群众诉求超亿件 解决率、满意率分别提升至94%、95%》（www.beijing.gov.cn/ywdt/gzdt/202212/t20221219_2880228.html）。

③ 北京市人民政府网：《北京市接诉即办工作条例》（https：//banshi.beijing.gov.cn/zcjd/202110/t20211013_427112.html）。

的经验,深入探讨了新时代超大城市治理的创新路径,向世界展现中国特色城市治理模式。

二 上海数字治理经验

为解决传统的行政管理模式下"多头跑、重复跑、跨地跑"和"办证多、办事难"的基层服务难题,上海在"互联网+政务服务"工作经验和建设成果的基础上,于2018年率先提出全面推行"一网通办",即"通过线上线下政务服务流程再造、数据共享、业务协同,形成一网受理、协同办理、综合管理为一体的政府服务体系"。① "一网通办"自上线以来,先后经历了"高效办成一件事"、拓展个人全生命周期和企业全发展周期的服务场景应用、"一网通办"智慧好办2.0版等改革,网上政务服务能力得到大幅跃升,2021年、2022年连续两年的省级政府一体化(网上)政务服务能力调查评估中排名全国第一。② 在联合国发布的《2024年联合国电子政务调查报告》中,上海本地在线服务指数排名中国第一,全球第十二。③ 深圳与上海同为国家一盘棋上的"双前锋",在便民服务等方面存在诸多共性。上海构建标准化、普惠化、均等化、智慧化的全方位服务体系的经验具有典型性和代表性,值得深圳借鉴学习。

(一)注重前瞻谋划和系统布局

第一,构建全面立体的制度体系。率先发布《上海市公共数据和一网通办管理办法》,以总纲的形式在宏观层面明确各项管理工作的目标和原则。出台电子证照、电子印章、电子档案、公共数据开放等方面的管理办法,印发《上海市加快推进数据治理促进公共数据应用实施方案》等多份规范性文件和标准规范,在微观层面推动各专业领域制订面向操作的规范性文件。建立起全方位、立体化、兼顾宏观与微观的制

---

① 沈则理:《上海:建设"智慧政府"实现"一网通办"》(https://www.gov.cn/xinwen/2018-04/24/content_5285399.htm)。
② 微信公众号"上海发布":《上海"一网通办"能力水平排名全国第一!更多改革成效一图读懂》(https://mp.weixin.qq.com/s/46SRIoQelCzznbOC2rSu6w)。
③ 联合国:《2024年联合国电子政务调查报告》(https://desapublications.un.org/sites/default/files/publications/2024-09/%28Web%20version%29%20E-Government%20Survey%202024%201392024.pdf)。

度体系。

第二，系统推进市信息化职能整合优化。2020年，在总结6个部门信息化职能整合优化的经验基础上，推进全市41个政府部门基本完成信息化技术实施职能划转到市大数据中心，致力从体制机制上破解"系统小而散、互联互通难、数据共享难"等信息化瓶颈问题，实现系统统筹建设、服务统一购买、数据充分共享。

（二）打造体系化的服务平台与流程

第一，打造"一梁四柱"的"一网通办"运行体系。以构建"一网通办"总门户为"一梁"，通过整合各部门碎片化、条线化的前端受理功能，打造全流程一体化的政务平台，为用户提供一站式的政务服务。以实现统一总客服、统一身份认证、统一物流快递、统一支付的"四个统一"为"四柱"，为市民群众提供整合性服务、多种支付方式和统一的快递，避免重复提交材料，减少民众跑动次数。

第二，制度性推进"高效办成一件事"。围绕出生、上学、就业、户籍、婚育、置业、救助、就医、退休、养老、身后事等个人全生命周期，按照"一次告知""一表申请""一口受理""一网办理""统一发证""一体管理"等"六个一"的标准，推进跨部门、跨层级、跨区域高频事项进行业务流程革命性再造，为企业群众提供方便快捷的集成服务。

第三，全国首创"线上+线下"全渠道帮办制度。聚焦高频事项，以线上提供电话咨询、网上"小申"智能客服、线上人工、数字人等多个服务渠道，以线下领导干部帮办、各级政务服务中心工作人员帮办两项机制，为市民群众提供全渠道的帮办服务。

第四，推进长三角"一网通办"。以争取国家试点政策支持、成立工作专班、厘清职责范围、明确事项范围等多项举措切入，快速推进长三角41个城市实现"一网通办"。截至2023年3月，已有148项高频事项或服务实现长三角"跨省通办"，37类高频电子证照共享互认。①

第五，深入推进"两个免予提交"。通过各部门证照信息入库"应入尽入"、业务专网和信息系统"应通尽通"、公共数据"应归尽归"等举

---

① 电子政务网：《上海市：深化"一网通办"改革 打造"智慧好办"服务品牌》（http：//www.e-gov.org.cn/egov/web/article_detail.php?id=187865）。

措建立起的市级电子证照库，对本市政府部门核发的材料、能够提供电子证照的两种情况，实行原则上一律免予提交，实现政务服务从"能办"到"好办"的转变。

第六，在全国率先实现"随申码"与地铁、公交乘车码三码整合。通过刷"随申码"，即可完成公共交通出行、酒店入住、看病就医、政务服务办理等服务，切实实现一码通行、一码通服、一码通办。

（三）坚持多主体共建共治

第一，不断深入推进人民建议征集实践。以人民建议征集作为保障人民当家作主的重要制度设计，深入践行"全过程人民民主"和"人民城市人民建"理念。2011年先行先试人民建议征集实践工作，2020年专设人民建议征集办，十余年来持续大胆创新，不断提升人民建议征集能级，通过征集网络全覆盖、征集范围全方位、征集过程全链条，不断探索并逐步形成人民建议征集上海样本。

第二，"以测代建"筛选大数据厂商进行合作。邀请多家大数据厂商参与上海市大数据资源平台建设工作，经实地PK测试后选定合作厂商共同搭建上海大数据资源平台，由合作厂商提供底层支撑，归集委办局、区县业务库的结构化和非结构化数据，构建形成三级数据共享交换体系。

（四）持续推进治理改革创新

2024年2月，上海市政府办公厅印发《上海市优化政务服务提升行政效能深化"一网通办"改革行动方案（2024—2026年）》，对未来三年上海深化政务服务改革进行了总体部署。该文件以坚持人民至上、公平可及，坚持改革引领、技术驱动，坚持系统观念、整体协同等为原则，聚焦打造"智慧好办"服务品牌的目标，着力推进政务服务"智慧精准""公平可及"，持续深化政务服务"一网通办"改革，更好应对数字政府治理中不断出现的新挑战和新需求，服务经济社会高质量发展。

三 杭州数字治理经验

在改革开放浪潮下，杭州城市规模快速扩大，常住人口迅速增长，人口加速流动，以交通拥堵为代表的瓶颈问题日益突出。为缓解"交通难"带来的城市综合治理难题，杭州于2016年在全国率先提出建设"城市大脑"，以交通治理为突破口，历经三次迭代，带动打通政务、社会数字资源，实现应用场景扩容，并以数据运用驱动城市治理。①杭州"城市大脑"是智慧城市建设的实践性工程，高度具备系统集成的特点，是政府进入数字化发展阶段的入口，在推进数字治理方面具有深厚的理论意义和实践意义，在组建领导小组、构建管运模式、打通数据孤岛、拓展应用场景等方面的典型做法，对深圳具有重要的借鉴意义。

（一）组建强有力的数字化改革领导小组

第一，省级层面成立浙江省数字化改革领导小组。2021年以来，浙江省和杭州市政府高度重视"城市大脑"建设工作。2021年3月，中共浙江省委全面深化改革委员会印发《浙江省数字化改革总体方案》，提出成立浙江省数字化改革领导小组，对数字政府、数字经济、数字法治、数字社会等治理进行全省统一布局，并要求"到2021年年底前，建立健全各设区市城市大脑"，将城市大脑作为"推进数字社会系统建设"的支撑。浙江省数字化改革领导小组每两个月召开一次工作例会，全力推进政府管理和社会治理模式创新，实现政府决策科学化、社会治理精准化、公共服务高效化。

第二，市级层面参照省级框架成立各级领导小组。杭州市政府及下属各区政府有关部门，参照省里的框架接连成立各领导小组，统筹开展全市数字化改革工作，其中包括全力推进城市大脑优化升级等。

（二）打造"管运分离、一元智治"模式

第一，成立市级城市大脑数据管理机构，统筹监管城市大脑的开发推进工作。以系列数字政府转型发展政策为抓手，牵头推进我国首个新一代人工智能开放创新平台"城市大脑"建设工作。

第二，组建城市大脑领导小组和工作专班，负责城市大脑建设中的行政资源调度。②在组织层面建构由杭州市委书记挂帅，各区、县与各部门主要领导组成的部门领导小组，同时以城市大脑项目为基础成立城市大脑工作专班，统筹规划城市大脑运作过程中的功能。

第三，组建政企合资企业，负责城市大脑运维工作。市政府组织成

---

① 杭州市人民政府网：《杭州市人民政府办公厅关于省政协十二届二次会议388号提案的答复》（https://www.hangzhou.gov.cn/art/2019/7/2/art_1229505914_2356834.html）。

② 胡坚波：《关于城市大脑未来形态的思考》（https://mp.weixin.qq.com/s/jQZT0TZ4kd-we9j26-Xctrg）。

立由市政府（持股51%）和互联网巨头阿里（持股49%）共同出资的城市大脑技术与服务有限公司。① 阿里提供单一来源技术支持，负责城市各领域的数据收集、存储、交换、处理，以及数据安全维护等硬件与软件的更新及运维服务。政府通过领导小组和工作专班负责行政资源的协调与调度。

第四，引入第三方监控审计机制，确保数据安全可控。基于政府与阿里形成的政府管理和企业运维相分离的格局，引入第三方监控审计机制，对数据的流转过程进行全生命周期的监督和管控。

（三）打通数据孤岛实现数据资源互通共享

第一，汇聚各类分散在各领域、各部门的数据信息。城市大脑作为一项数字基础设施建设，随着智能化水平和一体化数字平台的自动感知与信息处置能力的不断提升，数据存储、智能计算、数据共享、应用集成等管理逐步实现统一，部门间信息壁垒逐渐破解。

第二，以五大系统运转实现各类基础设施数据自动调配。根据"城市大脑"智慧城市建设计划，将城市的能源、供水、交通等基础设施全部数据化，使之成为连接城市各个单元的数据资源，通过打通"神经网络"，连通"城市大脑"的超大规模计算平台、数据采集系统、数据交换中心、开放算法平台、数据应用平台五大系统进行运转，实现对城市的全局实时分析和公共资源自动调配。

第三，构建一个部门调度提供数据信息的共享机制。依托城市大脑作为横向跨部门、纵向跨层级的集约化数字工程，以及由城市大脑运营指挥中心负责全局调度的特点，构建形成一个部门负责调度提供数据和信息资源的共享机制，实现信息共享，助力多部门、多层级在公共服务项目上协同作战。

（四）技术迭代不断拓展便民领域应用场景

第一，基于城市大脑建设的智慧城市发展成效显著。杭州智慧城市发展经历了探索、集成、成熟、蝶变四个阶段。在成熟阶段，构建形成"中枢系统＋部门［区、县（市）］平台＋数字驾驶舱＋应用场景"的城

---

① 杭州市国资委：《牵手阿里，杭州城市大脑技术与服务有限公司正式成立》（gzw.hangzhou.gov.cn/art/2021/3/17art_1689495_58899275.html）。

市大脑核心架构，城市大脑模式开始对外输出。在蝶变阶段，已形成成熟的以城市大脑为核心的城市数字治理解决方案，2020年治理水平位居全国第一。①

第二，构建"一图知家底"的智能城市平台。倚仗云栖小镇信息产业优势，截至2021年年底，建成50余个横向到部门的功能模块，15个纵向到区县的政务运作子平台，同时在子平台下设与便民功能更为契合的细分应用场景，实现多层级数据感知与多样化的应用场景聚合，构建形成了"一图知家底"的智能城市平台。②

第三，加快迭代技术推进便民场景应用。基于数字治理经验，由城市大脑系统功能应用于交通管理领域向更为丰富的社区治理和政务便民领域，及其相关场景拓展。2018年，杭州城市大脑发布综合版，涵盖了医疗、停车、基层治理等九大便民领域，解决了市民群众多年饱受其苦的停车难、看病难、办事难等问题。截至2019年年底，已建成涵盖公共交通、城市管理、卫生健康、基层治理等领域的11大系统48个应用场景。③

第四，抢抓人工智能机遇持续推动各应用场景服务迭代升级。2024年3月，杭州城市大脑2.0推进会召开。杭州城市大脑2.0正利用人工智能推出更多AI原生应用场景。例如，杭州文旅数字人"杭小忆"模型应用会根据游客预算和偏好为游客介绍景点。又如，"亲清小Q"模型应用主动为企业提供便捷的政策匹配服务，实现政策与企业的最优匹配。

---

① 徐婧静：《〈中国城市数字治理报告（2020）〉显示，杭州超越北上广深，数字治理水平跃居全国第一—杭州：税收数据联入"城市大脑"》（https://zhejiang.chinatax.gov.cn/art/2020/9/7/art_13002_476407.html）。

② 杭州市文化广电旅游局：《云栖小镇》（https://wgly.hangzhou.gov.cn/art/2022/12/14/art_1229707580_58943488.html）。

③ 杭州城市大脑相关介绍见杭州城市大脑有限公司官网（https://www.cityos.com/home）。

第七章

深圳数字治理的战略定位与前瞻愿景

人类社会加速步入数字社会，数字技术、AI革命深刻影响着全球城市竞争格局，必将推动世界政治格局、经济格局、科技格局、文化格局、安全格局深度变革。深圳必须以发展的眼光看待数字社会的治理、发展与安全问题，认识到数字文明发展的阶段性，将数字善治摆在社会治理的价值层面战略高度，构建起人工智能等技术的"道德基础设施"，着眼于数字文明建设中的伦理道德困境，聚焦发展与安全中迫切需要解决的体制机制问题，传承特区改革开放的历史经验，找到符合帕累托最优的制度设计，探索匹配技术进步、产业发展和社会需求的数字善治新模式。

第一节 深圳数字治理的四大目标

党的十八届三中全会提出"国家治理体系和治理能力现代化"的重大命题，党的二十大报告进一步强调2035年基本实现国家治理体系和治理能力现代化的总体目标。数字治理是国家治理体系和治理能力的关键性组成部分，深圳数字治理要在国家治理体系框架下，聚焦发展、赋能、对齐和引领四大目标，久久为功。

一 发展——把握数字经济高质量发展的主动权

"做蛋糕"是前提和基础，"分蛋糕"是目标和愿景。数字社会，发展是第一要务，全面提升数字经济治理能力，方可把握数字经济高质量发展的主动权。数字时代，深圳被中央赋予建设中国特色社会主义先行示范区的重大使命，建设具有全球重要影响力的产业科技创新中心。深圳数字治理的根本与首要目标在于如何以制度和产业政策创新优化营商环境，减少制约人工智能、机器人、低空经济等数字经济新业态发展的非必要规制、流程和法律。核心是进一步全面深化改革，正确处理政府与市场的关系，更加妥善用好制度创新对新技术、新业态的鼓励和支撑作用，及时将行之有效的数字经济政策上升为法律，确立数字经济治理的法律制度基础；加强数字经济领域的执法和司法，将包容审慎监管原则贯穿其中，实现对传统治理方式的突破和超越。通过经济社会规则的改革与创新，破解更多规制权限制约问题，促进传统产业转型与高质量发展，开放更多数字应用场景，培育更多数字增长市场动能，促进数字产业的快速发展，提升数字新质生产力，驱动社会民生、政府管理、生态文明、文化方面的发展跃升，推动高端芯片、操作系统、人工智能算法、量子信息等关键数字技术的攻坚，掌握数字技术的核心竞争力。做大做强数字经济核心产业的同时，着力推动大模型、大数据、区块链、工业互联网、网络安全、元宇宙等数字技术的产业化和场景化应用，培育数字社会的新产业、新业态、新模式。

二 赋能——实现数字技术对其他领域的赋能

数字技术的深度应用将全面提升全要素生产率，提升社会治理的现代化水平，为传统实体经济、社会民生、政府管理等赋能。深圳作为超大城市，面临着人口大幅增加、社会结构和组织形态趋于多元、群众利益诉求复杂多样、城市治理承压明显、发展空间不足等复杂的城市治理挑战。深圳应加快城市治理的数字化转型，通过运用大数据、人工智能等先进技术手段，实现城市治理的精准化、智能化和高效化，优化城市管理流程，提高政府决策的科学性和响应速度，更好地满足市民的需求，提升城市整体治理效能，探索打造数字治理的"深圳样板"。核心是既要打破工业社会政府"公权力"的扩张，又要限制公共管理职能被数字权力滥用和异化，更好地发挥大数据、人工智能、区块链、智慧城市等数字技术在政务、社会、文化和生态领域的作用，探索建立政府与社会主体共建、共治、共享的多元开放协同数字治理生态，尤其是利用政务平台、社交平台等数字手段，重塑政务服务、组织机制等传统流程，激发多元主体间的协同治理，推动各领域以技术创新适应和满足数字时代下多元主体、多变客体与多维逻辑的治理需求。将是否降低经营、运营的综合成本，是否提高运行效率、是否加快变革传统治理模式作为评价数字赋能的标准，评估（尤其是从长期视角评估）检验企业、政府、社会各方组织开展数字化转型成效，实现以技术赋能牵引制度改革，推动社会治理精准化、科学化、智慧化，提高社会治理水平。

三 对齐——确保数字探索与人类价值"对齐"

安全是发展与治理的底线，直面数字技术与产业的发展对传统安全理念的冲击，着重关注数字技术不断拉大的财富两极分化，以应对人工智能、算法垄断等引发的伦理冲突、价值脱钩、社会公平等社会风险。数字治理涉及治理理念变革、治理方式转变、运行机制重构、政务流程优化、体制调整和资源整合。深圳数字治理的目标要将数字技术的创新、治理制度的更迭与社会伦理价值保持"对齐"，以良序的数字治理弥合技术突破导致的社会治理问题。面向未来，加速重构社会及国家安全理念体系，以制度的深化改革对传统工业时代机构、规制、观念、技术做出深度调整，使其与数字技术创新带来的社会变革同步，保证以人工智能为代表的前沿技术、以平台经济为代表的新业态、以数据要素为代表的新兴要素等前沿数字探索与发展更加符合善治与良序的伦理框架，更加符合预期的主轴和人类的利益，实现以数字治理弥合财富差距、减少社会分歧、平衡利益诉求、维护社会公序良俗等目标。对齐的核心是指当前主导、参与数字治理的各种机构、规则制度、观念经验等要与快速发展演变的数字社会对齐适配，革新乃至摈弃深圳传统工业社会建立的机构、体制与观念。这需要对数字社会的认识与研判能够跟上甚至超前于技术与产业的发展，依据社会治理需求对机构、规制、观念、技术做出更新调整与深化改革。

四 引领——争当数字中国的创新策源地与先行者

深圳肩负建设中国特色社会主义先行示范区的历史使命，必须在更高起点、更高层次、更高目标上代表中国与国际一流城市同台博弈，在推进中国式现代化的伟大实践中走在前列、勇当尖兵。深圳要成为数字治理的制度创新策源地，应当围绕数字制度体系构建、政策规制优化、数字良序环境打造等方面敢于先行先试。在政务数字化转型和数字政府建设中，重构公共数据管理开放利用、政务服务平台运营、公共服务跨部门协同等全方位的制度框架。在技术和产业的发展中，在数字经济、数字技术、产业发展、基础设施建设和人才培养等方面持之以恒，瞄准全球前沿数字技术和商业模式，深化体制机制改革创新，在数字文明的制度探索试错、技术源头创新、治理机制变革方面发挥出深圳自主创新的改革优势，用足用好特区立法权和综合改革试点。在政府监管机制创新中，加快"政府管理"向"数字善治"，推动政府权力在运作方式上的迭代升级，创新多元主体参与机制，吸纳其他主体共同参与数字治理，形成政府、企业、市民等治理主体共同参与的有序治理的新格局。同时，围绕争当中国数字治理的策源地与引领者，成为全国的"示范、典范、引领者、标杆先锋"，在财富分配机制上，坚持"共享"价值取向，创新数字时代的财富分配机制，让数据提供者直接分享、平等分享数字治理的红利。真正做到，既为全国制度改革提供借鉴和示范，又在技术、模式上引领中国乃至全球的数字革命浪潮，走在数字文明的前列。

第二节　深圳数字治理战略定位

深圳是国家定位的经济特区、全国性经济中心城市和国际化城市，肩负建设中国特色社会主义先行示范区的历史责任，是生活着超过2000万常住人口的超大型城市。深圳数字治理的战略定位应当响应国家乃至全球数字经济与社会治理趋势，在担起国家战略责任的同时，充分兼顾城市自身发展诉求，为中国超大型城市精细化、智能化管理蹚出新路，为人类迈向数字文明做出典范。

一　大国竞争中落实国家使命与牵引高质量发展的关键战略领域

从深圳看，作为中国的经济特区、国际科技产业创新中心、全国电子信息产业重镇，较长一段时间以来，深圳通过联合香港，全面对接国际规则，扩大改革开放，加快制度创新和突破科技"卡脖子"难题，在加快推动重大国家战略落地的同时，驱动本地经济社会的高速发展。当前,在全国范围内,承担国家战略使命的省、市"多点开花",上海、浙江、海南、广州、厦门等省市改革优势越加凸显,深圳作为特区的政策优势不再一枝独秀,急需找准新的关键领域、关键抓手扛起进一步全面深化改革的大旗。

从全国看,数字中国建设和数字治理探索正面临一些较为严峻的问题和挑战。例如,部分重点领域和关键技术创新能力不足,产业链供应链受制于人的局面尚未根本改变;不同行业、不同区域、不同群体间收入差距和数字鸿沟未能有效弥合,甚至有进一步扩大的趋势;数据要素资源规模庞大,但数字要素乘数效应潜力尚未充分释放;数字治理诸多领域仍处于前期探索阶段,经济、社会、文化和生态等领域治理能力现代化水平还需提升等。这些共性和个性的难题迫切需要先进区域在全国顶层设计的基础上,高水平完成国家战略任务使命,为全国创新探路。

从全球看,以芯片、AI 大模型为代表的数字治理越发成为大国竞争的重点领域。在全球大国竞争中,深圳有基础有条件继续充当国家先锋队,主要体现在以华为、腾讯等为代表的数字企业基础实力雄厚,深圳也具备机制体制改革创新的基因优势。数字治理是在大国竞争局面中,深圳落实国家使命与驱动自身战略发展的关键领域。深圳通过数字治理完成国家使命同时推动自身更好实现高质量发展,加快打造更具全球影响力的数字经济中心城市和智慧化现代化国际化大都市,为把粤港澳大湾区打造成为新发展格局的战略支点、高质量发展的示范地、中国式现代化的引领地作出更大贡献。

二 抢占新赛道发展新质生产力打造全球影响力的数字经济世界高地

世界正在进入以数字经济为主导的经济发展新时期,中国经济也正在步入数字经济引领、科技创新驱动的高质量发展阶段。党的二十大报告强调,"加快发展数字经济,促进数字经济和实体经济深度融合,打造具有国际竞争力的数字产业集群"[①]。2023 年,中国数字经济规模达 56.1

---

① 习近平:《高举中国特色社会主义伟大旗帜 为全面建设社会主义现代化国家而团结奋斗——在中国共产党第二十次全国代表大会上的报告》,《求是》2022 年第 21 期。

万亿元，占 GDP 的比重提升至 44.5% 左右[①]。深圳是中国经济发展最活跃、开放程度最高、创新能力最强的城市之一，一直致力于建设具有全球影响力的科技和产业创新高地，产业基础雄厚、科技资源丰富、研发能力强大，拥有数字经济的重点新技术开发、转化、应用的突出优势。以华为、腾讯为代表的电子信息、移动互联网是深圳第一阶段抢抓的主赛道，以比亚迪为代表的新能源（核心在于电池、电机、电控等"三电"）是深圳第二阶段抢抓的主赛道，人工智能、机器人、无人机等很可能是深圳第三阶段需要抢抓的主赛道。

在引领未来的高度、赋能千行百业的广度、持续爆发增长的速度上，深圳具有强大的优势与潜力。作为新质生产力的代表，数字技术已经成为当今世界竞争的高地，深圳要深刻把握全球新一轮数字革命、产业变革的方向和机遇，以制度创新为核心，借鉴吸收国内外各种先进制度，积极打造数字产业标准规则创新先行区、数字经济创新发展试验区，探索有利于新经济创新发展的弹性灵活、审慎包容监管制度，建立完善数字经济创新发展的风险防控体制机制，构建完善科学发展、技术发明、产业创新、市场应用"四位一体"的数字经济创新发展模式，用更先进的制度设计、更好的政策措施、更优的营商环境，吸引集聚全球数字经济创新资源，在机器人、无人机、AI 大模型等领域抢抓未来数字产业的主赛道，代表国家抢抓全球数字经济、智能经济等新产业新业态发展先机，为全国数字经济发展提供可复制可推广的示范经验。

三 赶超建设更具全球影响力的现代化国际大都市的"数字文明"典范

改革开放以来，与北京和上海相比，深圳始终以工业制造业及科技创新的发展为绝对重心。然而，国际化程度、城市生活品质、文化精神层面的文明短板对城市整体竞争力的制约日益突出，产业产品高端价值链所需要的品牌打造传播的资源短板，也影响了深圳建设更具全球影响力的现代化国际大都市。对标高质量发展高地、法治城市示范、城市文

[①] 黄卫挺：《激荡数字经济发展澎湃动能》https：//news.gmw.cn/2024-06/21/content_37391111.htm。

明典范、民生幸福标杆、可持续发展先锋"五大战略定位",深圳仍有诸多的短板和不足。

下一个十年,深圳要与纽约、伦敦、东京、北京、上海等国际化大都市展开较量,在城市发展方向和模式上将面临极大的追赶压力,而在传统的社会建设、公共服务领域中实现反超则困难重重。深圳如何发挥信息科技和数字经济发达优势,将数字经济基础用于提升城市品质、营造国际化大都市圈、建强粤港澳大湾区核心驱动引擎,是"数字文明"时代深圳实现追赶、反超的关键。因此,深圳迫切需要在政府管理、法治建设、城市管理、社会治理等领域率先运用人工智能、大数据、物联网、5G、区块链等技术,深化"放管服"改革,大力开展"数字政府"和"智慧城区"建设,运用技术与数据手段倒逼治理的现代化、国际化、科学化,打造全球"数字文明"城市标杆。

四 数字社会中制度创新与体制再造推进中国式现代化的示范引领者

深圳在争创全球标杆城市的全球竞争中,在国内北上广等国内一线城市及成都、重庆、杭州、武汉等强二线城市的竞争中,内生资源不足、物理发展空间受限、高房价抬升经济社会综合成本、社会公共服务与文化短板依然存在,通过制度创新赢得区域相对发展优势是必然的选择。尽管近些年,深圳通过"双区建设""双改示范"争取到了类似于经济特区的制度创新优势,为本地经济社会发展赋能释放红利,但相对于上海、海南、浙江等地,深圳的总体制度比较优势正在快速下滑,一些领域被追赶甚至反超,深圳的制度改革创新优势的边际效益日益下降。

中国及各省市的数字化建设中,数字技术应用层面在全球处于领先阶段,但数字化对传统政府管理与社会运作的深层次体制机制变革再造并不多。如果说技术应用带来局部效率提升是数字化改革进程的前半部分,那么,深层次触动利益、扭转职能、精简人力、降低管理成本、提升管理治理效能,再造适应数字社会的新体制就是数字化改革的后半部分。深圳政府管理与社会治理综合成本较低、素有"小政府""服务型政府"的优势积淀,因此,深圳更要在数字化治理改革的后半部分一马当先、走在最前列。面向未来数字社会,数字治理及其深层次的制度创新是深圳继续引领我国改革制度创新体制的重要方向。深圳应当在数字中国总体布局下，聚焦制度创新的核心领域，积极探索实践建设中国特色社会主义现代化强国的先进数字制度，在构建高质量发展的经济社会生态等体制机制上走在全国前列，着力打造竞争力、创新力、影响力卓著的数字治理的全球标杆城市，用数字治理改革的实际经济社会成效体现中国特色社会主义制度的优越性，为推进中国式现代化贡献深圳数字治理样本。

第三节　深圳数字治理的前瞻方向

深圳数字治理需要融入国家治理现代化进程，锚定数字经济新赛道、数字前沿技术、数据核心要素、数字政府和智慧城市建设以及数字安全体系等数字善治的重点方向，构建良序且敏捷的制度体系，进一步丰富制度供给"工具箱"，以更具有深圳特点的机制创新激发社会创新活力，全面赋能国家治理体系和治理能力现代化建设。

一　在以人工智能为代表的数字经济前沿竞赛中重塑产业竞争新优势

数字技术带来的创新颠覆正在全面铺开，前沿技术的应用已经成为影响数字经济发展的关键性因素。过去，深圳高新技术产业、电子信息产业等的繁荣离不开在关键的技术创新突破期和产业结构调整期，适时出台了关键性的产业政策，推动了产业发展。当下，深圳需要抓住关键窗口期，重构数字经济政策支撑体系，抢抓全球数字经济、智能经济等新产业新业态发展先机。

面向中长期，深圳数字经济治理改革需要聚焦以下三个方面。

第一，创新数字基础设施建设运营新模式。算力、新型储能、卫星互联网、量子通信等数字基础设施是智慧城市和数字产业的基础支撑，建设国际领先数字基础设施将牵引数字产业发展。针对传统依赖政府投资建设运营的模式下存在的财政投入压力大、运营效率不高、创新能力不足等难题，深圳需要在数字孪生先锋城市的基础上，更加注重创新基础设施建设运营的新机制，发挥政府购买在新型数字设施技术研发和场景应用的牵引作用，支持民营企业加大研发力度，鼓励市场参与设施运营,加快探索政府引导基金、PPP和产业投资基金等建设模式,引入社会资本参与。推动共建共享,引入民营企业参与运营管理基础设施,打破不同运营商和企业之间的壁垒。

第二,创新前沿数字技术创新突破新范式。前沿数字技术突破决定着数字经济发展命脉。面对核心技术"卡脖子"、核心算法对外依赖等技术创新突破等壁垒难题,深圳应当承担起数字技术突破的责任,聚焦高端芯片EDA工具、操作系统、数据库、中间件、AI框架等基础软件,探索类脑计算、存内计算、量子计算等颠覆性技术,超级计算机和量子计算,先进人工智能算法模型等技术方向,以制度吸引企业加大创新投入力量,既关注工具链技术创新,更注重打造技术全栈创新体系,构建科学发现、技术发明、产业创新、市场应用"四位一体"的数字经济创新发展新范式。

第三,打造数字经济创新发展试验区。针对当前政府监管部门在新业态、新技术和新模式中存在的制度依赖,深圳应发挥作为特区、先行示范区和综合改革试点等政策优势,跳出传统科技创新范式、产业治理的制度惯性,在产业培育政策、行业监管机制和一流产业标准规则等方面加快先行先试,持续以特区立法、设立制度探索创新先行区、"负面清单"授权等方式,探索有利于人工智能、低空经济、具身机器人、卫星互联网等未来数字产业创新发展的弹性灵活、审慎包容监管制度,以更先进的制度设计、更好的政策措施、更优的营商环境,吸引集聚全球数字经济创新资源。

二 在数字政府和智慧城市建设中打造数字先锋城市

推动政府数字化转型,提升数字政府治理水平,是适应数字技术和社会结构变化的要求,是推动国家治理体系和治理能力现代化的基础、先导性工程。近年来,深圳在市直部门、各区的改革中,数字化驱动政府治理改革已是常态,但整体仍缺乏主线抓手,数字化的作用发挥得并不明显,数字驱动倒逼治理效能提升的力度、深度不足。

面向中长期,深圳数字政府治理改革需要聚焦以下三个方面。

第一,加快数字技术对政府治理体系内部改革。在国家数字政府的整体布局下,以制度创新加快数字赋能助力政府决策科学化、公共服务高效能和政府治理民主化，聚焦治理机制、治理模式和治理手段创新，在全国率先部署开展新一轮的数字化改革，将数字政府治理相关改革作为提升政府职能、营商环境水平的战略总抓手，把数字化改革从数字技术应用层面提升到规制再造、体制创新的层面，在数字政府的后半部分改革（扭转职能、精简人力、降低管理成本、提升管理治理效能）中处于领先、引领地位。

第二，加快数字技术重塑政务服务供给模式。以基于数据治理的主动服务供给模式的探索，回应现实服务场景所需，将政府的角色由简单的服务被动提供者转变为需求的主动回应者，使政府由被动供给变为主动供给，提升政府行政和服务效能，最大化满足企业群众所需，打造数字政府主动服务的"深圳样板"。市智慧城市和数字政府建设领导小组统筹，从优化行政效能、服务企业发展、增进民生福祉的角度，将强化数据治理应用实现服务供给变革列入"十五五"数字政府规划的重点任务，优先将内部行政效能提升、高频惠企便民事项作为服务供给变革的重点，并根据供给周期性变化进行动态更新调整，致力将深圳服务供给变革模式打造成为全国数字政府先行示范新样本。

第三，拓展大模型在政务服务等领域中的治理应用。聚焦超大城市经济社会发展的现实需要，结合大模型在数字治理的应用价值，系统谋划、高位推动应用场景拓展。尤其是强化行政审批等环节，加快以大模型助力构建智能审批系统。例如，在产业资金下放、惠企政策审核等方面，依托政务大数据以及过往审批案例，对企业申报材料进行快速审核，提高审批流程的透明度。在不同治理领域先行打造应用示范点，统筹示范点建设，定期总结示范点探索应用经验，按照"成熟一批，推广一批，拓展一批"的思路，逐步拓展大模型在数字治理场景的应用，打造全国先行示范样本。

三 在数字社会变革浪潮中筑牢城市数字安全防火墙

从技术和产业革命的历程看，新技术、新业态和新模式的创新初期是野蛮的，既有技术不成熟带来的负面影响，也包含某些资本追求利润时可能造成的社会风险。数字治理的核心，即以制度创新引导和约束在数字技术应用、数字新业态发展和数字社会更迭中存在的极端化等危及社会安全的问题。

面向中长期，深圳数字安全治理改革需要聚焦以下三个方面。

第一，建立人工智能算法等新技术治理新机制。直面数字技术与产业的发展对传统安全理念的冲击，尤其是以人工智能、算法垄断等引发的价值脱钩、社会不公等社会风险。面向未来，重构社会及国家安全理念体系，加强对数字经济、数字技术的理论与规律研究，提前预防做好各类风险防范，注重法治监管，以制度的深化改革对传统工业时代的机构、规制、观念、技术做出深度调整，提高技术的可控性与安全性，使其与数字技术创新带来的社会变革对齐，保证以人工智能为代表的前沿技术在符合预期的主轴和人类的利益上发展，探寻兼顾发展与安全的技术和产业创新之路。

第二，探索以安全为核心的网络安全治理体系。聚焦数据与隐私的法律风险、合规风险和技术风险、意识形态渗透、数据主权的国家安全风险等重点领域。在企业数据合规、个人隐私保护、网络安全治理等方面，深圳应努力构建跨行业、跨部门的新时代数字安全管理体系，守好网络数字意识形态防线，推动建立健全纵向联动、横向协同、流程清晰、高效畅通的安全治理体系。

第三，打造更具温度的善治数字社会服务体系。围绕"共同富裕"的根本目标，更加强调和凸显数字技术创新的人文关怀，丰富低收入等弱势群体的数字服务供给，努力弥合社会群体之间的数字财富分配、数字认知与技术应用鸿沟，强化数字公共产品的普惠性、均等化、可及性，赋予技术道德伦理的温度，以数字善治拉平技术创新带来的"社会鸿沟"。

四 在数据要素市场化配置改革中构建数据治理制度基础

数据要素是数字时代的"石油"，数字经济发展的核心引擎，高水平数据要素市场对数字经济高质量发展和产业数字化转型具有基础性支撑作用。深圳应当重拾曾经引领全国土地、劳动力和技术等要素市场化改革的勇气，创新性落实《中共中央 国务院关于构建数据基础制度更好发挥数据要素作用的意见》等系列改革部署，围绕数据要素价值释放的核心难题，谋划先行先试改革举措，推动数据要素理论和实践取得新突破。

面向中长期，深圳数据要素市场化改革需要聚焦以下三个方面。

第一，用制度创新打通公共数据资源开发利用中的诸多卡点。公共数据汇聚的"数据孤岛"问题依然存在。公共数据流通的软硬件支撑仍存在诸多空白，数据基础设施统筹建设机制不完善，数据流通的可信空间等设施建设滞后，市级层面公共数据授权运营制度尚未出台；民营企业等主体参与公共数据流通利用交易的参与机制、方式等路径和途径并不清晰，公共数据价值释放面临诸多体制性障碍。坚持市场在数据要素市场化配置中的决定性作用，充分认识数据要素流通交易的基本规律，以制度改革激活企业创新活力为导向，培育壮大数据经营主体，助推数据流通交易生态的繁荣，构建公平合理、安全有序的数据要素流通交易体系。

第二，高位推动深圳数据交易所争创国家级数据交易所。深数所目前是市国资委下二级国企。从数据要素交易客观规律和全国一体化数据要素市场建设的实际来看，目前深数所的定位、功能以及能级和资源无法满足数据要素交易市场培育和制度探索的需求。国家数据局层面正谋划设立国家级数据交易所，上海、广州等城市密切与国家数据局对接沟通，争取落点。深圳数据交易所是全国一体化数据要素市场的关键性节点，深圳迫切需要抢抓国家数据交易场所政策调整的机遇，推动该所上升为国家级数据交易所，并以此为契机在数据要素流通利用的全链条中为国家数据要素市场化配置改革探索经验。

第三，探索数据跨境高效便利安全的新机制。目前，深圳数据跨境方面存在政策供给不足与基础设施缺位并存难题。数据跨境政策缺乏整体统筹，现有跨境流动的制度安排侧重数字贸易产业，产业主管部门出于服务产业发展的考量，导致数据跨境规则、机制、场景、基础设施等覆盖面不足。在国际海缆登陆站、跨境数据流通可信通道等数据基础设施上存在缺位。对标党的二十届三中全会提出的"建立高效便利安全的数据跨境流动机制"改革要求，可在国家及行业数据跨境传输安全管理制度框架下，充分依托前海、河套等合作平台先行先试，深化数据跨境流通合作，探索构建数据安全合规有序跨境流通机制，汇聚国际数据资源，参与国际竞争合作，构筑国际竞争新优势。

第四节　将数字治理作为进一步全面深化改革的战略性安排

深圳数字治理的成功仅有目标、定位和方向还不够，还需要勇气、智慧和定力，将数字治理作为深圳进一步全面深化改革的主攻方向，以更高规格的战略安排予以落实推动，把数字社会治理重点领域的项目融入城市重大发展战略大局中，努力落实国家使命、为国家前途探路并驱动自身的战略发展。

一　将数字治理改革作为深圳建设先行示范区的主要抓手

百年未有之大变局，新一轮科技革命和产业变革加速演变，国际政治经济关系深刻调整，深圳乃至中国正面临数字技术突破引发的全球数字前沿科技竞争、人工智能等产业发展、超大城市智慧化治理等新命题新挑战，现有的治理体系和治理能力面向新领域新赛道的制度供给越显乏力，时代呼唤数字社会治理体系的重大改革创新突破。中央支持深圳建设中国特色社会主义先行示范区，鼓励深圳牢记党中央创办经济特区的战略意图，坚持改革开放，努力创建社会主义现代化强国的城市范例。

深圳应当以更前瞻的战略眼光和更高的站位部署，将数字治理改革作为深圳创建先行示范区、建设更高水平开放型经济新体制的主要抓手，丰富新领域新赛道制度供给，在各领域、各部门要把数字化改革从数字技术应用层面提升到规制再造、体制创新的层面，围绕数字政府、数字产业、数据要素、智慧城市等数字社会治理改革的重点领域和关键环节谋划和实施重大改革举措，全面支撑深圳打造更具全球影响力的经济中心城市和现代化国际大都市，为数字中国建设提供更多可复制的示范经验。

二　将数字化改革作为深圳改革工作的战略主导方向

数字化改革是贯彻落实党的二十届三中全会精神，加快建设中国特色社会主义先行示范区的根本要求。党的二十届三中全会提出推进国家治理体系和治理能力现代化的重要要求，对全国数字社会治理改革的各个领域做出具体部署。中央赋予深圳打造数字经济创新发展试验区的责任，要求推进"数字政府"改革建设，发展数字文化产业和创意文化产业等数字社会治理的明确改革目标。深圳有责任和义务在全国进一步全面深化改革、推进中国式现代化的伟大实践中勇当先锋，在数字技术创新、人工智能产业、数据要素市场化改革等重点领域中敢于探索试错和源头创新，争当中国数字治理的策源地与引领者，在技术、模式上引领中国乃至全球的数字革命浪潮。

深圳应当力争在全国率先部署开展新一轮的数字化改革，围绕大数据战略、数字经济发展、数字政府建设、数字化改革等，在新时期未来十年，把数字治理相关改革作为深圳进一步全面深化改革的战略总抓手，作为深圳加快建设中国特色社会主义法治先行示范城市、打造更具全球影响力的经济中心城市和现代化国际大都市的"船"和"桥"，以撬动各领域各方面全面深化改革，在数字化的后半部分改革（扭转职能、精简人力、降低管理成本、提升管理治理效能）中处于领先地位。

三 在重点领域与关键环节推出更多"牵一发而动全身"的重磅数字改革

曾经，深圳引领了中国改革开放伟大事业中的要素市场化改革，也在高新技术产业创新、商事主体改革和"放管服"改革等经济社会治理中引领全国。新时代，深圳改革开放面临高度承压的内外环境，改革进入"迷茫"时期，世界经济增长放缓，逆全球化与产业、技术、市场封锁威胁加剧，外向型出口型城市发展受阻，全国改革创新试点遍地开花，改革不再是深圳的"特权"，改革释放红利的边际效益下降。深圳有责任和义务在进一步全面深化改革推进中国式现代化的伟大实践中走在前列，勇当尖兵。

深圳要深刻认识数字社会治理在国家治理体系中的重要性和紧迫性，将数字社会治理改革作为深圳新领域新赛道改革的主攻方向，把数字社会治理重点领域的项目融入城市重大发展战略大局，传承特区经验，努力落实国家使命、为国家前途探路并驱动自身的战略发展。在重点领域与关键环节推出更多"牵一发而动全身"的重磅数字改革，以数字技术加快变革传统治理模式，推动实现社会治理精准化、科学化、智慧化，不断提高社会治理水平，通过城市社会治理的数字化转型，运用大数据、人工智能等先进技术手段，实现城市治理的精准化、智能化和高效化，优化城市管理流程，提高政府决策的科学性和响应速度，更好地满足市民的需求，提升城市整体治理效能，探索打造超大城市数字社会治理的"深圳样板"。

第八章

深圳数字治理创新的策略路径

深圳面向更长远时期,要结合数字中国的整体规划,基于明确的战略定位,围绕重点领域与关键环节,谋划和落地具有可操作性的策略路径,才能创造更多先行示范样板。

第一节 用好综合改革试点和特区立法创新

一 充分利用深圳综合改革试点机遇拓展数字治理制度创新空间

数字治理中的系列环节涉及多项国家事权,深圳要进行制度创新,一方面需要突破部分存在滞后的国家上位法,另一方面需要自主创新填补立法规制领域的相应空白,再予以制度化固定,力争形成全国推广示范效应。《中共中央 国务院关于支持深圳建设中国特色社会主义先行示范区的意见》明确提出支持深圳实施综合授权改革试点,以清单式批量申请授权方式,在重点领域深化改革、先行先试。综合改革试点的实施包括三方面的先行先试权:一是先行立法权,在新领域创制规则、先行立法,弥补上位法空白;二是立法变通权,根据新时代发展要求或本地区实际情况,在不违反基本法律原则的前提下,对已有的上位法进行一定范围的变通;三是变通执行权,在执行职能过程中,对于深圳先行立法权和立法变通权有规定的,应优先适用深圳特区制定的法规。《深圳建设中国特色社会主义先行示范区综合改革试点实施方案(2020—2025年)》明确授权深圳:"推进大数据平台及相关机制建设,支持建设粤港澳大湾区大数据中心,研究论证设立数据交易市场或依托现有交易场所开展数据交易。"当前,深圳正在谋划第二批综合改革试点的授权清单,数字治理等内容成为重点谋划和申请的方向。例如，具体可在以下五个方面先行先试。

第一，对标《数字经济伙伴关系协定》（DEPA）等国际数字领域的标准规范。在前海、河套等重点区域率先开展DEPA条款对接试验和压力测试。探索建立深圳—新加坡经贸创新发展示范园区，在中新双边合作机制下围绕贸易、数据等双向流通开展创新。

第二，探索数据跨境流动安全便捷高效的管理机制。加快数据跨境流通基础设施建设，开展数据跨境流动试点，推动将数据出境评估权限下放深圳，授权自贸试验区建设国家跨境数据流动管理试点。

第三，探索发展离岸数据加工业务。建立离岸数据便利化出入境和交易加工的专门管理制度，构建数据流动更加方便高效的管理机制。

第四，探索数据要素市场化配置改革新模式。支持深圳依托深圳数据交易所建设国家级数据交易所，赋予更高的定位、更多的责任和更充足的制度探索空间，推动深圳数据交易所切实发挥基础服务和合规监管功能，持续开展试验创新，先行先试，为全国数据要素市场化配置改革创造积累更多经验。支持深圳数字龙头企业、数字平台企业、数字链主企业利用区块链等技术开展数据存证服务，优先推动知识产权、数字藏品等领域数据存证机制建设，解决数据"确权难"问题。

第五，创新数字治理领域的改革容错机制。在数字改革创新领域，由纪检监察与审计部门，出台专门的容错机制与条款，为先行先试中的风险与挑战营造更宽松的环境氛围。

二 用好特区立法权聚焦数字领域立法为自主探索夯实制度保障

改革越是进入攻坚期、深水区，越是要在法治轨道上推进改革，保证改革不变形、不走样。党的十八大以来，党中央高度重视发挥法治对改革的导航作用，将法治作为全面深化改革的基本遵循，大力加强与改革相关的立法工作，推动全面深化改革乘风破浪、行稳致远。习近平总书记多次强调，"实现立法和改革决策相衔接，做到重大改革于法有据、立法主动适应改革和经济社会发展需要"。深圳作为我国改革开放的"窗口"、前沿阵地，改革工作一直处于龙头引领地位，更需要坚持和科学运用以法治思维和法治方式推进改革的方法，充分发挥法治的引领、规范和推动作用,确保改革在法治轨道上向前推进。加快相关数字治理的立法工作步伐,将已被实践证明行之有效的改革举措及时上升为经济特区条例;对于数据治理领域涉及调整现行上位法的各项改革政策措施,及时按照法定程序向全国人大常委会提出相关议案,或按照法定程序提请国务院决定,经授权或者决定后实施,始终做到重大改革于法有据;同时加大数字治理相关经济特区条例的"立改废释"工作力度,及时修改和废止不适应现代市场经济发展要求的相关条例。

第二节 强化深圳数字经济创新治理能力

将数字经济发展提升到城市发展更高的战略位置,紧盯人工智能等新领域新赛道,以产业政策制度供给和基础设施建设支撑产业高质量发展,稳固深圳在全国乃至全球数字经济领域中的领军地位,书写新时代的数字科创传奇。

一 提升数字经济发展的战略地位

第一,在重大产业规划中强化数字经济发展的战略地位。数字经济发展为数字技术创新提供良好的物质基础和市场需求。建议在深圳"20+8"产业集群中增加数字经济的分量,并在"十五五"规划中提升数字经济发展的重要性,适时出台支持数字经济新技术和新业态发展的扶持政策,通过加大数字经济发展力度,持续提升企业数字技术创新竞争力,培育产业生态。

第二,提前布局卫星互联网、人工智能、人形机器人等数字经济未来赛道。在新一代电子信息技术等传统优势产业之外,提前研判、积极布局,找准下一个数字经济的主赛道。例如,在卫星互联网、人工智能、人形机器人等领域,谋划培育世界级的龙头企业。

第三,发挥数字技术创新对数字经济发展的驱动作用。数字技术创新不仅是一场技术变革,更是一种产业模式创新。支持鼓励头部数字企业持续推进大数据、大模型、边缘计算等数字技术创新,推动中小企业加快数字化转型,促进数字产业化、产业数字化、治理数字化以及数据价值化协同推进,驱动数字经济发展。

二 进一步强化数字企业的技术创新能力

第一,促进数字领域产学研合作。加强企业与深圳大学、南方科技大学、哈尔滨工业大学(深圳)等本土高校,以及中国科学院深圳先进技术研究院、深圳市大数据研究院、深圳数据经济研究院等科研机构的合作,共同开展数字技术研发,推动科技成果转化,提高数字企业的技术创新能力。

第二,加大关键数字技术领域的企业支持力度。瞄准新一轮数字技术发展浪潮,聚焦人工智能、高端芯片、量子信息等数字技术关键领域,加大对企业的支持力度。制定针对数字技术企业的支持政策,包括税收优惠政策、创业孵化基金、科技创新基金等,鼓励和引导企业在关键数字技术领域进行创新和创业。发布"卡脖子"技术攻关项目清单,鼓励领先企业、高校、科研院所等共建国家重点实验室等技术创新平台,加快由基础研究向重大创新的转化速度。加强数字技术知识产权保护,建立健全知识产权保护制度,为技术创新提供法律保障。加强与国际先进技术机构的合作,引进国际先进技术和管理经验,提高深圳数字技术的国际影响力。结合"20+8"产业集群情况,进一步加大数字科技园区或创新孵化基地建设力度,为数字技术企业提供场地、设备和资源支持,打造良好的创业环境和创新平台,吸引更多的优秀人才和企业入驻。

第三,搭建数字技术创新公共服务平台。为促进数字技术的应用和发展,搭建融合技术、聚合数据、赋能应用的数字技术创新公共服务平台,提供技术咨询、项目对接、人才培养等方面的服务。围绕数字经济产业创新需求,精准布局关键技术平台、资源条件平台、科技服务平台等数字经济产业通用型高层次重大平台,构建创新型数字经济企业全链条服务体系。同时,鼓励企业、高校、科研机构等共同参与平台的建设和运营,实现资源共享和优势互补。

第四,支持和发挥行业协会等社会主体参与技术创新。发挥行业协会在技术创新和产学研链接中的桥梁作用,促进大小企业间合作交流,推动技术共享、联合研发等项目落地,打破技术壁垒,形成协同发展良好局面。

三 注重引培高水平数字人才队伍

第一，注重引进数字技术领域高层次人才及领军人才。强化急需紧缺高层次人才及领军人才引进政策顶层设计，定期发布更新深圳数字技术领域急需紧缺人才目录，大力引进国（境）内外高层次人才及领军人才，组建高层次人才及领军人才库。对引进的高层次人才及领军人才，在奖励补贴、工作经费、住房、职称方面给予政策支持。鼓励通过特聘、项目合作、短期工作、担任顾问等柔性方式引才用才，激发人才创新创造活力。

第二，抓好数字领域政府干部和企业高层教育培训。定期组织市区两级政数部门负责人的教育培训，提升其数字技术知识水平、数字治理战略思维、数字安全管理能力等。由行业协会、龙头企业、市政府、区政府相关部门推荐，依托深圳改革开放干部学院、深圳大学等院校资源，每年遴选一批数字领域企业家、企业高管参加研修班，着重培养企业高层战略眼光，提升其战略思维、规划落地能力、创新领导力等。组织开展企业家战略研讨等活动，提高企业家战略管理、依法治企、现代化经营和创新发展能力。

第三，构建数字人才综合培养机制。充分发挥深圳市高等院校、科研院所和数字产业园在教育、科研及产业转型方面的优势，打造一批高层次、复合型、国际化的数字人才培养示范基地以及若干国家重点实验室，形成产教融合、各具特色的创新培养模式。每年定期举办数字治理高水平先锋论坛和研修班，鼓励高等院校、科研院所、职业学院、技术学校推荐一批科研人才与受邀的国（境）内外数字领域顶级专家、学者开展学术交流及前沿技术研讨，搭建校企、科研院所共建共享合作平台，有效提升建设数字人才培养和产业链与创新链的竞争力。

四 深化前沿数字技术赋能治理创新

第一，用好深圳在信息技术和智能技术方面具有优势，扩大数字发展空间，创造良好的数字生态环境。加快前沿数字技术应用顶层设计和规划。

第二，高位制定加快数字化转型战略，明确"五位一体"治理领域的数字化转型的目标和路径，从支持企业技术研发和创新、试验和推广数字化应用场景等方面设计目标任务，为促进前沿数字技术在各治理领域的应用，助力深圳数字企业成长提供有利环境。

第三，支持企业加大技术研发和创新。加大对前沿数字技术的研发和创新投入，鼓励企业和科研机构加强合作，推动技术创新和成果转化，为各治理领域提供更高效、更智能的数字化解决方案。

第四，试验和推广数字化应用场景。结合各治理领域的实际需求，鼓励试验和推广数字化应用场景，如智慧城市、智慧交通、智慧医疗、智慧教育等，通过实际应用案例，展示前沿数字技术的优势和效果，提高各领域对数字化转型的认可度和接受度。

第五，推动跨界合作。鼓励不同领域的企业和机构加强跨界合作，共同推动数字化转型和应用，形成跨界合作、协同创新的良好氛围。

第六，推进数字技术资源整合。整合龙头企业、高校院所、研究机构等资源，建立产学研用协同合作机制，推动数字技术创新成果转化，带动产业链数字化转型升级，提升产品核心竞争力。

第七，依法治理龙头企业数字技术垄断。进一步完善数字领域的技术、算法反垄断法规，明确数字技术滥用行为界定标准，将算法合谋、数据垄断纳入规制范畴，增强执法威慑力。限制头部大企业凭借雄厚资金、海量数据与前沿技术研发优势，构筑起极高的行业壁垒。

第八，强化媒体、市民等群体对前沿技术的社会监督，建立畅通的投诉举报渠道，设立专门的监督热线或网络平台，或定期举行听证会、座谈会，邀请媒体、市民代表、专家学者、企业代表共同探讨技术发展与应用中的热点难点问题，广泛听取各方意见，为政策制定与技术监管提供依据。

五 建设新一代数字硬件基础设施

第一，加快推进提升城市网络基础设施。推动光传送网（OTN）节点向网络边缘延伸，加大千兆光网覆盖，实现"千兆到户、万兆入企"。遴选重点工业园区推进网络升级改造。鼓励各行业主管单位结合需求，在教育、医疗、金融等行业开展全光网络改造，打造标杆示范项目，提供万兆接入能力。围绕大科学装置、超算中心、科研高校、重点实验室等科研平台互联互通需求，加快建设科技创新走廊超高速智能网络。

第二，推动数据中心区域协同发展。抢抓"东数西算"国家战略机遇，构建"深圳+韶关+西部"的数据中心梯次布局，积极引导在粤港澳大湾区算力枢纽节点布局承载中、高时延业务。加快构建"超级计算+智能计算+边缘计算+家庭数据中心"多元协同、数智融合的算力体系，为"20+8"产业集群和数字经济高质量发展提供多层次算力支撑。依托鹏城云脑和国家超级计算深圳中心大力发展超级计算、智能计算数据中心，提供世界一流的高性能计算、人工智能计算服务。支持采用新技术、利用绿色能源等建设新型数据中心，探索建设海底数据中心。

第三，加快布局物联感知基础设施。推进智能表计规模部署。支持城市水务、燃气运营企业规模部署智能水表、燃气表智能化改造。智能表计采集的数据应向城市大数据中心等平台汇聚，并接入市政府管理服务指挥中心，支撑城市重大决策。推进多功能智能杆建设。支持开展智能网联汽车道路测试和示范应用，探索开展商业化运营试点，建设国家级5G车联网先导区。

第四，加快建设空海跨域通信基础设施。布局卫星互联网设施。支持企业推进全球高通量卫星宽带通信系统、低轨星座及配套地面系统建设，探索卫星通信与地面5G、物联网融合发展，形成全球覆盖的宽带通信、物联网运营服务及重要区域手机直连能力。深化北斗系统推广应用。支持"深圳星"（亚太6D卫星）等本地卫星资源以及国家自主卫星资源在交通物流、海洋经济、自然资源、城市安全、环境保护等领域综合应用与创新示范。布局低空基础设施。支持企业建设各类型无人机起降场、充换电平台及配套设施，构建城市低空通信网络。打造涵盖飞行计划申请和审批、航路划设、分配和修正、非法飞行器识别、预警和处置等业务的"一网统管"智能调度监管平台。支持基础电信企业重点提升沿海、近海、郊野区域5G网络覆盖，完善大鹏半岛、高层建筑、高速公路主干道等区域5G网络覆盖。

第三节 筑牢安全屏障底线为数字治理创新托底

坚持将安全放在更重要的位置，注重价值引领，围绕数字价值观对齐的重要目标强化新技术在数字伦理价值体系中的研究和制度供给，围绕数据安全、人工智能等重点领域，以立法和监管机制创新筑牢数字治理安全大门。

一 明确深圳数字治理的公共伦理规范准则

数字治理的效果最终都取决于受众的感受，技术应用的最终目的也是服务公众，因此在数字治理下应该明确以人为中心的伦理原则。公共治理的本质绝非纯粹的技术事务，而是一个政治过程，在推动数字治理的过程中不能一味追求数字化、自动化、智能化，还应该体现出公共性、开放性、多元性、回应性、程序正义性等一系列规范价值。

第一，要将人民群众在数字社会的获得感、幸福感和安全感作为数字治理的出发点和落脚点，在数字平台建设过程中，要立足于群众需求，以人为本，帮助群众解难题、办实事，全面优化业务流程，提高服务质量。要缓解当前基层（如街道）在多平台重复录入、频繁更新数据的问题，避免数字技术应用"本末倒置"（本应带来便利，反倒成为负担）。

第二，要防止"技术依赖"，不能"一刀切"地将所有问题都通过数字技术解决，而是应该具体问题具体分析。尤其是对于信息弱势群体，应该探索更为人性化的管理模式，如线上＋线下融合发展、开发"适老化模式"等。

第三，探索以数据流通交易收益分配为代表的数字财富调节机制。深圳应担起先行示范区的责任和担当，在数字领域的财富分配机制方面先行先试。例如，在数据要素市场化配置改革方面，落实"由市场评价贡献、按贡献决定报酬"收益分配机制，构建多元化的数据流通交易模式，引入公平合理的收益分配方法，出台数据要素市场激励配套政策，尤其是在公共数据的开放流通利用链条中，加快明确各方权利义务、交易规则、税收政策等，将公共数据收益分配纳入法治轨道。

第四，在弥合区域财富差距上，建立数字治理对口帮扶机制，帮扶、赋能全国欠发达城市，解决"数字鸿沟"问题。

二 加强法治建设应对数据安全挑战

构筑深圳数字治理的法治基础与权力边界。立法先行与法治创新需要保证价值对齐，其根本是要在尊重和维护社会公平正义的价值体系上强化法治保障。深圳特区立法权是数字治理的制度条件，也是巨大的治理能力挑战。政治权力本来就有无限扩张的天然本性，在大数据技术的推波助澜下，如果不建立健全相关的法律法规，就会肆无忌惮地侵害公民权利和自由。① 因此，数据治理的法治保障核心是清晰界定政府与企业、社会组织等外部力量在数字治理中的权力边界。例如，在数字政府、数字城市、公共数据开发利用等项目建设与制度设计中，既要建立完善的法律规范来约束外部主体权力范围，要求各参与方严格遵循法规要求，更要明确约定政府部门在监管过程中的治理权力不被滥用，公共利益不受侵害。

第一，立法层面。在深圳实施《深圳经济特区数据条例》《公共数据安全要求》的基础上，鼓励和引导行业组织、高等院校、从业机构共同参与，推动多元主体在标准制定、文件论证、文化建设等方面与政府开展合作，形成大量数据安全标准、科技伦理指引、数据治理倡议，勾画出深圳数据安全的"柔性边界"。

第二，执法层面。参考加拿大隐私专员制度经验，从市级层面设立专门的数据安全管理部门，负责开展政府数据开放隐私风险识别与防范工作，形成跨地区、跨部门、跨层级的协同联动机制和全方位、多层级、一体化的安全防护体系。

第三，守法层面。注重培养市民形成数字治理的隐私保护理念，增强政府行政责任意识，建立以责任为本位的政府管理制度，强化企业关于数字服务合法性、隐私保护等方面的培训力度。

三 建立高效便利安全的数据跨境流动机制

第一，坚守数据安全红线，在市级层面先行探索建立数据跨境流动

---

① 吴晶晶：《从数字治理走向数字善治的路径探索》，《山东行政学院学报》2022 年第 2 期。

白名单规则,就出境安全评估或者备案的出境场景、重要数据触发数据出境安全评估的条件等进行详细列举并作出豁免规定,赋予企业主体出境数据先行判断权,灵活开展数据跨境流动安全监管,政府做好事中、事后的监管。

第二,加快开展数据跨境传输安全管理试点工作,建立健全数据安全保护能力评估认证、数据流通备份审查、数据跨境流通和交易风险评估等数据安全管理机制。在深圳前海和河套等重点区域建设"数据特区",先行先试一批数据跨境政策或技术,打通业务链条、数据共享、数据流通堵点,建立数据跨境流通规则体系和运营机制,建设高水平国际数据合作桥头堡、高标准数据跨境制度创新先行区。

第三,探索设立深港澳三地数据跨境联合委员会,由政府牵头搭平台,数据交易所等机构运营,广大协会、企业参与,推进三地数据合作。

四 探索运用人工智能开展数据安全审查

创新是网络安全保障能力提升的根本动力。

第一,人工智能等数字技术的应用本身既是安全防御的重点、手段,也是保障的有力手段。创新人工智能技术手段,用技术进步解决安全风险难题,加强人工智能数据安全保护基础理论研究和技术研发,发展负责任、可信任、可控的通用人工智能。加快通过检测验证提升人工智能产品的安全性和成熟度,降低人工智能数据安全风险。

第二,建立健全动态监控、主动防御、协同响应的数字政府安全技术保障体系,充分运用主动监测、智能感知、威胁预测等安全技术,特别注重挖掘人工智能技术潜能,拓展网络安全态势感知监测范围,加强大规模网络安全事件、网络泄密事件预警和发现能力。例如,深圳数据智慧防线,自动识别数据泄露渠道并进行封锁,并建立失信名单。

第三,围绕5G、工业互联网、车联网等重点领域开展关键技术攻关,加快强化安全风险感知、监测预警、实时阻断、追踪溯源等核心能力;前瞻布局人工智能与网络安全技术融合创新,提高产业链、供应链韧性和安全水平。

五 强化数字治理新型公共伦理规范教育培训

数字时代,人人都是信息的生产者,同时也是信息的使用者,作为信息活动主体应该承担一定的责任,而强化公共伦理教育是提升公民道德认知和践行能力的首要手段。

第一,构建适应数字社会的社会文明素养体系。摒弃传统政府"大包大揽"的治理模式,强化公民自治的主体责任,提升公民道德认知和践行能力。多渠道开展全民科学素质教育。通过网络课堂、媒体宣传、学校教育、办事大厅一对一辅导等方式,全面提升公民数字化智能化能力,逐渐消除"数字认知鸿沟"。各单位、各部门及重点企业每年开展一次数字治理公共伦理教育,引导群众树立数字时代的公共意识,自觉遵守数字社会公共道德规范,做到不损害他人和社会利益,营造良好的数字文明氛围。

第二,提升数字公共文明素养。主动学习公共伦理知识,积极投身社会实践,在日常生活的点滴中践行伦理规范,将知识转化为行动自觉,逐步提高自身公共伦理规范素养。尤其是在社交媒体网络中,不盲目跟风传播未经证实的信息,强调依据可靠资讯,秉持正义之心发表见解,为凝聚社会共识贡献力量。

六 探索平台企业算法治理新机制

将算法治理提升到区别于传统工具治理的更高地位,推动构建平台企业算法治理新机制。

第一,明确且坚持良序的算法治理价值导向,通过良序的算法治理格局支撑平台经济发展。政府在政策的顶层设计和算法的监管实践中,应摆脱对传统管理机制的依赖和勇于打破传统部门利益结构,尽可能减少因政府监管增加平台企业的制度成本,探索更具敏捷性和创新性的治理模式和技术手段。

第二,针对现有治理框架中以规范平台企业代替算法治理的错位问题,将算法治理从平台企业监管范畴中独立为治理对象。充分考虑算法拥有商业技术与社会规则双重特性,从算法的形成逻辑、核心特征和应用场景出发,聚焦因算法不透明性加剧信息不对称引发的治理难题,设计算法治理的制度框架。

第三，强化社会共治力量，以制度创新凝聚治理共识，形成政府、企业、社会（行业、媒体和算法工程师等）多元治理结构。政府围绕法律监管、规范监管和技术监管层面加快算法治理的制度供给，出台更具前瞻性的法律规范和标准。平台企业应突出自身的社会属性，强化企业社会责任，在不侵害自身商业利益的基础上，做好算法规则的透明化和公开化，加快形成算法内部自治机制。社会应突出行业自治和社会监督，推动平台企业成立算法协会，实施针对平台企业的第三方算法合规审计与风险评估。支持媒体舆论监督，推动平台企业将算法规则和评估报告向社会公示，建立算法工程师参与机制，以及提升公民算法素养等。

第四节 统筹数据资源开发利用和安全治理

牢牢把握数据在数字治理中的关键地位，推进数据要素市场化配置改革这一基础性工程，围绕数据流通利用的全链条创新资源汇聚、流通、交易等关键环节持续创新体制机制，把深圳打造成为全国性数据要素流通枢纽。

一 建设全国性数据要素市场治理核心枢纽

第一，依托深数所打造全国性数据要素市场枢纽。深圳应主动担起先行示范区的改革重任，抢抓国家政策调整的关键窗口期机遇，以战略化思维推动深数所创建国家级数据交易所，并借机重构全市数据要素市场化的相关工作机制，助力打造大湾区一体化数据市场和高效便利安全的数据跨境流动机制。将建设国家级数据交易所作为全市数字经济发展和要素市场化改革的战略级任务，以更高站位争取推动国家级数据交易所建设工作，在推进机制和资源协调方面给予更高的重视和支持。例如，以特区立法和市委、市政府发文等形式支持深数所提高发展能力，适时启动《深圳经济特区数据条例》修订事宜，以立法方式进一步明确深数所在数据要素流通交易中的职责及地位。市级层面出台文件明确深数所作为功能保障型国企的定位、功能与职责等，授权支持深数所参与公共数据开发流通和授权运营，明确本地政府机关、国有企事业单位数据产品在深数所进行上市交易与采购流通。

第二，加快重点领域探索一批先行先试数据治理经验。结合深圳"20+8"产业集群，研判保险、医疗、健康、商业、电力等领域重点细分产业数据交易关键业务板块，精准细分行业数据交易需求，形成"一产业一板块"数据供应市场。支持开展人工智能、新能源汽车、生物医药及医疗器械等重点产业发展的数据治理和应用赋能工作，打造一批数据要素赋能实体经济发展的全国性示范案例。

第三，推动深圳与粤港澳大湾区及全国数据市场的协同治理合作。发挥深圳的大湾区核心引擎功能，加快联动广州数据交易所，佛山、湛江服务基地和韶关数据中心集群，探索打通粤港澳大湾区数据要素市场一体化堵点的改革举措。在现有数据交易产品基础上，积极策划举办"国际性数据产品开发者大会"（暂定名）、公共数据创新应用大赛等形式丰富的数据产品开发活动，营造良好的数据产品开发生态。支持前海、河套开展数据跨境业务，参与数据国际合作和全球数字治理体系建设。

二 全面提升源数据供给治理能力

锚定建设全国数据资源供给和流动关键枢纽的目标。

第一，加快探索数据产权登记制度改革，贯彻落实国家数据产权登记试点工作部署，依托深数所建设数据产权登记服务平台，开展数据产权登记试点工作。

第二，探索公共数据开放利用新机制。借鉴吸收北京、天津等城市公共数据授权运营管理规定，加快出台深圳公共数据配套法律体系，围绕数据授权、数据运营、供需培育等核心环节建立工作机制和管理规范，填补公共数据授权运营监管机制的空白，为激活公共数据价值提供法制保障。

第三，通过政策创新增强企业动力。全力推动数据源头供给提质增效。例如，提升产业数据、人口数据等基础数据的统计、收集、利用工作效能，建立统一科学的统计口径，健全基础数据体系，提高数据质量。借鉴上海浦东《中国（上海）自由贸易试验区专项发展资金支持数据要素市场发展实施细则》和佛山市顺德区《支持数字经济集聚发展若干政策措施》以补贴促交易的模式,对在深数所首次挂牌的和优质的数据产品提供资金支持,研究制定数据产品交易补贴政策,扩大数据产品供给。

第四,在硬件和技术方面,加快推进数据脱敏、匿名、隐私计算等技术应用,投建更大规模的数据存储、可信安全流动和交易结算中心基础设施建设。

第五,引导和协助企业加快数据资产入表和数据资产化,强化保险、医疗、健康、商业等领域的高价值数据知识产权保护,以龙头企业为牵引,充分动员华为、腾讯等深圳本土企业数据交易意愿,加快企业数据资产化,提振数据交易市场活力。探索金融机构参与数据交易模式,建立数据资产评估标准,引导专业金融机构出台数据资产评估报告。探索数据交易风险补偿机制,开发数据要素保险等适应数据交易所交易模式的金融产品。

三 构建数据要素交易安全监管体系

探索构建强制性监管、诱导性激励和柔性行业自律规范相结合的监管机制。

第一,对照证券交易监管模式,前瞻性分析研判开展场外数据交易备案制运营模式的可行性,规范场外数据交易行为,助力化解场外黑市交易带来的公民个人信息泄露等风险。

第二,完善数据安全合规制度体系。以深数所数据交易动态合规体系为基础,制定一批数据流通交易的合规评估制度与规则标准。完善第三方服务机构评估与管理制度,构建一套与国际接轨的市场化数据安全合规评估与认证机制。

第三,构建市场主体,建立信用评价体系,试点数据合规自愿性认证和信用承诺制度,将数据分级保护、数据安全风险评估、数据安全风险监测等法律要求嵌入业务流程、管理权限和组织架构等。

第四,探索建立数据质量规则体系。编制数据产品质量评估指引,引入第三方服务机构开展数据产品质量检验和测试,提供工具与服务,并定期发布数据企业合规典型案例,推动企业完善合规自律。

第五,建立数据价格形成和监管机制。建设数据质量评估和计价中心,参与全国数据要素价格决定机制改革,并定期发布数据企业合规典型案例。

第六，完善数据安全和风险防范机制。围绕数据要素生产流通使用全过程，研发评估模型和智能算法，实现数据交易合规风险 AI 识别和分析。

第五节 加强以深港为重点的数字治理合作

坚持扩大开放，以深港数字治理合作为重点，深度参与"一带一路"共建国家数字治理合作，融入和引领国际数字治理新规则新体系建设。

一 发挥前海、河套等平台深化深港数字治理合作

发挥毗邻香港的地理位置优势和特区"试验田"优势，用足用好前海和河套两大改革战略平台，多领域探索数字治理合作新方案。

第一，在数据流动协同方面。深港两地政府携手在前海、河套探索出台专项数字治理协同政策，针对跨境数据流动，共同制定一套既符合内地法规要求又兼顾香港国际化规则的数据分级分类标准与流动审批机制，保障数据安全有序跨境，为两地数字企业跨境业务开展提供便利，着力推动金融数据和科研数据的便利安全流动。探索基于隐私计算技术的数据跨境监管新模式，制定以数据分级分类为基础的数据跨境监管新规则，并且优先开放生物科技、信息科学、人工智能等领域的科研数据跨境实践，以加大与香港北部都会区科技协同力度、打通河套科研数据跨境通道。利用前海金融与服务业开放优势，完善金融、信用、电商等领域数据跨境流通机制。

第二，在产业治理方面，针对数字产业准入和监管，在河套园区探索部分以量子计算应用、脑机接口研发等前沿技术或新兴领域的准入门槛与扶持政策，吸引全球顶尖数字企业入驻，打造数字产业集群新高地。

第三，在社会参与方面，由深港两地的行业协会、龙头企业等共同发起成立数字产业联盟，开展产业对接活动、技术交流研讨会、联合项目申报等工作，促进两地数字产业的深度融合。

第四，在两地市民政务服务优化方面，推动深港两地政务服务平台

的对接和融合，实现政务信息的共享互认和业务的协同办理。例如，在企业注册、税务申报、人才引进等方面，为深港两地企业和居民提供更加便捷的政务服务。

二 积极参与"一带一路"全球数字治理合作

更加积极主动地参与构建全球数字治理新格局，在国际竞争与合作中提出深圳方案，展现中国智慧。

第一，输出深圳数字治理技术经验，助力弥补全球"数字鸿沟"。加强与"一带一路"沿线国家数字合作，支持深圳相关企业、部门参与通信网络、数据中心、卫星通信等数字基础设施建设，并通过技术援助、投资合作等方式，帮助沿线国家优化数字基础设施，提升数字治理能力，缩小数字鸿沟。通过联合办学、培训交流、学术访问等形式，为沿线国家培养数字技术人才，输出深圳经验。

第二，加强与"丝路电商"倡议的数字相关合作。利用蛇口、福田等区域电子商务园区的发展优势，以及深圳在直播电商、服装、美妆、珠宝和消费电子等产业的优势，借鉴上海经验，谋划布局"丝路电商"先行示范区，争取列入第二批综合改革试点清单或获批国务院专项试点。畅通宝安国际机场、蛇口港和盐田港通关渠道和物流能力，增设海铁联运线路。鼓励"20+8"产业龙头数字经济企业"走出去"，全面增强深圳对"一带一路"国家市场的辐射能力，有力支撑"数字丝绸之路"建设。

第三，打造数字治理国际合作平台。依托深圳的产业优势和创新资源，举办高水平的数字治理国际论坛、研讨会、展会等活动，搭建全球数字治理交流与合作平台，促进各国政府、企业、学术界和社会组织之间的对话与合作。鼓励深圳的企业和机构"走出去"，在海外设立数字治理研发中心、产业园区等，开展数字治理技术和解决方案的推广应用。

第四，复制拓展深圳—新加坡智慧城市合作示范区模式。总结深圳—新加坡智慧城市合作模式的先进经验，充分挖掘深圳24个友好城市和66个友好交流城市合作潜力，加强智慧城市技术、治理经验交流互鉴。借鉴北京市联合18个伙伴城市发起《全球数字经济伙伴城市合作倡议》的经验做法，适时联合友好城市发起相关倡议，构建城市间数字经济合作网络。加强数字城市外交的研究研判能力，前瞻性谋划参与部分国际性的智慧城市倡议和交流活动，提升深圳在全球智慧城市中的声誉和威望。

三 参与人工智能前沿技术全球治理合作

全方位、多路径地深度参与全球人工智能治理合作，抢占发展先机，贡献中国智慧。

第一，推动深圳标准上升为国际标准。积极参与国际人工智能标准组织和相关论坛，如电气和电子工程师协会（IEEE）、国际标准化组织（ISO）等，推动深圳在人工智能技术、数据、安全等方面的标准和规范上升为国际标准，提高在全球人工智能治理中的话语权和影响力。

第二，适时向全球提出深圳的治理方案。通过参与联合国、世界贸易组织等国际组织的相关会议和活动，以及在达沃斯世界经济论坛、人工智能全球峰会等国际高端论坛上发表观点，参与全球人工智能治理规则的讨论和制定，提出符合深圳和发展中国家利益的建议和方案，推动建立公平、合理、包容的全球人工智能治理体系。

第三，加强多边和双边合作。与其他国家、地区或城市建立人工智能治理合作的双边或多边机制，在人工智能伦理道德、安全评估、监管政策等方面开展交流与合作，共同应对人工智能发展带来的全球性挑战。

第六节 加速推进制造业与服务业的数字化转型

坚持"产业数字化"大方向，围绕制造业和服务业数字化转型的关键环节，发挥深圳电子信息产业集群优势，聚焦企业面临的"不敢转、不愿转、不能转、不会转、不善转"等一系列的障碍，加快数字化转型环境优化和制度改革，全面推动企业跨设备、跨系统、跨产业、跨地区的数字化互联互通，实现生产和服务更大范围、更高效率、更加精准的配置优化，从而大幅度提升产业的组织效率、生产效率、劳动效率。

一 多举措优化产业数字化转型政策生态

围绕政策供给、路径选择、基础设施建设和标杆打造等方面优化数字化转型环境。

第一，制定产业数字化转型路线图。由市工信部门牵头，联合行业协会和企业，共同制定全市制造业和服务业产业数字化转型三到五年的实施方案，制定重点产业集群数字化转型详细路线图，明确目标、步骤和时间表。

第二，丰富产业数字化转型政策供给，聚焦"20+8"产业集群，差异化出台数字化转型系列政策措施，优化数字化转型的政策环境，从企业购买自动化设备、加强自主创新研发提供资金扶持、人才引进等方面为企业数字化转型提供支持。重点加强对传统企业数字化转型的政策支持，提高政策精准度，全力推动传统产业数字化转型。

第三，强化基础设施建设。全面贯彻落实《深圳市极速先锋城市建设行动计划》和《深圳市算力基础设施高质量发展行动计划（2024—2025）》，加快建设5G、新一代感知、网络、算力等数字基础设施，着力推进工业互联节点等平台建设，推动基础设施的开放和共享，为产业数字化转型奠定数字化基础。

第四，注重数字化转型应用创新和标杆打造。加强政府对数字化创新产品的支持力度，创新更多新技术新产品应用场景，定期评定和宣传以"黑灯工厂""无人工厂"等为代表的行业典型数字化案例。

第五，增强专业人才保障。发挥好深圳大学、南方科技大学、深圳技术大学等高校优势，增加更具应用型的数字化转型人才培养专业，鼓励校企合作创新复合型人才联合培养方案；丰富和优化面向数字转型高端人才的引进，将重点产业所需的专业化高端人才纳入紧缺人才目录。

第六，强化标准体系建设。例如，支持标准院等单位牵头，联合华为、腾讯、深圳赛西、金蝶等在深央企和龙头企业，加快制定行业数字化转型技术规范、生态标准等，以标准共建数字化转型生态。

第七，增强数字化转型资金等配套保障。强化财政专项资金统筹，引导各级财政资金加大对传统产业数字化转型的投入，加强对数字经济领域重大平台、重大项目及试点示范的支持；依托"深i企"等政府平台，探索建立数字化供需对接入口或超市，引导服务方案提供商企业入驻，从营销、办公、财务和生产等方面提供低成本、门槛低的解决产品。

第八，重视安全保障。强化数字安全风险评估，建立数字化转型中的数据、技术和外部风险分析，建立网络安全预警机制，尤其是建立中小企业数字化转型的商业风险保障机制，降低企业的转型成本和商业机密泄露风险。

第九，加强行业交流。组织行业内的企业和机构进行合作和交流，邀请典型数字化转型企业进行经验分享和技术交流，定期举办行业峰会、技术交流会等活动，为企业提供更多的合作机会。

第十，及时评估转型效果和制定后续政策。邀请第三方评估机构，定期对重点产业数字化转型的效果进行监测和评估，根据评估结果制定后续政策。

二 分层次差异化推动制造业数字化转型

全面拥抱数字发展新时代，加快落实《关于进一步促进深圳工业经济稳增长提质量的若干措施》中的"加速制造业数字化转型"措施，以推动制造业数字化转型牵引产业智能化高端化发展，培育持续发展新动能。

第一，制定差异化的行业数字化转型方案。强化整体规划和统筹，制定"1+N"数字化转型方案体系，1是全市制造业转型整体方案，N是针对不同产业集群和不同行业，根据数字化所处阶段、瓶颈问题、转型需求，建立"一行业一方案"，尤其是为"20+8"产业集群中的制造业（如服装、钟表、眼镜等）分别制定数字化转型方案。

第二，发挥制造业龙头企业牵引作用。发挥其作为链主的优势，构建"以大带小，以小促大"的协同数字化转型格局，实现产业链供应链上下游企业协同"链式"转型。支持"母工厂"型企业提升数字化管理水平。支持制造业企业与SaaS（软件运营服务）平台供应商合作，推动企业加快管理信息化数据化，加快ERP、SAP、OA等软件运用，尤其是提升供应链、采购等核心功能板块的数字化水平，提升异地生产管理的智能化便利化。支持龙头型制造业企业运用工业互联网、数字化技术、物联网、区块链等数字化技术，建设"灯塔工厂""无人工厂""黑灯工厂"等，加快打造跨企业、跨产业的数字化平台，推动制造业工厂加快从土地、劳动力等要素优势向数字技术、人才和知识等要素的动态转变。

第三，着力做好制造业中小企业数字化工作。围绕低门槛服务、全流程赋能和系统化保障三方面全面支持中小企业数字化转型，加大中小企业数字化转型资金支持力度，借鉴创新券、消费券发行经验，探索发行中小企业数字化转型券，降低中小企业转型成本。政府部门牵头加快打造推广 SaaS、低代码、小程序等轻量化应用，为中小企业转型提供更多成本可控、方便好用的数字化转型工具；全流程为中小企业赋能，确保数字化转型精准可用，建立中小企业数字化转型智囊团为中小制造企业提供数字规划咨询服务，依托公共服务平台建立行业数字化转型方案池，引导数字化转型服务商针对细分行业推出有针对性产品和解决方案。

第四，加快工业互联网、大模型等前沿技术在制造业的研发和应用。依托宝安、龙华和龙岗等现有工业互联网节点或平台，支持华为、腾讯、富士康、树根互联等企业加快工业互联网技术发展，鼓励支持制造业大模型数据治理和算法技术攻关，加快大模型在制造环节的应用创新，提高传统自动化设备的精准度，降低机器人部署和调试的门槛，推动传统制造业在产品设计、生产、维护等环节从自动化到数字化向智能化跃升。

三　聚焦三大领域推动服务业数字化转型

加快出台深圳服务业数字化转型政策，深度结合服务业行业差异大的特点，聚焦传统服务业、生活服务业和生产性服务业三大重点领域，差异化制定数字化转型方案。

第一，传统服务业数字化转型。强化政策支持和引导，加大资金、税收等方面的支持力度，鼓励传统服务业进行数字化改造，帮助企业对"互联网+生活服务业"的融合目标、路径及重要性加深认知，转变"不会转""不敢转"的观念，牵头搭建合作与创新平台，促进传统服务业加强与其他行业的合作，实现跨界创新。利用好深圳作为数字人民币试点城市的先行机遇，加快以数字人民币牵引传统业态转型。

第二，生活服务业数字化转型。抓住平台企业的牵引作用，为提供解决方案及服务的平台企业给予专项政策、资金支持，鼓励其向中小微企业提供一站式数字化服务，加强对平台企业的规范引导，扩大服务范围，提高产品质量，避免恶性竞争，促进市场健康平稳发展，全面推动生活服务业向高品质和多样化升级。抢抓"港人北上"消费契机，支持平台型电商、零售龙头企业策划多样化线上线下、深港联动的数字营销新方案。

第三，生产性服务业数字化转型。以数字化加快高端服务业与先进制造业融合发展。强化数字技术的赋能作用，推动生产性服务业向价值链高端延伸，围绕信息技术服务、研发设计、检验检测认证服务、知识产权服务、节能环保服务、商务服务、供应链管理、金融服务、人力资源服务九大专业服务领域，加快数字化转型，推动生产性服务业向专业化、高端化发展。加快生产性服务业数据要素的沉淀共享，探索建立基于区块链技术的公共"数据池"，围绕生产性服务中的电子单证，充分汇集海关、交通、税务、银行、保险等多方的数字信息，探索建立专业服务业数据库，推动专业领域数据与政府基础数据的整合共享，推动交通运输、科技、文化和金融等领域的数据聚合，为生产性服务业数字化转型打造"数据池"。

第四，培育融合数字技术的专业服务业业态发展。支持华为、比亚迪等龙头型平台企业向数字化转型的研发设计、创业孵化、检验检测等业务延伸，在数字化转型中培育知识型产业业态。

第九章

深圳数字治理创新探索的前瞻性举措建议

面向数字社会,面对诸多未知挑战以及可能面临的技术困境,深圳需要贯彻落实党的二十届三中全会精神,围绕数字治理的核心目标,牢牢把握在国家战略与发展新格局中的定位,构建起更加适应数字社会的治理手段和制度框架,以进一步全面深化改革为中国式现代化提供强大动力和机制保障。基于重点策略路径,本章对中长期深圳数字社会治理创新探索提出若干前瞻性思考。

第一节 拓展大模型在深圳数字治理场景应用

一 大模型在数字治理场景的应用背景

大模型被认为是迈向通用人工智能的"里程碑技术",其加速应用将给未来经济社会发展带来巨大冲击。目前,各地都在大模型应用方面展开激烈竞争,推进大模型在深圳数字治理场景的应用布局关乎现在与未来发展,更关乎能否把握大模型发展的主动权和话语权。深圳在大模型应用发展方面具有得天独厚的优势,但也面临着诸多挑战。为更好地推进深圳大模型应用的发展,本节就如何统筹推进大模型在深圳数字治理场景的应用,进行深入思考并提出相关建议。

(一)大模型在数字治理场景的应用价值

大模型(Large Language Model,LLM)即大语言模型,指的是具有超大参数规模，建立在多头自注意力机制 Transformer 架构之上，以深度神经网络为基础，用海量文本数据预训练而成的语言模型。① 当前，以 Chat Generative Pre-trained Transformer（ChatGPT）为代表的对话式大模型已实现从适用于单一特定任务向适应多场景多任务的转变，其超低使用门槛使得人工智能技术在数字治理场景中被广泛使用，包括"五位一体"领域的智能问答、内容生成、个性推荐等。大模型技术正与量子计算、区块链、生物技术等前沿技术交叉创新发展，同金融、政务、文旅、传媒、教育等领域融合发展，在推进产业智能化升级、催生产业增量，加速政府治理降本增效、激励社会创新、优化管理方式等方面具有重要的应用价值。未来，大模型技术将会驱动新一轮"工业革命"，或将重塑产业格局。

（二）国内外大模型应用探索情况

近年来，人工智能（AI）领域发展突飞猛进，全球人工智能市场规模高速增长。2025 年全球人工智能市场规模将达 1900 亿美元②，预计到 2027 年，全球 AI 市场规模有望接近 1 万亿美元③。从地区看，美国将占全球人工智能支出份额五成以上，欧洲将占两成以上，中国将占一成左右。

1. 国外大模型应用探索情况

第一，国外大模型应用探索以美国、欧洲各国为主阵地，大模型应用相关政策法规主要聚焦支持创新与监管。一是美国强调支持创新与监管并行，监管以鼓励创新发展为前提。④ 在支持创新方面，以加大研发投资预算力度、制定技术标准、增加研发投入、提供研发税收激励、加强人才培养等举措从战略层面推进人工智能技术创新发展，通过发布

---

① 中国信息通信研究院政策与经济研究院、中国科学院计算技术研究所智能算法安全重点实验室：《大模型治理蓝皮报告（2023 年）——从规则走向实践》（http：//www.caict.ac.cn/kxyj/qwfb/ztbg/202311/t20231124_466440.htm）。

② 此为国际数据公司（IDC）预测数据，详见财联社援引彭博社消息：《行业研究：到 2032 年 预计人工智能市场规模将达到 1.3 万亿美元》，转引自中研网（https：//finance.chinairn.com/News/2023/06/02/174834179.html）。

③ 此为贝恩咨询公司的乐观预测，详见汤彦俊：《贝恩公司发布〈2024 年全球高科技行业报告〉》（http：//www.sh.chinanews.com.cn/chanjing/2025-01-15/132357.shtml）。

④ 秦浩：《美国政府人工智能战略目标、举措及经验分析》，《中国电子科学研究院学报》2021 年第 12 期。

《2022年美国竞争法案》《芯片与科学法案》等，以及启动前沿基金，推动人工智能关键领域创新发展，保持先进技术和前沿领域在全球的竞争优势。监管政策方面，美国注重科学性和灵活性，美国国家标准与技术研究院发布了非强制性指导文件《人工智能风险管理框架》（AI RMF 1.0），以降低人工智能系统安全风险为目标，为设计、开发、部署、使用人工智能系统的机构组织提供指导。二是欧洲对人工智能监管出现分化，欧盟坚持严监管，英国则鼓励促进创新。欧盟从广泛界定到细化指引，不断出台相关实施细则。欧盟委员会于2022年9月通过了《人工智能责任指令》和《产品责任指令（修订版）》两项提案，确立了人工智能责任方面的立法，推进了人工智能有效监管。自ChatGPT出现以来，欧盟各国对生成式人工智能（GAI）的整个生命周期监管逐渐增强，意大利、法国、德国、西班牙等各国监管机构先后对ChatGPT展开调查并采取相关监管举措。三是英国以鼓励人工智能创新发展为前提实施监管，先后发布了《建立一种支持创新的人工智能监管方法》《一种支持创新的人工智能监管方法白皮书》，明确建立"支持创新、相称、值得依赖、适应性明确、协作"的监管框架，助力英国人工智能创新发展和参与全球竞争。[①]

第二，国外大模型应用数量与应用领域方面。据《中国人工智能大模型地图研究报告》，中国和美国发布的大模型数量占全球总数的80%，是大模型技术领域的引领者[②]；美国在大模型数量方面仍是全球最高，截至2023年5月，10亿级参数规模以上的基础大模型已突破100个[③]。从全球大模型发展态势来看，美国谷歌、OpenAI等机构不断引领大模型技术前沿，欧洲、俄罗斯、以色列等越来越多的研发团队也投入大模型的研发。一是美国尤其注重人工智能基础研究和新技术探索，在算法、大模型等人工智能核心领域积累了强大的技术创新优势。在人工智能算法研发方面，谷歌、Meta、微软等美国科技巨头已在深度学习框架、算法

---

① 周辉、金傪艾：《英国人工智能监管实践、创新与借鉴》，《数字法治》2023年第5期，转引自中国社会科学院大学法学院网站（law.ucass.edu.cn/info/1985/7090.htm）。

② 中国科学技术信息研究所：《科技部发布〈中国人工智能大模型地图研究报告〉》（http://lib.ia.ac.cn/news/newsdetail/68630）。

③ 新浪XR：《2023AI大模型应用中美比较研究报告》（https://news.qq.com/rain/a/20230926A099R000）。

模型等方面构建起较高的技术壁垒。在大模型技术方面,美国人工智能实验室 OpenAI 发布的对话式大模型 ChatGPT,具有强大学习能力,可通过有效沟通助力用户解决各种疑惑,已成为席卷全球的现象级产品并掀起大模型应用热潮。美国大模型商业化应用进展在全球领先,已覆盖医疗、金融、房地产、媒体、军事、气候预测等领域。例如,微软已将 GPT-4 能力集成到 office 等办公软件中①,并向美国政府机构开放 GPT-4 大模型,包括国防部、NASA 等②。二是欧盟、英国、加拿大、新加坡、日本、印度等国家和地区的大模型应用尚处于前期尝试阶段,仅个别头部企业开始应用。例如,英国的会计行业知名企业普华永道和法律行业知名企业麦克法兰,已与法律领域生成式 AI 企业 Harvey 达成技术合作,将在法律咨询、法律内容生成/查询、客户服务等领域全面应用生成式 AI③;日本的 7-11 连锁便利店将大模型应用于产品创意和规划,提升产品研发效率④;印度的教育科技企业 PhysicsWallah 引入 AlakhAI 平台,协助学生进行小组学习、解决学术和生活问题、提供支持和鼓励,甚至能够创建个性化系统化的学习计划⑤。

2. 中国大模型应用探索情况

第一,大模型相关政策探索方面。近年来,我国各地加快出台新政,推动以大模型为代表的人工智能发展。国家层面,先后出台《促进新一代人工智能产业发展三年行动计划(2018—2020)》《关于加强科技伦理治理的意见》《关于加快场景创新 以人工智能高水平应用促进经济高质量发展的指导意见》,以及新一代人工智能发展规划、规范、原则、标准体系建设指南等政策文件,为大模型创新发展提供制度支撑。2024 年,国家工业信息安全发展研究中心发布《国家人工智能产业综合标准化体

---

① 杨阳:《一键生成 PPT!微软再放大招:GPT-4 全面植入 Office 全家桶》(https://www.thepaper.cn/newsDetail_forward_22335673)。

② 站长之家:《微软向美国政府机构开放 GPT-4 大模型,包括国防部、NASA 等》(https://news.qq.com/rain/a/20230609A008AH00)。

③ 普华永道:《开拓未来:普华永道部署 Harvey AI,推动中国香港地区税务与法律服务的全面智能化升级》(https://www.pwccn.com/zh/press-room/press-releases/pr-030424.html)。

④ 站长之家:《日本 7-Eleven 将采用生成式人工智能提升商品规划效率:节省高达 90% 时间》(https://news.qq.com/rain/a/20231107A005OX00)。

⑤ 详情信息见(https://analyticsindiamag.com/ai-origins-evolution/how-physicswallah-is-leveraging-openais-gpt-4o-to-make-education-accessible-to-millions-in-india/)。

系建设指南（2024 版）》，建立产业标准，发布《关于启动 2024 年大模型赋能政务领域案例征集活动的通知》，面向有关单位征集大模型在政务领域的应用案例成果。①

第二，地方先行探索方面。北京、深圳、上海、杭州、成都等城市已面向大模型推出相关措施方案，主要涉及推动人工智能大模型创新发展和大模型产业创新发展。例如，北京作为全国首个政务服务领域大模型应用探索，连续出台《北京市加快建设具有全球影响力的人工智能创新策源地实施方案（2023—2025 年）》《北京市促进通用人工智能创新发展的若干措施》《北京市通用人工智能产业创新伙伴计划》等多项支持政策，并制定《2023 年中关村科学城大模型算力补贴专项申报指南》，对技术创新性强、应用生态丰富的大模型，给予相关创新主体资金补贴。上海作为全国首个"国家人工智能创新应用先导区"，于 2023 年 7 月公布《上海市推动人工智能大模型创新发展的若干措施》要点，并发布了"模"都倡议，支持数字政府等领域探索大模型应用。2024 年 8 月，《上海市经济和信息化委员会关于征集本市人工智能大模型垂直领域示范开放场景的通知》发布，加快推进大模型等人工智能新技术、新产品、新模式在上海率先运用。杭州于 2023 年 7 月发布《杭州市人民政府办公厅关于加快推进人工智能产业创新发展的实施意见》《支持人工智能全产业链高质量发展的若干措施》，提出通用、专用大模型培育目标，鼓励头部企业、高校院所开展多模态通用大模型研发并向中小企业开放模型应用。2024 年 10 月，杭州市经信局向社会公开发布《杭州市人工智能全产业链高质量发展行动计划（2024—2026 年）（征求意见稿）》（见表 9-1）。

表 9-1　我国关于大模型的部分政策文件（2022—2024 年）

颁布时间	文件名称	发布主体
2022 年 7 月 29 日	《关于加快场景创新以人工智能高水平应用促进经济高质量发展的指导意见》	科技部、教育部、工业和信息化部、交通运输部、农业农村部、卫生健康委

---

① 国家工业信息安全发展研究中心：《关于启动 2024 年大模型赋能政务领域案例征集活动的通知》，转引自广东省人工智能产业协会（https://www.zhinengxiehui.com/ai/35247.html）。

续表

颁布时间	文件名称	发布主体
2023年7月10日	《生成式人工智能服务管理暂行办法》	国家网信办联合国家发展改革委、教育部、科技部、工业和信息化部、公安部、广电总局
2024年6月5日	《国家人工智能产业综合标准化体系建设指南（2024版）的通知》	工业和信息化部、中共中央网信办、国家发展改革委、国家标准委
2022年12月22日	《广东省新一代人工智能创新发展行动计划（2022—2025年）》	广东省科学技术厅
2023年11月27日	《广东省人民政府关于加快建设通用人工智能产业创新引领地的实施意见》	广东省人民政府
2022年11月1日	《深圳经济特区人工智能产业促进条例》	深圳市人民代表大会常务委员会
2023年5月31日	《深圳市加快推动人工智能高质量发展高水平应用行动方案（2023—2024年）》	中共深圳市委办公厅 深圳市人民政府办公厅
2024年12月18日	《深圳市打造人工智能先锋城市的若干措施》	深圳市工业和信息化局
2023年10月27日	《南山区加快人工智能全域全时创新应用实施方案》	深圳市南山区人民政府办公室
2023年11月28日	《深圳市罗湖区扶持软件信息和人工智能产业发展若干措施》	深圳市罗湖区科技创新局
2024年7月11日	《深圳市龙岗区创建人工智能全域全时应用示范区的行动方案（2024—2025年）》	深圳市龙岗区人民政府

数据来源：根据网络公开资料整理。

第三，中国大模型应用数量与应用领域方面。在政策引领下，全国大模型应用落地提速，应用领域不断拓宽，不断趋向标准化。据《中国人工智能大模型地图研究报告》，中国大模型数量排名全球第二，仅次于美国。① 截至2024年10月，国内完成备案并上线为公众提供服务的生成式人工智能服务大模型近200个，通用及金融垂直领域大模型落地较快。② 据不完全统计，在国内大模型区域分布中，北京、广东、上海、浙江处于第一梯队。其中，北京大模型应用全国领先，各领域全面开花，发布大模型企业数量超145个，③ 涉及政务、医疗、金融等领域；广东（含深圳）已发布大模型63个，④ 涉及生物、交通、商业等领域；上海已发布大模型超33个，⑤ 涉及教育、医疗、金融等领域；浙江已发布且备案的大模型数量为9个，涉及社交、金融等领域⑥。2023年12月，由中国电子技术标准化研究院发起的全国首个官方"大模型标准符合性测试"结果显示，腾讯的混元大模型（深圳）、百度的文心一言（北京）、360的360智脑（北京）、阿里云的通义千问（浙江）四款国产大模型首批通过国家大模型标准测试。

第四，中国大模型研发主体方面。大模型相关研发主体分布于产业链各环节，以互联网科技企业、初创公司、高校院所为主。截至2023年10月，中国研发10亿参数规模以上的大模型厂商及高校院所共计254家，分布于20余个地区，主要在北京、广东、上海、浙江。其中北京有122家，数量居全国首位，约占全国的1/2。⑦ 在产业链布局上，大模型相关研发主体分布于上中下游各环节。上游以软硬件基础设施产业为主，代表企业有阿里云、中国电信、京东等；中游以算法研发、模型管理维护等相关产业为主，代表企业有字节跳动、百度、小米等；下游以社交、

---

① 中国科学技术信息研究所：《科技部发布〈中国人工智能大模型地图研究报告〉》（http：//lib. ia. ac. cn/news/newsdetail/68630）。

② 方经纶：《工信部：现有完成备案并上线为公众提供服务的生成式人工智能服务大模型近200个》（https：//baijiahao. baidu. com/s? id =1813692961027256829&wfr = spider&for = pc）

③ 2024年1月15日数据，雷晨：《北京地区已发布大模型企业数量达145个》（https：//m. 21jingji. com/timestream/html/%7B4bzyeDcSBfU = %7D）。

④ 2024年8月数据，叶青：《广东：人工智能赛道跑出"加速度"》（https：//digitalpaper. stdaily. com/http_www. kjrb. com/kjrb/html/2024 -12/30/content_582681. htm? div = -1）。

⑤ 2024年3月数据，林志佳、任颖文：《京沪"中国大模型第一城"争夺战爆发 | 钛媒体·封面》（https：//www. 163. com/dy/article/ITKQU08D05118O92. html）。

⑥ 2024年3月28日数据，苏会会：《全球前沿科技亮"剑锋"，杭州何以抢滩大模型之争》（https：//baijiahao. baidu. com/s? id =1806534576359396443&wfr = spider&for = pc）。

⑦ 何江、梁正、韩希佳：《AI产业化与产业AI化：AI大模型产业生态的行动实践、变革趋势与前沿议题》（https：//news. qq. com/rain/a/20241009A09S4F00）。

媒体、金融、教育重点领域和内容生产、辅助开发、对话引擎等重点场景相关产业为主，代表企业有中国联通、中国移动、蚂蚁集团等。

(三) 大模型应用的趋势

研究近年来大模型应用的整体发展情况，可发现大模型在应用场景、迭代周期、人机交互、行业发展、个人服务等方面存在以下五个明显趋势。

第一，应用场景由特定向多元化转变。目前，大模型仍处于扩展的早期阶段，多应用于企业内部，并逐步向 B 端企业拓展服务，在金融、政府、教育等多个行业展现出卓越的整合能力。未来，面向城市治理、行业发展、个体生产力三大方面的大模型将在决策支持、商业价值、生产效率等多元化方面发挥作用。

第二，应用技术迭代周期越来越短。纵观人工智能发展历程，人工智能算法历经 60 余年后，已由基于规则的专家系统、机器学习发展阶段进入基于神经网络模型的深度学习（Deep Learning）阶段。以 ChatGPT 为代表的生成式人工智能迭代过程为例，从 GPT-1 到 GPT-4，5 年间已完成 5 次迭代，GPT-4 在其前身 GPT-3.5（即 ChatGPT）发布 3 个月后被推出。人工智能技术已进入快速发展时期，其迭代周期越来越短。①

第三，交互方式越发贴近人的习惯。从使用键盘、鼠标等方式跟电脑交互，到使用手指滑动屏幕跟手机交互，再到人们用唤醒词跟智能音箱等交互，从识别机器指令到识别人的动作、语音，人机交互不断朝着更贴近人习惯的交互方式演进。

第四，垂直领域应用成为主战场。大模型在金融、零售、政府、制造、物流、地产、教育等多个行业，以及财务、HR、客服等应用场景展现出极出色的能力。随着技术的飞速发展，各行各业通过整合大模型能力创造全新商业价值的步伐将越来越快。

第五，助力个体成为超级生产者。新型面向个体的生产力应用程序涌现，并快速融入创意制作、文本生成、图像和视频工具、学习工具、阅读工具、市场分析、编程等领域，从信息处理、个性化学习、辅助创作、智能优化等方面协助人类创作，赋能个体成为超级生产者。

---

① 王明辉、任师攀：《从战略高度重视 ChatGPT 引发的新一轮人工智能革命》（https://view.inews.qq.com/wxn/20230518A07F0W00？refer=wx_hot）。

二 深圳探索大模型应用的优势及现状

(一) 深圳大模型基础设施建设情况

大模型发展以大型数据集、强大计算能力和先进算法为三大关键要素。近年来,深圳先后发布《深圳市人民政府关于加快推进新型基础设施建设的实施意见(2020—2025年)》《深圳市支持新型信息基础设施建设的若干措施》《深圳市极速先锋城市建设行动计划》《深圳市数字孪生先锋城市建设行动计划(2023)》《深圳市算力基础设施高质量发展行动计划(2024—2025)》《深圳市打造人工智能先锋城市的若干措施》等政策,在网络、算力、物联感知、数字技术等基础设施建设上不断发力,大模型基础建设进一步夯实。最新数据显示,深圳已接入10G PON(无源光网络)端口规模约18万个,建设5G基站总数逾2.48万个。① 据不完全统计,2022年深圳有数据中心50个,主要由政府、电信运营商、独立第三方、大型互联网企业建设。② 其中,政府数据中心主要用于学术研究、国家安全,主要代表有国家超级计算深圳中心、鹏城云脑Ⅱ;电信运营商数据中心垄断带宽资源,以电信、联通、移动为代表,机房分布广泛,触手深入到县级以下;独立第三方数据中心建设经验和运维经验丰富,以万国数据、互盟数据为代表;以腾讯、中兴、平安等为代表的大型互联网企业数据中心为企业自建自用,难以统计。截至2023年6月,深圳已建成粤港澳大湾区首张400G全光运力网,构建"5+3+65"核心算力圈,支撑大模型发展的算力规模位居全国第三。③ 2023胡润中国数字技术算法算力百强企业中,总部在深圳的企业有12家,腾讯、华为、比亚迪入围"中国最具价值的算法算力企业10强"。④

---

① 陈少洁:《四大"先锋"维度花繁果硕 "三型"发展构筑新质生产力 深圳电信助力极速先锋城市跑出"加速度"》,转引自中国电信网(http://www.chinatelecom.com.cn/news/mtjj/202312/t20231213_79105.html)。

② 数据来源于深圳市人工智能产业协会,转引自艾笛网iData:《2022年深圳50个数据中心分布情况,南山区16个排第一》(https://cloud.tencent.com/developer/news/905623)。

③ 数据来源于国际数据公司(IDC)《2022全球计算力指数评估报告》,转引自王海荣:《强化智能算力集群供给,夯实人工智能算力基座 深圳算力规模位居全国前三》(https://finance.sina.com.cn/jjxw/2023-06-20/doc-imyxwzmn8306405.shtml)。

④ 胡润百富:《2023胡润中国数字技术算法算力百强榜》(https://www.hurun.net/zh-CN/Info/Detail?num=CPMFJ6V4S8VP)。

(二) 深圳大模型研究主体情况

2023年5月，深圳出台《深圳市加快推动人工智能高质量发展高水平应用行动方案（2023—2024年）》，提出支持重点企业持续研发和迭代商用通用大模型，鼓励大模型企业联合生态伙伴加强大模型插件及相关软硬件研发，推动大模型与现有的操作系统、软件、智能硬件打通、互嵌。据统计，深圳已有多家重点企业在大模型上中下游产业链环节布局。例如，云天励飞、捷易科技等企业在上游软硬件领域布局大模型；腾讯、华为、鹏城实验室等企业在中游算法研发和模型管理维护领域布局大模型；中兴、北大深圳研究生院-兔展AIGC联合实验室、东信云科技等企业在下游政务、法律、金融等领域布局大模型。深圳大模型在应用端和产业化方面优势凸显。据广东省人工智能协会提供的数据显示，深圳大模型数量位居全国第二，华为、腾讯、平安科技等大模型领域优势企业专利申请量位居全国前列。①

(三) 多个领域已率先开展大模型应用探索

深圳聚焦上层应用，积极加快大模型应用探索，在全国推出大模型的数量稳居全国前三，应用领域涉及金融、政务、工业等，应用领域不断拓展，应用场景不断丰富。2023年5月，深圳发布首批26个"城市+AI"应用场景清单。② 首批公共服务、智慧医疗、城市治理、智能制造、低空经济5大领域共计26个应用场景已取得初步成效。同年10月，发布第二批15个"城市+AI"应用场景清单，包括数字媒体、一体化协同办公、智慧停车、智能气象预报、自动驾驶等应用场景。在市容环境领域，深圳已在环境卫生、公园管理（园林绿化）、灯光管理领域对人工智能开放。

在政务服务领域，目前市直部门正在智慧司法、智慧气象、智慧信访等领域积极探索开发，福田、龙华、龙岗等区已率先在咨询问答、智能办公等应用场景开展探索。深圳市中级人民法院上线运行自主研发的全国首个"人工智能辅助审判系统"，全面提升司法审判效率和质量。

---

① 周雨萌：《激发新质生产力竞速"大模型"全新赛道 深圳大模型技术再次"出圈"》（https://www.sznews.com/news/content/2024-08/29/content_31178794.htm）。

② 李旖露：《重磅！深圳三部门联合发布"城市+AI"应用场景》（https://www.sznews.com/news/content/2023-10/13/content_30528639.htm）。

2024年7月，该系统在全市法院系统全面应用，当月民商事案件结案3.7万件、同比增加73.9%，平均结案时间缩短38.5天。① 深圳市信访局强化数字赋能，与广东省采取"国家—省—市—区"四级联创、"省—市—区—街道—社区"五级应用方式建设"智慧信访平台"，借助大数据、AI手段实现访源归集、涉法涉诉事项精准甄别。深圳市气象局通过建成政府主导、多方参与、多源数据的智慧城市气象观测系统，创建"31631"递进式气象服务模式，与通信运营商、高新企业共同打造了基于灾害影响的手机短信精准靶向预警信息服务等方式的深圳市超大城市智慧气象服务经验，相关经验作为中国案例纳入世界气象组织（WMO）《2023年联合科学报告－可持续发展版》。福田区成为全国首个落地盘古城市大模型的城区，在辅助办文、智能校对、辅助批示等应用方面开展政务大模型应用；在城市数字化领域，利用视觉（CV）大模型提供城市事件智能发现能力，全面覆盖城市治理自动化事件上报场景，实现精准识别事件并智能上报、自动工单分派。② 龙华区构建深圳首个政务垂直领域GPT大模型"龙知政"，面向政务业务咨询问答、交通服务和调度指挥、消防安全防控巡查等传统业务场景，推进大模型在政务垂直领域应用的先行先试。③ 龙岗区在行政服务大厅政务咨询服务系统应用"天书"大模型，将政策、法规、办理流程等文本重新结构化梳理和分析，形成易于查阅的知识库。④ 市气象局联合华为云致力于打造区域气象预报大模型，探索强降水等气象要素预报新技术，提供深圳及周边区域高分辨率中短期气象预报产品。⑤ 当前，深圳正通过联合南方科技大学、香港中文大学（深圳）、深圳湾实验室、深圳计算科学研究院等高校与科研机构，加快在城市安全等领域的研发与应用。支持市公安、市卫健等部门，通过大模型

---

① 周元春：《深圳加快数字孪生先锋城市建设 推动城市数字化转型和数字经济高质量发展》（https：//www.sz.gov.cn/cn/xxgk/zfxxgj/zwdt/content/post_11563510.html）。

② 新华网：《城市智能体@大模型福田创新成果发布 让市民生活更加美好》（https：//www.xinhuanet.com/info/20231121/f8eb9e105e0148bfaf5ef979ea4f0256/c.html）。

③ 吴禾昆：《面向政务业务咨询问答、智能办公 龙华构建深圳首个政务垂直领域GPT大模型》（https：//baijiahao.baidu.com/s？id=1780597230965310870&wfr=spider&for=pc）。

④ 吕攀：《大模型赋能智慧政务，"AI+龙岗"再添新范式》（https：//www.sznews.com/news/content/mb/2024-08/08/content_31136607.htm）。

⑤ 华为网站：《华为云和深圳市气象局发布人工智能区域预报模型"智霁"1.0》（https：//www.huawei.com/cn/news/2024/3/pangu-weather）。

应用提高社会民生服务和业务管理能力。

三 进一步深化深圳大模型应用的建议

针对存在的问题和挑战，结合深圳在数字治理方面的实际需求，建议深圳从大模型应用的统筹规划、应用生态改善、培养企业技术创新优势等方面着力，进一步拓展大模型在深圳数字治理场景应用，助力深圳打造全国乃至国际"大模型第一城"。

（一）将拓展大模型应用列入深圳数字政府和智慧城市的重点任务

第一，组建大模型分类应用拓展工作专班。由市政数局牵头，统筹全市整体治理场景应用拓展，根据各业务部门单位职能情况，成立不同工作专班负责专类应用拓展工作。例如，由市发改委、工信局、商务局等单位组成产业领域大模型应用拓展工作专班；由市委政法委、司法局、公安局、信访局等单位组成综治领域大模型应用拓展工作专班等。

第二，明确需优先拓展的应用领域。由于大模型开发和训练成本高，且技术应用仍处于起步探索阶段，宜聚焦应用价值高的领域进行局部探索。例如，结合深圳"20+8"产业集群发展特点，在智能终端、数字创意等战略产业率先探索应用；结合深圳高密度城区社会治理的特点，在便民服务、群众诉求等重点领域率先探索应用等。

第三，打造应用示范点，总结推广优秀经验。在不同治理领域先行打造应用示范点，由工作专班统筹示范点建设，定期总结示范点探索应用经验，按照"成熟一批，推广一批，拓展一批"的思路，逐步拓展大模型在深圳数字治理场景的应用，打造全国先行示范样本。

（二）加快改善深圳大模型应用生态

第一，加快完善大模型应用的政策机制。加快出台深圳大模型的"应用场景指引"，围绕大模型在数字治理的应用场景选择原则、规划实施、质量管控、风险防范、应用效果评估等方面制定"指引"，为政府部门、企业、组织等应用主体，提供探索应用指导。建立大模型产业链招商引资机制，吸引优质企业和项目落户深圳，促进产业内部的协同创新和外部的联动发展，包括建设产业链、完善产业配套体系、建设产业创新平台等。完善大模型领域的知识产权保护政策，保障创新成果的合法权益，推动大模型技术的持续创新和发展。

第二，采取"先发展后治理"的模式，逐步健全相关标准和规范。有标准和规范做指引的领域，应用探索步伐适当加快；缺乏标准和规范做指引的领域，结合"敏捷治理"方法，在发展中持续追踪和分析大模型"建、用、管"等应用变化需要，适时调整相关标准和规范。

第三，重点支持深圳大模型头部企业加强关键技术的研究开发和产品推广。提高大模型产业链上关键环节的自主可控度，如深度学习框架、人工智能芯片等。通过政策扶持、产业基金、创业孵化器等方式，支持人工智能大模型相关的创新创业生态发展，积极推动科技成果转化落地。

(三) 加快培育深圳大模型企业的技术创新优势

第一，建立引导通用、行业、垂直和专属大模型的协同发展机制。由市发展改革委牵头，联合财政、工信、科创等部门，制定支持各类大模型协同发展的政策，包括财政支持、税收优惠、技术研发资助等，以鼓励企业和研究机构在不同大模型研发领域进行创新和发展。引导企业和研究机构基于自身优势，在通用大模型、行业大模型、垂直大模型和专属大模型方面做好研发战略规划，如腾讯侧重个人办公助理大模型研发、华为侧重政府治理大模型研发等。将部分优待政策向优秀企业倾斜，加快培养一批具有国际竞争力的大模型企业。

第二，完善引导有细分领域优势的企业参与大模型建设项目的机制。从企业优势、技术能力、项目经验等方面，建立企业参与大模型项目的筛选和淘汰机制，引导鼓励深圳企业围绕数字治理实践形成一批标杆项目产品，在全国形成示范引领。

第三，鼓励行业加强合作与创新。鼓励企业间、企业与高校间、企业和研究机构间加强合作，共同推进大模型的研发和应用，共建大模型产业创新中心，共享资源、技术、人才等，避免同质化竞争，推进差异化发展，提高研发效率和创新能力，推动大模型产业的优化升级。鼓励由深圳市人工智能行业协会牵头、政府部门支持，通过举办高峰论坛、研讨会等活动，为学术界和企业界提供交流和合作的平台，共同探讨大模型应用的发展方向和应用前景。

(四) 加快建设高质量的海量中文语料数据库

第一，推动建设深圳高质量多元化的中文语料数据库。由市政数局牵头、市委编办支持，市住建局、市卫健委、市教育局等参与，共同制定海量中文语料数据库的建设方案，协调各部门共享各自拥有的语料数据资源，建立一个全面且多元的数据库。由鹏城实验室牵头、市政数局支持，联合市标准院、各政府部门、科研机构、龙头企业、社会组织等，成立大模型中文语料数据联盟，建立基于贡献、可持续运行的激励机制，发挥联盟作用，组织专家学者和数据科学家，制定统一的中文语料数据分级分类标准，明确不同级别和类别的数据标准和规范，为数据交易主体提供清晰的标准和依据。

第二，建立和完善中文语料数据库管理和流通监管机制。由市政数局牵头，加快建立和完善数据的收集、整理、质量控制、清洗、存储和管理等方面规范机制，确保数据的全面和质量，为 AI 大模型训练提供坚实的高质量"燃料"保障。建立健全中文语料数据流通监管机制，明确各方的权利和义务，加强对数据交易主体的管理和监督，保障数据安全和合规交易，改变以事后监管为主的模式，加强事中监管和事后监管相结合，采用智能化、大数据等技术手段，提高监管精准度和效率。

第三，加快数据交易主体信用评价体系建设并提供发展支持。通过建立数据交易主体信用评价体系，对各方的信誉度和数据质量进行评价，鼓励优质数据交易主体积极参与市场交易，打造和建立诚信、互信、可信的数据交易生态。组织数据交易主体之间的合作与交流活动，促进各方之间合作共赢，推动优质数据资源的共享和流通。出台相关政策，加大对数据交易主体的扶持和引导力度，鼓励各方向数据安全、数据质量等方面加强投入，推动中文语料数据市场的健康发展。

（五）统筹建设可靠的智能算力集群

第一，将智能算力集群建设作为推动大模型发展的有力抓手。面临国内外大模型竞争的新挑战，需要前瞻性预判深圳在大模型及其他人工智能方面的智能算力需求，制定基于深圳经济社会发展所需的智能算力集群建设行动方案、指导意见，明确阶段性任务清单、责任清单，加速建设本地智能算力中心，为构建起具有国际竞争力的智能算力集群提供保障。探索多元化的智能算力建设投资模式，鼓励企业、政府、社会资本等多方共同参与投资，推动智能算力中心的建设和发展。设立专项基金、引导社会资本投入等方式，实现投资主体的多元化，降低投资风险，促进智能算力中心可持续发展。

第二，加快城市级智能算力统筹调度平台建设。聚焦打造粤港澳大湾区智能算力枢纽，加快从市级层面构建起智能算力统筹调度平台，推动智能算力统筹规划，整合全市的智能算力资源，包括计算机、服务器、GPU等硬件设备以及数据存储、数据处理等软件资源。建设企业级智能算力平台，吸引更多企业加入，形成以深圳为中心的大湾区智能算力枢纽，提高整个区域的算力水平。通过集中管理和调度，提高资源利用效率，为大模型研发和应用提供稳定、高效的算力保障。结合深圳经济建设、政治建设、文化建设、社会建设和生态文明建设"五位一体"整体部署，重点围绕深圳"20＋8"产业集群发展在智能算力方面的需求，做好相关算力支撑保障，加快实现全市"算力一网化、统筹一体化、调度一站式"。

（六）健全大模型应用风险治理机制

第一，建立健全大模型安全审查制度与法律体系。聚焦从源头规避大模型发展风险，推动建立行之有效的数据审查机制和接入许可规范，从源头把控大模型内容安全性，并主动参与全球人工智能模型使用规范的标准制定，对于大模型可能产生的风险进行合理评估与审核。

第二，建立大模型不同阶段的风险治理机制。成立深圳大模型应用风险治理机构或工作小组，负责大模型应用风险治理的协调、指导和监督工作。对于已经观察到的或者可预知的风险，遵循原有的风险治理路径，围绕模型的训练、研发与运行、内容生成的各个阶段建立以事前风险防范为主、辅之以事后应对的治理机制。一是在模型训练阶段，重点防范数据安全风险。加强对训练数据来源合法性的审查，应重点审查训练数据的收集、加工、使用等处理活动是否符合知识产权、个人信息保护等相关法律要求。对于未经同意收集用户个人信息等违法违规的数据处理行为，依法责令限期整改，逾期未整改的机构，对其依法予以禁用处置。督促生成式人工智能服务提供者履行安全保障义务，要求其提供安全、稳定、持续的服务，保障用户正常使用。对于因技术自身存在安全漏洞导致的数据泄露事件，监管部门应当及时督促服务提供者修复、完善模型产品。此外，监管部门还应当定期开展模型安全漏洞排查工作，发现模型存在的安全漏洞后及时上报并在确认后督促相关模型开发者及时修复。二是在模型研发与运行阶段，重点防范算法歧视、算法黑箱等算法安全风险,加快出台深圳科技伦理审查机制,强化生成式人工智能相关企业的科技伦理审查责任;健全算法备案与评估机制,细化算法备案与评估的规则、流程、内容要求;探索建立算法审计制度,要求企业定期开展自我审计,必要时引入第三方外部算法审计。三是在内容生成阶段,重点关注虚假有害信息的生成与传播风险。在内容生成环节,要求技术或服务提供者履行添加可识别水印或有效警示信息的义务、配备人工智能过滤审核机制;在内容传播环节,要求平台建立辟谣和举报机制,并对违法传播虚假有害信息者采取停止传输等限制措施。

第三,加强风险评估与制定监控、应急预案。加快建立深圳大模型应用风险评估与监控机制,定期对大模型应用进行全面的风险评估,包括技术风险、数据风险、法律风险、道德风险等,并对大模型应用进行实时监控,及时发现和解决风险问题。针对可能出现的风险事件,制定深圳大模型应用风险的应急预案,明确应急响应流程、责任人和应对措施,确保在风险事件发生时能够迅速响应并采取有效的应对措施,降低风险损失。加强深圳大模型应用风险治理的培训与宣传工作。通过相关宣传活动、培训课程等方式,提高公众对大模型应用风险的认识和理解,增强公众的风险意识,为深圳大模型应用风险治理提供社会支持。建立深圳大模型应用风险治理的信息共享平台,促进各相关部门之间的信息交流和共享。通过信息共享平台,及时通报风险情况、分享经验做法,提高整体风险治理水平。

第四,加强训练数据与交互数据的隐私和安全管理。对训练数据和交互数据进行对称加密、非对称加密或同态加密等技术处理,以保护数据在传输和存储过程中的隐私性和安全性。在收集和保留训练数据和交互数据时,遵循数据最小化原则,只收集和保留必要的数据,并在使用完毕后及时删除或匿名化。采用安全的存储系统,实施基于密码认证、攻防、风险控制、安全集成电路设计等信息安全技术,确保只有授权人员能够访问敏感数据。建立透明的隐私政策,向用户清楚地解释数据收集和处理的目的和方式,让用户了解自己的数据是如何被使用的,增强用户对数据的信任感。在训练大模型时,可以采用差分隐私技术、机密计算技术等,保护个人隐私。支持研究和发展隐私增强技术,如同态加密、安全多方计算等,以实现对数据的安全处理和计算。

第二节　AI 大模型赋能深圳探索粤港澳大湾区司法审判新应用

一　AI 大模型赋能深圳探索粤港澳大湾区司法审判新应用的背景

法律服务业以非结构化和强逻辑性文本输入与输出的应用场景为主，易产生大量适宜大模型训练的语料资源，因此法律领域 AI 大模型应用产品商业价值高，赋能效果受到业内广泛认可。在司法领域，AI 大模型的应用有助于审判过程实现智能化、精细化，提高司法公正性和效率，深圳在人工智能辅助审判方面已经取得了较好的探索。随着粤港澳大湾区经济合作的不断加深，跨地区、跨领域的司法案件日益增多，对司法审判的效率和准确性提出了更高的挑战。人工智能辅助审判，借助大模型等先进技术，提升司法审判能力，成为推动粤港澳大湾区法治建设的重要手段。探索 AI 大模型应用于司法审判工作也是响应国家法治建设和创新驱动发展战略的重要举措。

（一）生成式人工智能渗透率提升空间较大

合同审查、法律咨询、诉讼代理、文书写作的人工智能产品相对成熟，相关产品渗透率提升能提高涉外律师培训、前期涉外法律咨询等环节效率，降低中小企业涉外法律咨询费用负担。国际法律技术协会（ILTA）对 12 个国家和地区的 221 名律师、法律顾问等从业者的调查显示，超过一半的受访者认为人工智能技术对降低法律服务价格、减少重复性工作、提高法律文件质量上产生正面作用，83% 的受访者已在日常工作中使用 AI 工具。[1]

（二）多语种跨法系人工智能产品层出不穷

从产品功能来看，国内自己研制的垂直领域大模型 AlphaGPT、北大法宝 AI 等多是基于单一语种和国家法律语料开发，涉外法律功能尚不成熟。[2] 国内可供大模型训练的小语种法律语料资源奇缺，较为成熟的法律

---

[1] 王炳南、冯硕：《人工智能时代的国际仲裁——2023 年度〈国际仲裁调查报告〉评述》，《法治实务》集刊 2023 年第 2 卷（https://www.thepaper.cn/newsDetail_forward_26491017）。

[2] 北大法宝 AI 官网（未见英文版等）（https://ai.pkulaw.com/shop）。

专门领域语料库 Westlaw、律商联讯（LexisNexis）等均由美国和欧盟研究机构开发，收录英语库 18 个、欧盟多语库 13 个、其他语种 7 个（见表 9-2）。① 全球范围内法律类人工智能产品功能高度趋同，具备提供跨语种跨法系服务功能的大模型较为稀缺。

表 9-2　　　　　　　　部分英语法律类人工智能产品情况

名称	主要功能	开发机构
Legal Robot	法律文件分析、合同起草	Legal Robot Inc
DoNotPay	法律程序指导、法律咨询、文件起草	DoNotPay Inc.
Ivo	案卷管理、文件起草、案件数据分析	Accord Software, Inc.
Casetext	法律数据库、案卷管理	被 Thomson Reuters 收购
Enidia AI	案卷管理、法律咨询	
LawGeex	合同审查	LawGeex Inc.
Everlaw	法律文件审查与起草	Everlaw Inc.
Loom Analytics	判例法分析	Loom Analytics Inc.

二　深圳探索 AI 大模型赋能粤港澳大湾区司法审判场景应用的建议

第一，研发粤港澳大湾区司法审判 AI 大模型。由市司法局牵头，争取省司法厅支持，联动香港司法部门，在深港两地先行探索应用试点，待应用成熟后，再向粤港澳大湾区全面铺开应用。在大模型开发应用上，结合司法审判的特点和需求，设计并开发适用于司法领域的大模型，包括预训练模型、特定任务模型等。利用整合的司法数据进行模型的训练和优化，提升模型的准确性和稳定性。

第二，加强粤港澳大湾区技术与司法的融合。在 AI 大模型设计中充分考虑粤港澳大湾区各地区的司法逻辑和规则，确保 AI 大模型输出的审判结果符合法律原则和价值观。邀请法律专家参与 AI 大模型的设计、训练和评估过程，提供专业意见和建议，确保 AI 大模型的专业性和实用性。

第三，构建统一的粤港澳大湾区数据平台和标准。整合粤港澳大湾

---

① 宋丽珏:《数字法学的语言数据基础、方法及其应用——以法律语料库语言学的诞生与发展为例》，《东方法学》2023 年第 6 期。

区内各级法院、检察院等司法机构的案件数据，制定统一的数据标准和格式，确保数据的质量和准确性。建立数据共享机制，促进司法机构之间的数据互通，打破信息孤岛，为 AI 大模型的应用提供丰富的数据源。

第四，建立 AI 大模型应用机制。将 AI 大模型应用于司法审判的辅助决策系统，为法官提供智能化的案件分析、证据评估和审判建议。利用 AI 大模型对案件的发展趋势和结果进行预测和评估，为司法机构提供决策支持。

第五，制定相关法律法规和伦理审查机制。针对 AI 大模型在司法判案中的应用，应制定或修订相应的法律法规，明确模型使用的合法范围、责任主体和权利保护等。成立专门的伦理委员会，对 AI 大模型在司法判案中的应用进行伦理审查，确保其符合伦理原则和价值观。对 AI 大模型的决策过程、输出结果等进行伦理评估，加强 AI 大模型的可解释性研究，向公众公开模型的运行机制、数据来源和训练过程等，明确在 AI 大模型应用中各方主体的责任和义务。

第六，加强隐私保护与安全保障。对敏感数据进行脱敏处理，采用加密技术保护数据安全，防止数据泄露和滥用。建立严格的访问控制机制，对数据的访问和使用进行审计和记录，确保数据的合法使用。

第七，加强跨界人才培养与技能提升。培养既具备法律专业知识又懂得数据分析和 AI 大模型开发的跨界人才，为司法审判工程提供人才保障。定期举办技能提升培训活动，提升司法人员的信息化素养和数据分析能力。

第三节 数据治理引领深圳数字政府服务供给模式变革

一 数字政府服务供给模式变革的背景

中国的政府服务发展正进入数字政府阶段。40 多年来，中国政府运用现代计算技术的发展过程可根据重要政策节点划分为三个政策阶段："政府信息化"阶段、"电子政务"阶段和"数字政府"阶段。[1] 近年来，

---

[1] 黄璜:《数字政府:政策、特征与概念》,《治理研究》2020 年第 3 期。

在数字技术的赋能加持下,尤其是随着大数据、泛在智能、云计算等智能技术发展,政府信息化建设正从电子政务政府组织治理1.0阶段、平台驱动的政府数字化建设2.0阶段,向数据治理应用引领数字政府服务供给变革的3.0阶段迈进。数据治理应用极大地加速了政府数字化建设步伐,创造出数字技术与政府治理模式共同增长的新模式,推动政府管理模式革新和引领业务流程全面再造。① 例如,政府大数据分析及治理可以揭示经济发展趋势和潜在机会,为企业提供有价值的信息,促进经济创新和增长。② 在数字中国战略规划下,数字政府建设核心目标是推进治理现代化,在顶层设计上依循数据范式,在政策上将数据治理纳入议题范围,在业务架构上趋向平台化模式,在技术上正向智能化升级。③

第一,数据牵引的"主动服务"是政府服务供给模式改革的新方向。当前,国内公共服务领域存在的主要问题是政府服务与公众需求难以精准匹配,政府服务模式处于"等候式"被动状态,即政府制定的各类事项的流程标准,需要由企业、居民按图索骥、自行申报,申报通过后享受各类服务,导致企业办事成本居高不下、人民群众获得感不强。为解决以往政府信息化建设中存在的被动等候等问题,北京、上海、杭州等地加速利用数字技术为牵引,挖掘数据价值推动政府服务向主动供给模式转变,面向企业和市民提供各类基于大数据治理的主动型、无感化公共服务。

第二,"政策找人"是数据引领政府公共服务的变革性改造。基于大数据、云计算、建模分析基础上的"政策找人"具有降低成本、提高群众获得感和提升政策精准度的优势。④ 首先,"政策找人"可大幅度减少硬件、软件及人力方面的成本,把有限的财政资金投入数据采集归集、建模分析和精准推送中。其次,"政策找人"可提高政策落实的及时性和

---

① 曾凡军、商丽萍、李伟红:《从"数字堆叠"到"智化一体":整体性智治政府建设的范式转型》,《中共天津市委党校学报》2024年第5期。
② 贾保先、刘庆松:《数字经济时代下政府大数据治理体系建设的有效途径研究》,《商业经济》2024年第9期。
③ 赵娟、孟天广:《数字政府的纵向治理逻辑:分层体系与协同治理》,《学海》2021年第2期。
④ 朱勤皓:《变"人找政策"为"政策找人"——上海政务服务模式改革思考》,《中国民政》2021年第15期。

惠及率，提升群众获得感。最后，通过"政策找人"机制，在制定和出台政策前就可以通过分析和建模，掌握大致人数和资金量，确保政策落地的科学性、有效性和可持续性。从过去的"人找政策"扭转到"政策找人"的模式，不是简单的顺序或者方向的转变，而是相关职能部门服务观念和服务理念的根本转变。过去，政策申请人在获知政策信息后需要按照规定的程序东奔西跑，享受政策红利需要费一番时间。服务观念和理念的转变体现的是政府部门真正意识到：政策虽好但要顺利落到实处，还要减少麻烦，让企业、居民快速而顺畅地体会到政策的好处和温暖。

二　深圳数据治理应用推动服务供给模式变革的探索基础

根据实践案例和有关学者研究，以"免申即享"为代表的"政策找人"服务模式包括五个步骤：第一步，精准绘制用户画像。基于大数据汇聚的信息，模拟个人和家庭基本情况，绘制用户画像，以精准画像为下一步提升政策精准度打好基础。第二步，梳理并建立政策库。梳理汇总现行政策，根据政策申请条件、政策福利等信息逐一将政策数据结构化，构建政策数据库。第三步，构建智能匹配模型。依托结构化政策数据，设置政策数据匹配机制，确定结构化政策数据的关键词。第四步，自动匹配。通过个人画像和智能匹配模型，逐一对未享受相应政策待遇的群众进行模型匹配，根据匹配结果将符合条件的未获益群众全部纳入政策保障范围。第五步，精准推送。向群众推送可享受的待遇通知，群众无须申请即可获知政策福利待遇信息。① 深圳各区围绕惠企便民各环节积极探索"政策找人"实践，推出基于"政策 AI 计算器"的"免申即享"政策补贴精准直达、"信用＋免申即享"和"反向办"等主动服务模式，着力提升惠民利企政策直达快享水平，不断激发市场主体活力。截至 2023 年 8 月底，深圳已在"深 i 企"和"i 深圳"App 的政策补贴服务专区分别上线企业政策兑现事项 4316 项、个人政策兑现事项 645 项。②

---

① 朱勤皓：《变"人找政策"为"政策找人"——上海政务服务模式改革思考》，《中国民政》2021 年第 15 期。
② 杨阳：《深圳：提升涉企政务服务质效 释放营商环境新活力》（https://tech.chinadaily.com.cn/a/202308/30/WS64eeff69a3109d7585e4b887.html）。

龙华区"打造政策 AI 计算器，实现政策补贴一键直达"从 263 个区县创新案例中脱颖而出，获评 2023 年网上政府优秀创新案例。①

第一，龙华区创新打造"政策 AI 计算器""政务精算师"等平台。"政策 AI 计算器"高质量归集全区 11 个部门 431 种补贴情形，为企业提供政策"拆解、匹配、直申"全流程服务，企业申请实现时间压缩了 90%。以"政策 AI 计算器"基础，进一步推出"免申即享"服务模块，以数据共享为底座，以智能分析为手段，实现政策精准直达、主动兑现的全链条服务闭环。截至 2023 年 7 月已推出"免申即享"事项清单 84 项，兑现政策红利 11.6 亿元，惠及 45 万企业和群众，实现补贴金额全省最大、事项数量全省最多、事项覆盖范围全省最广、惠及群体全省最众。② 在全国率先编制企业、个人全生命周期政务公开事项标准目录，构建政务公开全生命周期管理体系，并基于此创新推出数字化改革模式"政务精算师"，面向重点场景和人群提供针对性的主题化、场景化、个性化政策推送服务。

第二，福田区聚焦惠民利企推出首批"信用+免申即享"事项。涵盖助企、助才、助学、助教、助老、助残六大领域，覆盖企业、人才、老人、残疾人、儿童等服务对象，以政务服务信用为抓手，打通政府主动服务直达、快享"最后一米"。自 2023 年 9 月试运行以来，已推动免申信息 2250 条，拟兑现政策红利约 2 亿元，惠及企业 650 家和群众 1600 人，不断推动惠民利企政策"免申请、零跑腿、快兑现"，实现政府主动服务、政策免申即享、群众在线确认意愿、资金轻松到账。③

第三，罗湖区在全省首推"反向办"数据治理新服务模式。利用大数据精准定位福利、津贴"应享未享"人员，提供"线上+线下"全闭环服务，已实现 36 个部门、40 亿条数据资源的共享，首批服务涉及民政、卫健、残联等 5 大领域共 10 余个事项。部分服务项目，如高龄津贴

---

① 深圳市龙华区政务服务和数据管理局：《龙华区"政策 AI 计算器"获评网上政府优秀创新案例》（https://www.szlhq.gov.cn/bmxxgk/zwfwj/dtxx_124513/gzdt_124514/content/post_11041976.html）。

② 深圳市龙华区、政务服务和数据管理局：《龙华区创新推出"政策 AI 计算器"，利用大数据惠企利民》（https://www.szlhq.gov.cn/zdlyxxgk/spgg/ggxx/content/post_10738001.html）。

③ 深圳特区报：《福田区推出首批"信用+免申即享"事项，助推"百千万工程"高质量发展》（https://baijiahao.baidu.com/s?id=1781406210377893895&wfr=spider&for=pc）。

办理率由75%提升到近90%,部分街道通过上门帮办,高龄老人津贴申领办理人数同比增加到近100%。①

三 进一步深化数据治理应用引领深圳数字政府服务供给变革的建议

数字政府的建设需要回应现实服务场景所需,政府的角色由简单的服务被动提供者转变为需求的主动回应者。深圳作为数字政府的模范生,在新时期新挑战下,要将基于数据治理的主动服务供给模式的探索,作为数字政府改革的主攻方向,使政府由被动供给变为主动供给,提升政府行政和服务效能,最大化满足企业群众所需,进而打造数字政府主动服务的"深圳样板"。

(一)将数据治理应用实现服务供给模式变革作为深圳数字政府改革的主攻方向

推动主动服务供给变革是展现政府主动作为,提升营商环境水平的创新之举。在广东省推进"数字政府2.0"建设的大背景下,深圳应主动肩负起使命担当,将强化数据治理应用实现服务供给变革作为助力数字政府升级的主攻方向。建议由市智慧城市和数字政府建设领导小组统筹,以优化行政效能、服务企业发展、增进民生福祉为目标,将强化数据治理应用实现服务供给变革列入"十五五"数字政府规划的重点任务,优先将内部行政效能提升、高频惠企便民事项作为服务供给变革的重点,并根据供给周期性变化进行动态更新调整,致力将深圳服务供给变革模式打造成为全国数字政府先行示范新样本。

(二)完善主动服务供给领域的标准规范

市级层面加快完善主动服务供给领域标准和规范,推动各职能部门按一定比例逐年精准扩大"免申即享""反向办"等主动服务供给范围。重点加强市政数局与市中小企业服务局的合作,加速推进更多惠企主动服务事项上线,助力打造全球一流营商环境。鼓励各区依据全市标准规范,加大主动服务供给模式自主探索,分级分类精准扩大受益面。

---

① 广东省政务服务网:《罗湖区全国首创"反向办"数据治理新服务模式》(https://ws-bs.sz.gov.cn/shenzhen/icity/characterService/lh_fxb)。

（三）将完善个人信用体系作为安全风险防控保障

规范推进个人诚信信息共享使用，完善个人守信激励和失信惩戒机制，推动"文明诚信积分"在公共服务、政务服务等领域的应用，为简化政策流程与防控风险提供信息保障。在此基础上，健全基于信用的主动服务供给机制，如对符合信用条件的申请人，即使非主审要件暂有欠缺或存在瑕疵，经申请人自愿申请可"免申即享"。推广福田区在"信用+免申即享"的先行经验，依托政务服务信用库，通过靠前服务、大数据比对、公开数据抓取、电子证照替代纸质证照等模式，为符合条件的群众、企业精准推送惠民利企政策告知短信，政务服务信用良好的群众和企业无须提出申请，即获得相关政策扶持资金及各类政府补贴资金，并为需要补充材料的企业或个人提供上门办等主动服务。

（四）加快提升数据质量和共享水平

第一，注重在数据质量判定和数据质量方面加快提升。首先，通过定位公共服务大数据产生环境和数据资源的提供方、管理方、使用方，明确公共服务大数据从产生到共享使用的全生命周期，建立数据溯源和数据确权管理制度，对数据资源的权属、利用、责任作出制度化安排，便于判定公共服务数据完整性、准确性、时效性与一致性等质量指标，准确评估数据质量。其次，数据质量提升应当按照不同阶段的问题采取技术和制度手段"双管齐下"的管理方法。在技术工具上，采用开源情报和数据清洗技术提升数据源质量，进行数据流量结构化以力避数据采集中的丢包问题，利用海量存储技术满足大数据存储需求。在管理制度上，规范公共服务大数据共享、整合与协调的制度设计，推动数据共享和公开，实现数据采集的协同监督和智能监控。

第二，加快推进数据整合和有序共享。鉴于供给数据散落于各公共部门和各公共服务流程之中，应当按照"供给数据的开放和整合、供应链数字化、制度安排跟进"的思路进行公共服务精准供给设计。首先，重点推动公安、税务、信访等国垂省垂系统本地化部署，加强深圳对企业、人员基本数据的直接掌握与自主应用；建立多主体数据共享机制，完善多主体数据交换机制，建立数据仓库，实现数据动态更新和管理。其次，建立统一的标准化数据资源体系、大数据管理协调机构和供应链数字化管理辅助制度，以保障数据供给。最后，通过建立统一信息资源库，解决信息孤岛问题，实现底层数据和信息资源的共享共用，推动多元渠道之间的融合，构建"多维一体"的服务矩阵，提供一体化、一站式服务。

（五）简化服务流程，逐步扩大主动服务供给受益面

第一，通过数据治理简化服务流程。重点梳理国家、省、市相关惠企便民政策中难以实现主动服务供给的事项，通过数据治理应用、部门协同等办法精简服务流程，简化申办流程和材料要求，推动相关服务持续向主动服务供给靠拢。

第二，新政策设计上要审慎设置限制条件。在政策条件设计上，不求多而全，重在少而精，避免非要件成为主动服务供给的障碍，同时注重基于信用的主动服务供给条件设计，为实现主动服务供给提供便利。

（六）提升数据在主动服务供给的高效应用和精准匹配

第一，加强数据治理应用在提升行政效能方面的作用。结合政府内部服务运作实际，从简化内部办事流程、提升决策效率等方面着力，通过大数据、人工智能等数字手段，对内部沟通协调、审批、决策等高频服务事项数据进行分析，为推进政府业务流程再造和主动服务供给优化提供决策参考。

第二，提升公共服务主动供给的精准匹配。通过政府掌握的海量数据，运用大数据核验、信息共享、自动比对、智能审批等技术手段，精准锁定符合主动服务供给条件的企业群众，主动提醒服务对象申报确认，减免搜集政策信息、提交申报材料等流程。对跨层级、部门、地域的服务事项，要建立起业务协同机制，实施基于数据共享的并联审批、智能审批，减免服务对象"多门跑""多次办"。

第四节 深化深圳数据要素市场化配置改革

一 深圳加快数据要素市场化配置改革的背景

数据资源高质量供给和高效率利用是数字经济和数字治理的先决条件。"数据二十条"明确将数据分为公共数据、企业数据和个人信息数据，并以此为基础构建数据利用的权利义务体系，推动数据分层分级开发利用。近年来，深圳加快数据资源供给和利用，在数据流通、数据交

易、数据确权方面先行探索。推动公共数据开放，建立向公众开放共享的深圳市政府数据开放平台，接口总量达 3921 个，开放数据总量 23.56 亿条[①]；培育发展数据交易生态，深圳数据交易所持续高效运行，多元数据市场加速成型，培育一批具有代表性的数商企业和生态服务商。同时，国家加快推动数据资产入表等重点工作，助力数据资源价值化进程。2023 年 8 月，财政部发布《企业数据资源相关会计处理暂行规定》，数据资产纳入企业资产负债表，数据资源可按企业会计准则相关规定确认为无形资产或存货。数据资产化有助于将数据转化为可视化、可管理和可增值的企业资产。从外部来看，投资者、监管部门、社会公众均高度关注企业数据资源利用情况，数据资产入表及企业资源披露有助于行业主管部门进行经济运行监测、市场分析研判、市场主体培育和支撑政策决策，增强投资者信心，从而促进数据要素型企业良性发展。"十五五"期间，深圳需要围绕公共数据、企业数据、个人数据的高质量供给与利用加速探索。

二 深圳进一步深化数据要素市场化配置改革的建议

在"十五五"时期，深圳应当发挥海量数据规模和丰富应用场景优势，激活数据要素潜能，在公共数据、企业数据、个人数据方面深化探索，推动做强做优做大数字经济，增强经济发展新动能，重点在以下四个方面发力。

第一，着力推动解决数据供给和应用的共性问题。推进数据确权理论研究，持续深化数据确权等权属分置在理论和法律层面的探索，明确数据产品中各方主体的合法权限，避免因产权不清晰导致"市场失灵"；完善数据安全保障机制，围绕数据泄露、数据篡改、数据破坏等方面，在技术应用和机制方面探索出更具中国特色的数据安全保障机制；加快降低数据合规成本，探索在法律制度层面推动数据合规与网络安全登记等合规体系的"合并同类项"，探索统一的安全与合规架构，实现各领域合规体系统合，降低企业合规成本。

---

① 樊怡君：《加快公共数据资源开发利用意见出台 有望出现新职业"数据经纪人"》（https://www.sz.gov.cn/cn/xxgk/zfxxgj/zwdt/content/post_11625451.html）。

第二，针对公共数据、企业数据、个人数据供给和利用的问题探索差异化解决方案。公共数据供给层面，应鼓励依法依规规范数据供给质量，加大数据资产信息的公开和披露力度，提高数据资产流转透明度，在数据要素重点应用的12个重点行业进一步开放数据实现共享。企业数据供给层面，以政策引导平台企业（腾讯、华为等）、国有企业（深创投等）、中小企业以及数商企业发挥数据供给的核心作用，在数据流通、数据定价、数据交易等方面制定企业元数据、数据目录、数据产品的标准化规范文件，破除企业数据在要素市场流转、交易、共享的壁垒，优化数据要素市场生态；探索建立针对优质数据提供商的优惠财税政策，降低企业交易成本，激励企业主动参与数据供给，培育潜在优质数据供应商。个人数据供给层面，探索个人数据资源参与第一次分配的落地机制，保障个人数据原始供给方所持有的数据所有权、收益权等合法权利，避免因数据采集方独占收益受到损害；丰富个人数据产品种类，挖掘更多有价值的个人数据，充分发挥"长尾效应"，释放大量潜在个体需求。

第三，实施数据资源供给和利用"五大攻坚计划"。推进"数据供给环境优化攻坚"，围绕数据要素市场化配置改革的软硬环境开展持续深入的系列行动；推进"公共数据产业化应用创新攻坚"，聚焦数据要素重点利用的12个行业，探索通过建立全国数据开放平台，鼓励和支持数商企业深度挖掘更具市场价值的产业化数据；推进"公共数据支持人工智能大模型技术创新攻坚"，发挥政务数据供给优势，探索建立技术创新"沙盒"，支持中文大模型的技术创新；推进"数据资源场景开发攻坚"，创新数据资源利用场景，通过场景开发大赛等方式支持社会围绕数据治理等方面创新数据利用新模式；推进"平台企业数据互通攻坚"，由政府牵头，发挥行业协会力量，推动互联网平台企业之间打通数据壁垒，在保障商业机密的基础上，实现基础数据融通共享。

第四，加快数据资产入表工作。制定实施配套性的引导支持政策，激发深圳商事主体进行数据产权登记的积极性，推动特定行业上下游数据共享互认，打通数据壁垒，推动高质量数据集和数据库建设和重复利用。探索推动公共数据资产入表，加强和规范公共数据资产基础管理和资产评估。规范数据资源、数据产品和数据服务定价标准化，避免数据要素无序定价。发挥深数所关键节点角色，促进全国多地企业入表数据资产在深圳数据交易所形成数据交易标的。鼓励全市金融机构、律师事务所和会计师事务所联动开展数据资产合规性审查、价值评估、入表实务培训等业务，培育一批合格专业数据资产入表与资产评估专业服务机构。定期组织公益性数据资产入表实务培训及企业数据资产化诊断活动。

第五节　深化深圳数据要素集成式平台化交易模式改革

一　数据要素的特征及交易特点

根据《中华人民共和国数据安全法》第三条规定，数据是指任何以电子或者其他方式对信息的记录。在计算机技术取得突破性进展后，数据要素的概念转变为基于二进制编码记录的结构化和非结构化信息，经过一定的分析、加工和提炼能够释放经济价值的生产资料。与土地、资本、技术等传统生产要素相比，数据要素较为独特，因此促成数据交易须建立相配套的交易规则和生态。

（一）数据要素的特征

第一，在技术层面，具有可复制性、非消耗、非竞争性和零边际成本等特点。以电子方式记录的数据没有可见可感的物理实体，数据库和云技术使数据储存的空间虚拟化，数据可以被任何数量的个人或机构同时使用，且不会产生消耗。一旦技术保护屏障被突破，实现开源获取，就极难保护数据知识产权。数据价值的实现依托于特定主体和应用场景，因此数据价值波动较大，很难形成稳定的定价机制。

第二，在法律层面，因数据要素具有非排他性，权属界定成难题。数据的生成、采集与加工过程中，个体、企业与公共部门等主体间存在复杂的关系。数据主体多元化附带的权属界定问题制约着数据共享、流通、交易和使用。现代产权理论认为，产权边界的清晰度与资源配置的有效性紧密相关。在数据要素领域，针对"谁投入、谁贡献、谁获益"的问题，"数据二十条"提出建立公共、企业、个人分类确权制度。在实际应用中，三分法框架仍然很难回答数据要素主体识别与权利关系的问题。公共数据和企业数据中包含海量个人信息及衍生数据，基于对个人数据进行收集、分析、提取产生的公共和企业数据集的合法性和权属尚无成熟的法律规则。数据要素的价值依赖于对原始数据按需求和应用场景进行筛选加工,其中包含数据加工者投入的劳动。在数据作为要素来交易的过程中,数据加工者和数据中介商可借助数据要素获利的行为边界和责任界定并不清晰。

(二)数据要素交易的特点

随着数字化转型的持续深入,个人、企业和政府各自掌握的数据很难满足实际需求,在隐私计算等保障数据安全的技术可行的前提下,数据交易需求应运而生。数据需求方可通过签订契约有偿获取和使用数据要素。

当前,数据要素交易主要分为三种方式。第一种是直接交易,供需双方直接确定数据交易内容。第二种是集成式平台化交易,数据要素由交易方提供,平台扮演撮合与合规监督角色,为数据交易提供信用背书。第三种是第三方数据增值和撮合服务交易。此类交易中,除供需双方外,具备数据收集分析和应用产品开发的数据商或撮合商参与其间。例如,数据商既是大数据产品交易的平台,也作为加工方为客户提供定制化数据产品和服务。

数据要素交易方式深度嵌入一国政治、经济、文化、意识形态和法律体系之中。不同国家国内或区域数据交易市场中,主要的交易方式有所不同。《中华人民共和国网络安全法》、《中华人民共和国数据安全法》和《中华人民共和国个人信息保护法》分别划定了国家安全、商业秘密和个人隐私"三道红线"。政府鼓励通过数据交易所等机构进行集成式平台化交易,对于企业主导的数据要素增值服务交易采取必要的监管措施。在监管体系日益完备和强度日渐收紧的背景下,掌握海量公共数据的政府部门较难主动参与交易,因而对基于公开数据开发的数据产品交易相对审慎,一定程度上制约了数据交易方式朝多样化发展。目前,部分数据交易平台的体制机制限制了集成式平台化交易规模的扩大。

二 当前数据要素交易现状

对比国内外数据要素交易发展情况,不难发现交易路径和定价机制的差异。全球范围内,目前仅中国正在探索类似于证券交易的数据交易所模式,美国等西方国家则以数据经纪商或服务商分散式、差别化的交易为主。

(一) 国外数据要素交易发展情况:有商无所

以数据经纪商①为代表的数据要素自主市场在美国发展较为成熟。数据经纪商主要功能是撮合供需双方的数据产品需求,承担受托行权、风险控制和价值挖掘等职责,类似于国内企业主导型数据服务平台。例如,开发位置数据平台 Factual 通过移动 App 授权合作汇集活跃用户的位置信息,在整理分层后提供给企业等机构,该公司的位置数据集产品深受 Facebook、Apple Maps 等大型企业青睐。② 提供类似服务的公司还有 Quandl、Azure 和 Data Plaza 等。

表9-3　　　　　　　　美国主要数据经纪商业务概况

数据经纪商名称	可交易数据集与数据交易服务
Acxiom	数据集范围覆盖超过 62 个国家 25 亿消费者,包括超过 9.65 亿条美国消费者记录、15 亿条破产记录、65 亿条个人财产记录
LexisNexis	该公司宣称掌握超过 370 亿条公共记录,可提供犯罪与刑事调查数据服务,定制个人档案数据变化预警
Nielsen	该公司宣称拥有 6 万多个细分市场受众数据,包括 9000 万个家庭购物记录、18000 余家零售商店数据,形成了全美最大、最具代表性的买家图形数据集。可提供基于内部数据集分析产生的消费调查报告
CoreLogic	该公司拥有美国 99.9% 以上的房地产交易信息,包括房产列表、纳税记录、房屋估价、社区情况等信息

资料来源:根据相关公司网站整理。

(二) 国内数据要素交易发展情况:所商共存

中国数据交易呈现市场规模快速增长、交易类型和产品不断丰富的特点。2021 年中国数据交易市场规模达 463 亿元,2022 年市场规模已扩

---

① 数据经纪商(Data Broker)是指从各种来源收集消费者的个人信息,并汇总、分析和共享这些信息或由此衍生出的信息的公司。

② boxi:《开发位置数据平台 Factual 获 3500 万美元 B 轮融资》(http://36kr.com/p/5040965.html)。

充至876.8亿元,① 2023年中国数据交易市场规模约为1537亿元人民币②。具体来说，有以下五个特点。

第一，冷热交替，数据交易场所爆发性成立，但交易规模低于预期。2015年8月，国务院发布《促进大数据发展行动纲要》提出，引导培育大数据交易市场，开展面向应用的数据交易市场试点，探索开展大数据衍生产品交易。在该文件发布后，贵州、广东等省市相继出台地方大数据产业发展规划纲要，提出搭建大数据交易平台。党的十九届四中全会提出将数据作为生产要素参与分配，"数据二十条"出台再度使数据交易成为焦点。在中央和地方政策共同支持下，数据交易所、数据交易平台和数据交易中心等数据交易场所如雨后春笋般出现，全国数据交易机构一度达到80家左右，副省级以上政府提出建设的数据交易中心达到30余家③。

第二，从数据交易场所的存续情况来看，经历了爆发期—冷静期—平稳期。2014—2017年属于1.0爆发期，挂牌成立的数据交易场所名称多采用"大数据交易中心"和"大数据交易平台"，注册资本规模基本在1亿元以下。多数采取"政府指导＋国企主导＋私营企业小范围参与"的模式投资运营。2017—2020年进入2.0冷静期，伴随初期成立的数据交易场所进入运营阶段，多家交易场所面临交易量不足的生存困境。2018年起，贵阳大数据交易所已不再公布年度交易数据，直至2022年重新公布累计交易额。据报道，贵阳大数据交易所2019年和2020年实际成交额在500万—800万元，远低于贵交所管理层最初的1亿元预期。④ 新成立数据交易场所步伐放缓。例如，2016年立项并计划在乌鲁木齐成立的亚欧大数据交易中心迟迟未能落地揭牌。2021年以来进入3.0平稳期。上海、深圳等城市成立了数据交易所，此轮注册成立的数据交易场所融

---

① 上海数据交易所有限公司：《2023年中国数据交易市场研究分析报告》（https：//voe-static.chinadep.com/group1/voe/9fa6c6c32831457997d47751a46e2a9d.pdf）。

② 微信公众号"浦东发布"：《释放数据要素乘数效应！上海数据交易所预计全年数据交易额突破40亿元》（https：//mp.weixin.qq.com/s/0qLC8cEFX411vIcTa3BFog）。

③ 柳川、陈锋：《潜在市场规模超60万亿元！A股23家公司披露数字资产，中信重工7.16亿元居首竟是乌龙》（https：//business.sohu.com/a/778145833_116762）。

④ 罗曼、田牧：《理想很丰满，现实很骨感！贵阳大数据交易所这六年》（https：//baijia-hao.baidu.com/s?id=1705007748383894790&wfr=spider&for=pc）。

资能力有较大提升。上海数据交易所有限公司注册资本达 8 亿元。在国有资本控股和地方政府公信力的双重支持下，数据交易所作为公共平台的属性被进一步强化。贵阳大数据交易所由最初的民营企业部分持股，变更为 100% 国资控股。

第三，从数据交易场所与数据交易商关系来看，国内集成式平台化数据交易场所和企业主导的第三方数据增值服务交易并存，出现三种互动模式。一是"所商混合"，部分数据交易场所成立之初吸收部分民间资本和大数据公司，兼具提供数据要素增值产品功能，集运动员和裁判员身份于一身。二是"所商分离，撮合交易"，借鉴证券市场交易所与券商分离的经验，强化数据交易场所公共平台属性。三是"各行其道"，企业通过自行搭建的平台完成数据要素交易，与政府主导的数据交易场所形成竞争关系。

第四，外热内冷，场外数据交易持续火爆、乱象频出。与场内交易不温不火形成鲜明对比，处于法律和监管灰色地带的场外数据交易有增无减。据《证券日报》估算，2021 年数据黑市交易的市场规模已超过 1500 亿元，涉及违规或非法大量数据爬取、标记、交易行为，而同年经测算全国数据交易市场规模仅 463 亿元，数据黑市规模约为合法交易规模的 3.2 倍。① 南都大数据研究院 2022 年 4 月发布的研究报告显示，场内交易在我国数据交易市场中所占份额不足 5%。② 数据黑市黑产从业人员规模估计为 150 万—200 万人，③ 在中国西南地区与缅甸交界处出现聚集，与电信诈骗犯罪形成上下游产业链。仅 2022 年全国检察机关共起诉侵犯公民个人信息犯罪嫌疑人 9300 余人。④ 违法数据交易行为呈现产业化、

---

① 刘琪、杨洁：《数据黑市交易大起底：专家估计市场规模超 1500 亿元"料商"称"一切需求皆可爬"》（https://baijiahao.baidu.com/s?id=1722403667005031474&wfr=spider&for=pc）。

② 新浪科技网：《两会专访 | 全国政协委员、德勤中国主席蒋颖：完善立法、生态，鼓励企业参与数据要素流通和交易》（https://finance.sina.com.cn/tech/roll/2023-03-06/doc-imyixumq3828717.shtml）。

③ 刘琪、杨洁：《数据黑市交易大起底：专家估计市场规模超 1500 亿元"料商"称"一切需求皆可爬"》（https://baijiahao.baidu.com/s?id=1722403667005031474&wfr=spider&for=pc）。

④ 最高人民检察院网上发布厅：《依法严惩侵犯公民个人信息犯 2022 年检察机关起诉 9300 余人》（https://www.spp.gov.cn/spp/xwfbh/wsfbh/202303/t20230302_605284.shtml）。

订单化和定制化趋势,手段更为隐蔽。在数据获取方式上,利用爬虫软件非法获取公民电话号码、房产信息、车辆信息、信贷信息;通过 App 过度收集、违法违规收集个人信息;行业"内鬼"违规查询出售公民信息牟利。在数据交易方式上,黑市交易充分利用 Telegram 等境外社交媒体、"暗网"和云上储存技术,通过比特币等数字货币进行无接触匿名交易。①

第五,场外灰色数据交易折射出数据交易需求分散化、多样化以及合规数据交易渠道不畅通的问题。一是数据交易场所产品种类较少。合规数据交易产品多为面向 B 端(企业或商业客户)的数据集和产品,鲜有针对 C 端(消费者)小规模数据购买需求的产品。数据黑市是公民和企业合法数据购买需求无法得到满足的替代物。二是场内交易的数据信息质量有待提升。黑市交易的数据信息真实性较高、质量较好。据媒体调查,数据黑市存在大量软件开发工具包、公民个人信息等高质量数据。高质量大数据是大模型训练、提高算法推荐精准性的关键原材料。

三 进一步深化深圳数据交易模式改革的建议

基于现有集成式平台化交易的实践经验,未来集成式平台化交易发展仍然要围绕建立有效数据要素市场,做强做优做大数字经济的前提,在保障数据要素安全和公平的前提下,提升要素配置效率。

(一)集成式平台化交易与场外多元分散式交易并存

"数据二十条"提出,"建立合规高效、场内外结合的数据要素流通和交易制度"。从数据要素供需两端来看,政府主导的场内交易模式很难完全吸纳场外交易,占据市场主流;场外交易难以完全化解合规风险。低频化、分散化、定向化交易的双方无明显动力参与场内交易,盲目引导此类数据要素交易有可能增加企业制度性成本。应该前瞻把握好场内场外交易关系,充分尊重有效市场在数据要素配置中的决定性作用,更好发挥数据交易所作为调节数据要素市场重要抓手的功能,加速形成"政府宏观主导+市场微观决定"的平衡状态。

---

① 微信公众号"上海宝山":《这些交易,触目惊心!》(https://mp.weixin.qq.com/s/dT-KZfxGzV6OEzD-IjqSDaQ)。

(二）注重培育扩大根据细分行业数据需求拓展垂直数据交易平台

第一，根据现有国内数据交易市场规模，优化数据交易场所的数量和布局。重新明确现有数据交易场所功能定位，统一按照"所商分离"要求，强化交易平台公共服务功能。重组整合同区域同行业"僵尸化"的数据交易场所，优化存量算力、数据交易人才等关键资源；结合城市优势产业行业，研判拆分集成式数据交易平台关键业务板块，形成"一产业一平台"数据市场。

第二，重点支持国有企业占主导的自然垄断行业和公共服务数据要素交易。探索建立电力、燃气、邮政等行业垂直数据交易场所，更好地服务和支撑经济社会发展。加强涉及城市管理的地铁、公交、机场等基础设施数据开放和整合交易力度。

（三）规范分级分类多层次市场监管规则体系

顺应国家分级分类数据交易监管趋势。《中华人民共和国数据安全法》规定，要建立数据分类分级保护制度和数据安全审查制度。例如，分别对应"国家核心数据""重要数据""一般数据"差异化设立监管尺度。将数据交易中介服务机构和数据交易场所在个人信息保护和数据交易流程中承担的权利与义务关系规定逐步细化。加强公共数据与个人信息、企业数据监管体系标准的连通性，采取与强制性的监管措施、诱导性的激励机制和柔性行业自律规范相结合的监管策略，探索开展场外数据交易备案制运营模式，规范场外交易行为，增强数据交易场所统筹整合市场信息的功能。

第六节　加快绘制深圳基层社会治理数据资源"全景图"

一　绘制深圳基层社会治理数据资源"全景图"的背景

从我国各地实践来看，深化基层治理数字化改革，已成为加快推进社会治理体系和治理能力现代化的一个重要切入点。当前，深圳数字技术赋能基层社会治理已初显成效，基层治理数字化建设已延伸至街道、社区等基层治理端，群众诉求"光明模式"、宝安智慧社区等先后创建并取得全国性成绩。同时，深圳基层社会治理面临着数字化建设基础化、机械化、表面化，数字赋能基层治理效能发挥不足、利用数字解决社会民生问题能力不足等诸多问题。

二 加快绘制深圳基层社会治理数据"全景图"的建议

第一，坚持"一张蓝图绘到底"的治理思路，全面把握基层社会治理的各种应用场景，提升基层末端数字化建设水平，加强数字化建设的统一规划、统一设计、统一标准，将系统化思路贯彻到数字化场景建设中。

第二，打通基层治理数据纵向与横向通道，消除数据壁垒。按照"标准先行"的原则，构建数据治理机制。在国家、行业相关标准的基础上，结合深圳系统对接、数据共享、应用创新等方面的实际需求，出台信息系统资源共享标准，明确共享范围和使用方式、权力归属等，确保共享数据的准确性、有效性、完整性和通用性，形成信息数据能上能下、数据成果实时共享的一体化机制。建立严格的数据安全管理制度，确保基层治理主体严格按照"最低限度"原则搜集服务对象的信息；进一步明确基层治理信息开放边界，构建数据安全保障机制，确保用户数据不被泄露和滥用。

第三，进一步打造集成核心业务的基层治理智慧平台，推动基层治理信息系统平台强化整体关联、实现动态平衡；利用信息化和大数据手段，加快推进基层治理信息一次采集、多方共享，提高数据互联互通程度，减少基层重复劳动；推进人工智能技术的深入运用，实时对数据信息进行智能化汇总和分析，并对重要信息进行重点研判，为科学、精准决策提供依据；畅通"信息链条"，通过智能分析研判实现基层治理诉求分级流转和分类处置。

第七节 创新数字赋能市民参与数字治理的新机制

一 深圳市民参与数字治理的背景

市民群众是数字治理的重要参与方，通过数字赋能市民参与数字治理是深圳数字治理实践与发展的必由之路。深圳作为超大城市，生产要素高度集聚，人口空间分布密集，利益诉求多元多变，社会矛盾风险易累积叠加，在全面推进数字治理上面临巨大的风险挑战。深圳具有参与治理主体多元化的特征，其中市民群众在城市数字治理中发挥了重要作用。例如，深圳施行《深圳市政务服务"好差评"实施办法》，引导市民群众反馈服务评价意见，提升了政务服务质量。① 近年来，市民群众的政治素质、文化素质、思想道德素质和信息处理能力不断提升，参与意识不断增强，参与数字治理的意愿和能力不断提升。加之弹性工作制和自由职业的流行，为市民群众参与数字治理提供了时间保障。

二 深圳创新数字赋能市民群众参与数字治理机制的建议

借助数字技术，可以有效汇聚并利用市民群众的智慧和力量，解决"看不见、听不着、摸不到"的数字治理问题，打造数字赋能全民参与的数字治理格局。

第一，搭建市民群众参与的数字化平台。政府牵头开发和运行App或小程序，将其打造成政民互动协同的数字化平台；应尽可能依据市民需求拓宽平台功能，提高平台使用率；平台应具备"问题上报"和"问题解决"等功能模块，为市民参与提供渠道。

第二，梳理市民群众参与的规范化流程。梳理市民参与数字治理的流程，包括市民群众参与的事件数据的流转、问题解决联动方式等。例如，针对市民群众上传问题的难度，分级采取联动方式，一般问题采用逐级调用行政力量的方式处置，对于重大问题启动应急预案，上下联动，高效处置。

第三，建立市民群众参与的积分激励机制。通过科学设置积分规则、采用多样化激励方式等方式吸引市民群众参与数字治理。积分规则可通过围绕数字治理重点工作和阶段性工作、问题的内在价值和处理难易程度、问题上报或解决的不同参与情况进行设置。多样化的激励方式需从市民需求出发，综合使用物质奖励、精神奖励和政策奖励等调动市民参与热情，包括积分兑换生活用品等物质激励，表彰先进等精神激励，与入户入学、入党评优等相结合的政策激励。

---

① 袁晔：《〈深圳市政务服务"好差评"实施办法〉5月1日起实施》（https：//www.sznews.com/news/content/2021-04/15/content_24131402.htm）。

第八节　加快推动深圳卫星互联网产业发展

一　发展卫星互联网产业的背景与战略意义

卫星互联网是提供通信服务的数字"新基建"，是培育和发展新质生产力的重要支撑，更是高技术、高投入、高产出的千亿级战略性数字经济新产业。① 以美国太空探索技术公司 SpaceX 的星链计划为代表加速"太空圈地"，国内主要城市正在加速"逐鹿航天"。卫星互联网技术是6G 时代构建空天地一体化网络的核心关键。在 5G 时代，国际电信联盟（ITU）等国际标准化组织大力开展并推动基于 5G 体制的卫星互联网星座组网探索。在 6G 时代，卫星互联网将与地基（蜂窝/Wi-Fi/有线）网络共同构建起全球广域覆盖的空天地一体化三维立体网络。ITU 明确提出卫星接入是 6G 时代移动通信的关键手段之一。2022 年，华为公司团队翻译的《6G：无线通信新征程》一书指出：非地面的卫星网络将是 6G 通信的重要基础。②

第一，卫星互联网产业是国家产业政策支持的重要领域。为抢抓战略先机，国家加快支持卫星互联网新型基础设施建设，鼓励社会资本参与产业发展。2020 年，国家发展改革委将"卫星互联网"列入"新基础设施"名单。2023 年，工信部《关于创新信息通信行业管理优化营商环境的意见》提出，分步骤、分阶段推进卫星互联网业务准入制度改革，不断拓宽民营企业参与电信业务经营的渠道和范围。2023 年 12 月，中央经济工作会议提出打造商业航天等若干战略性新兴产业。工业和信息化部等七部门印发《关于推动未来产业创新发展的实施意见》，提出前瞻布局 6G、卫星互联网、手机直连卫星等关键技术研究。

---

① 卫星互联网是指以卫星为接入手段的互联网宽带服务模式，通过发射数百颗乃至上千颗小型卫星，在低轨组成卫星星座，以卫星为"空中基站"，达到与地面移动通信类似的效果，实现太空互联网。它本质上就是传统航天和通信领域的技术拓展融合，具备广覆盖、低延时、宽带化、低成本等优势，是数字通信重要手段，与 5G、物联网、数据中心等共同成为数字时代的基础底座。

② ［加拿大］童文、［加拿大］朱佩英：《6G 无线通信新征程：跨越人联、物联，迈向万物智联》，华为翻译中心译，机械工业出版社 2021 年版。

第二，卫星互联网终端创新应用提速，产业前景广阔。卫星互联网并非一项单纯的技术或产品，而是"太空平台"，是航天、通信、互联网产业融合的战略结合点，通过终端的应用场景创新和技术融合，具备广泛产业前景。当前，华为和苹果等移动终端巨头前瞻布局卫星通信与蜂窝网络融合，各类卫星互联网通信终端应用技术和产品加速落地。例如华为 Mate50 系列手机，作为全球首款支持北斗卫星消息的大众智能手机，可在无地面网络信号覆盖环境下对外发送文字和位置信息；iPhone14 及以上系列手机已可在没有蜂窝网络和无线局域网信号时实现连接到卫星。

第三，卫星互联网产业市场规模超千亿。卫星互联网产业不仅作为数字时代的"新基建"，带动 5G 和人工智能等新一代信息技术产业创新发展，加速牵引融合航天、通信和互联网等产业，推动培育数字经济发展新动能。麦肯锡预测，2025 年全球卫星互联网产值可达 5600 亿—8500 亿美元①；美国卫星产业协会（SIA）预测中国卫星互联网 2025 年市场规模将达到 447 亿美元②。

第四，卫星互联网企业爆发式增长且投融资十分活跃。2014 年以来，全国卫星互联网企业创立数量快速增加，尤其是 2020 年呈现爆发增长，年均增加数量超过万家，2022 年突破 3 万家，③ 截至 2024 年 1 月，相关企业累计成立超过 11 万家。商业航天领域投融资活跃，泰伯智库的研究显示 2014—2022 年商业航天领域融资总额达 457 亿元，以银河航天、海丝卫星、新橙北斗智联等为代表的民营卫星互联网企业得到了资本市场的认可。④ 银河航天公司连续完成 A 轮三次融资，投资方包括顺为资本等。

第五，卫星互联网能够弥补现有地面通信网络的短板。现有地面通信服务的基础设施建设无法满足山区、沙漠、海洋、天空等人迹稀少地方的通信网络需求，也无法适应虚拟现实（VR）、自动驾驶、物联网等

---

① 乐晴智库：《卫星互联网：万亿级规模"新型基础设施"》（https：//baijiahao. baidu. com/s? id = 1664654728440695512）。
② 华鑫证券、王海明：《卫星互联网行业深度报告：星空连通，蓝海无限》（https：//news. qq. com/rain/a/20230828A01VRW00）。
③ 央视网：《我国卫星互联网应用更加广泛 技术水平迈上新台阶》（https：//news. cctv. com/2023/04/03/ARTIOUbV8IwSqnqk1JoLomSm230403. shtml）。
④ 泰伯智库：《中国商业航天产业研究报告（2023）》（http：//tiu. taibo. cn/p/435）。

新产业的通信容量、通信延迟新要求。卫星互联网能够有效解决传统通信服务覆盖严重不足等问题并提供新产业要求的通信服务新方案，有效支撑发达的数字文明建设。

第六，主要发达国家加速抢占空中霸权的战略制高点。轨道和频谱不可再生，极具战略价值。[①] 自2015年美国的SpaceX发布"星链"（Starlink）计划以来，英国的OneWeb、美国的亚马逊等众多科技巨头相继发布卫星互联网星座计划，国际卫星互联空间争夺战的号角由此吹响。代表企业包括美国（Space–X、铱星公司、波音、亚马逊、Meta）、英国（OneWeb）、加拿大（Telesat、ACCClyde）、俄罗斯（Yaliny）、印度（Astrome）、德国（KLEOConnect）及韩国（三星）等。

二 深圳发展卫星互联网产业的基础条件

深圳较早规划布局航空航天产业。2014年，深圳发布《深圳市航空航天产业发展规划（2013—2020年）》，提出实施微小卫星产业壮大工程，加快建设微小卫星技术及应用产业园，部署低成本商业遥感卫星集群等。2018年，深圳提出高端装备制造产业扶持计划，重点支持领域包括微小卫星、通信卫星及终端设备、遥感卫星、卫星导航基础构件及终端设备。2021年，深圳市发展改革委印发《深圳市关于支持卫星及应用产业发展的工作意见》，从场景打造、创新能力、基础设施、产业配套和行业保障等方面提出十六条支持产业发展的工作举措。

第一，拥有发达的网络与通信产业为卫星互联网发展奠定创新生态。卫星互联网是航空卫星与网络通信产业的结合。深圳网络与通信产业供应链、产业链和创新链完整，2021年深圳网络与通信产业增加值高达2046亿元。[②] 在电信服务、通信系统设备制造和智能终端等领域，培育出以华为、中兴等为代表的一批优秀的上下游企业，在全国甚至全球都有

---

① 太空轨道与通信频谱是有限的资源，全球规则遵循的是"先登先占、先占永得"的规则。根据中国信息通信研究院2021年6月发布的《6G总体愿景与潜在关键技术》白皮书测算，近地轨道卫星总容量约为10万颗，SpaceX的Starlink申请的4.2万颗占据42%（累计发射7589颗，截至2024年12月28日数据），空间资源极为紧缺。

② 吴凡：《深圳网络与通信产业迈向全球高地》（https：//www.sz.gov.cn/cn/xxgk/zfxxgj/zwdt/content/post_10175505.html）。

一定的竞争力（见表9-4）。深圳发达的网络与通信产业，尤其是终端应用创新突破能力为加快卫星互联网发展奠定了扎实的供应链、丰富的应用场景和产业生态基础。

第二，培育发展出相对完整的卫星互联网产业链。经过多年培育发展，深圳基本形成了从微小卫星研制、卫星运营服务到终端设备制造和应用的相对完整卫星互联网产业链生态。例如，卫星研制方面，以亚太星通、东方红为代表；芯片模组方面，以华力创通为代表；载荷及关键部组件方面，以魔方卫星、华信天线为代表；终端产品及应用方面，以星联大通、天海世界、中科海信为代表。亚太星通牵头发射运营的"深圳星"（亚太6D卫星）是中国首颗采用Ku/Ka体系的地球静止轨道高通量通信卫星，代表了中国民商用通信卫星研制的最高水平。

表9-4　　　　　　　深圳市重点卫星互联网企业

序号	企业名称	注册资本（万元）	所在区	企业性质	主要领域
1	深圳航天东方红卫星有限公司	9529.41	南山	国企	卫星研发
2	亚太卫星宽带通信（深圳）有限公司	200000	宝安	国企	卫星研发
3	深圳市乾行达科技有限公司	1078.9474	宝安	民企	航空材料
4	深圳市中冀联合技术股份有限公司	3423.1231	宝安	民企	卫星导航测试设备
5	深圳华力创通科技有限公司	1000	光明	民企	芯片模组
6	深圳市魔方卫星科技有限公司	249.241686	龙岗	民企	载荷及关键部组件
7	深圳市华信天线技术有限公司	21000	南山	民企	载荷及关键部组件
8	深圳星联天通科技有限公司	3461.5384	南山	民企	卫星终端产品

续表

序号	企业名称	注册资本（万元）	所在区	企业性质	主要领域
9	深圳市天海世界卫星应用科技有限公司	1110.82	南山	民企	卫星通信服务应用
10	深圳市中科海信科技有限公司	2396.71	宝安	民企	卫星通信服务应用（偏GPS）
11	正成星网科技（深圳）有限公司	100	福田	民企	遥感大数据

资料来源：企查查等网站。

三 进一步加快深圳发展卫星互联网产业的建议

商业航天正处于从多点突破到全面开花的关键期，尤其卫星互联网发展最为迅速，且与数字经济基础设施和产业发展紧密相关。2023年12月，中央经济工作会议提出打造商业航天等若干战略性新兴产业。深圳应当抓住数字技术与航天技术变革的关键历史机遇，顺势而为，强力推动卫星互联网产业发展，为数字经济增长培育新动能。

第一，提升卫星互联网产业战略能级并在产业集群名录调整时予以单列。近年来，北京和上海等地加快布局培育发展卫星互联网产业。[①] 建议将卫星互联网产业作为深圳培育未来数字经济新动力的切入口，高站位支持产业高质量发展。市级层面在"十五五"期间高能级前瞻谋划布局卫星互联网产业。市级层面聚焦卫星互联网重点领域和核心技术，出台中长期产业发展整体规划，引导资本、人才等要素集聚。将卫星互联网产业在"20+8"产业集群中单列。截至2024年年底，全市"20+8"产业集群，卫星互联网并未单列，而是属于空天技术未来产业集群。鉴于卫星互联网产业在资本和应用层面的加速落地，建议结合最新产业发展态势，在新一轮全市"20+8"产业集群的结构调整中，将卫星互联网产业单列，给予重点支持。

---

① 北京出台《北京市支持卫星网络产业发展的若干措施》，上海出台《上海市促进商业航天发展打造空间信息产业高地行动计划（2023—2025）》，长三角主要城市联合出台《关于推动长三角G60科创走廊卫星互联网产业集群高质量发展的行动方案》。

第二，抓住综合改革试点机遇，争取国家卫星互联网产业资源和先行先试政策。针对深圳目前基础研究和先行先试政策存在的短板，① 用足用好"双区"叠加和"双改"示范政策优势，积极向国家争取核心资源，加快补齐研发力量短板。争取落地商业航天领域的国家级研发资源。积极争取国家级研究机构在深圳设立研发中心、高端智能制造基地，支持科研院所与深圳高校和企业联合研发卫星互联网产品。在综合改革试点后续清单中允许深圳民营企业试点探索。允许深圳开展民营企业低轨卫星出口业务试点；适度放开卫星互联网设备进网许可管理，允许一定程度上放宽对卫星互联网业务管制，先行探索许可证制度改革。

第三，以产业融合发展走出一条深圳卫星互联网产业错位差异化道路。避开北京、上海和西安等城市优势领域，挖掘深圳网络与通信、智能终端和低空经济等产业链优势，推动相关产业与卫星互联网产业深度融合，支持民营企业找准市场切入口、培育新赛道。一是释放网络与通信等产业优势，支持鼓励重点企业切入卫星互联网产业链。目前，卫星互联网终端设备的主要组成部分包括卫星移动通信设备终端、航空宽带通信终端以及海上宽带通信终端。支持以华为等为代表的网络与通信产业以及智能终端（3C 产品）企业创新卫星互联网终端消费产品和服务，建议加快支持手机等智能终端企业的卫星互联网应用创新（如华为 Mate60 手机直连卫星方案），加快拓展新产品、新场景，力促卫星通信地面设备终端爆发性增长。二是发挥低空经济产业优势，支持低空经济企业切入卫星互联网产业链。用足深圳丰富的低空经济创新应用场景，支持以大疆、美团等为代表的无人机等低空经济业态企业接入卫星互联网，进一步丰富产业创新技术和产品。三是发挥海洋经济场景优势，支持发展海上卫星互联网通信。根据自然资源部公开的数据估算，2025 年我国

---

① 北京是全国航天科技、航天科工、中航工业的聚集地，集聚全国约 50% 的商业航天企业，覆盖商业火箭、卫星、地面终端设备、核心软硬件、系统运控、星座建设及网络运营等产业环节。西安是全国空天技术产业和人才最密集的城市之一，聚集了国内航天 1/3 以上的科研单位、人才及生产力量，是具备空天技术产业全产业链要素的城市。《支持北京深化国家服务业扩大开放综合示范区建设工作方案》第 11 条"持续降低贸易成本和壁垒"提出"支持开展民营企业低轨卫星出口业务试点"。例如，在市场准入上，北京已经获得国家授权开展民营企业低轨卫星出口业务试点。

海上宽带通信终端市场规模有望超过 2.19 亿元规模。① 建议深圳发挥海洋中心城市优势，用好海洋创新场景，加快支持重点海洋装备和技术服务企业利用卫星互联网相关技术，面向海洋经济的需要创新解决方案和服务。

第四，聚焦重点领域，加快完善卫星互联网产业发展配套政策体系。针对龙头企业和专业型制造空间偏少的现状，以激发民营企业动力和活力为核心，加快出台更具落地性的产业配套政策体系。一是出台支持卫星互联网产业的系列政策。吸收借鉴"20＋8"产业集群相关经验，可配套出台"关于促进卫星互联网产业高质量发展的若干措施"等政策。二是重点支持补齐研发力量短板。通过"揭榜挂帅"等方式，支持本土高校和企业研发围绕手机直连卫星、高通量卫星载荷、卫星姿态控制、天基算力、窄带传输等关键领域加快研发。三是重点倾斜支持高层次人才引进。结合卫星互联网领域创新创业以高端人才为核心的特点，强化对领军型高端人才的支持。② 四是重点支持建设高端智能制造基地。发挥深圳制造优势，结合全市制造业先进片区规划，融合"工业上楼"项目，打造卫星互联网高端智能制造基地；加快与香港（高校研发机构）合作，在宝安等区域联合共建卫星互联网制造基地。

第九节 以制造业中小企业数字化设备更新换代加快深圳数实融合步伐

一 深圳制造业中小企业数字化设备更新换代的背景

数字化设备更新是中小企业数字化转型的关键。国家层面正积极推动工业领域设备更新，国务院印发《推动大规模设备更新和消费品以旧换新行动方案》，工信部、发展改革委等七部门联合印发《推动工业领域设备更新实施方案》，为制造中小企业数字化设备带来重大机遇。2023 年 8 月，深圳入选全国第一批中小企业数字化转型试点城市，涉及 15 个重

---

① 中航证券张超、王宏涛：《中国卫星互联网产业深度研究报告：浩瀚宇宙中的投资"蓝海"》（https：//news.qq.com/rain/a/20210521A0224V00）。

② 目前，国内主要民营卫星互联网企业创始人和核心人员都来自军工单位或国家重点实验室，牵头或参与过重点航空航天科研计划。

点行业领域。① 据不完全统计，深圳 400 多万家商事主体中，中小企业为 240 多万家，② "专精特新" 中小企业已超 3000 家，③ 中小企业活跃程度居全国之最，满足数字化设备更新换代的迫切需求。

二 加快深圳制造业中小企业数字化设备更新换代的建议

抓住当前国家和省市工业领域设备更新的战略机遇，坚持"由点及面、长期迭代、多方协同"原则，为以数字化生产设备更新全面牵引带动中小企业数字化转型提速。

第一，市级层面强化对中小企业数字化设备更新换代支持。在政策覆盖面、资金和税收等方面，增强对中小企业实施信息化数字化智能化改造、生产线智能化转型升级的支持，以"真金白银"鼓励和支持中小型制造企业应用智能制造装备。

第二，打造一批数字化转型"小灯塔"企业。发挥"样板示范"作用，支持建设智能工厂，提振中小企业转型信心，复制成功经验。分步骤分行业打造不同类型、不同规模的中小企业数字化转型"小灯塔"企业。

第三，发挥好龙头企业、工业互联网平台和工业 App 的牵引作用。支持龙头企业探索国产开源自研大模型等人工智能平台，加速赋能中小企业数字化转型路径；充分发挥工业互联网标识解析体系作用，引导龙头企业带动上下游企业同步改造，打造智慧供应链；鼓励带头云厂商为中小企业"上云"提供优惠服务，打造符合中小企业特点的数字化服务平台，打造"共转同生"的数字化转型良好创新生态，降低中小企业数字化转型门槛。

第四，开展分行业数字化人才培养专项计划，根据中小企业紧缺人才需求和现有人才的储备情况，制定细分行业数字化转型人才"引用育

---

① 深圳市中小企业服务局：《深圳市中小企业服务局关于开展中小企业数字化转型城市试点数字化服务商（第二批）征集工作的通知》（https://zxqyj.sz.gov.cn/zwgk/zfxxgkml/tzgg/content/post_11229731.html）。

② 欧雪：《深圳中小企业活跃度全国之最、"小巨人"新增数量全国第一，有何特点？》（https://m.21jingji.com/article/20240123/herald/c987fb69a02ba2d5acb712f20f1f63d3.html）。

③ 深圳市中小企业服务局：《深圳市中小企业服务局关于 2023 年深圳市专精特新中小企业名单的公示》（http://zxqyj.sz.gov.cn/zwgk/zfxxgkml/tzgg/content/post_11073897.html）。

留"方案，与香港大学、深圳大学、深圳职业技术学院等高等院校合作建立数字化人才基地，鼓励根据市场人才需求开设相应的培训课程。

第十节　以数字商文旅融合发展加快国际消费中心城市建设

一　深圳数字商文旅融合的背景

数字时代的经济、技术、观念重塑着商文旅（又叫"文商旅"）产业。数字经济的蓬勃兴起打破了传统商业的地域与时空限制，线上消费、跨境电商成为常态，商文旅产业的商业模式加速革新。在大数据、人工智能等技术的驱动下，商文旅产业实现精准分析喜好、提供智能服务、打造虚拟体验，数字技术赋能消费体验升级，推动消费观念转变，集购物休闲、文化品鉴、深度旅游于一体的综合性目的地成为趋势。近年来，各级文旅部门积极推动文化产业和旅游产业"上云"，发挥互联网平台的赋能作用，鼓励各类互联网平台开发文旅功能和产品，支持有条件的文化和旅游企业平台化拓展，一个数字商文旅的新时代正在加速形成。

二　深圳数字商文旅融合的基础条件

"十四五"时期，深圳多措并举扩内需促消费，围绕建设国际一流商业载体、集聚全球优质商业资源、打造多元多层次消费新场景、培育壮大新型消费等方面持续发力（见表9-5）。2023年深圳社会消费品零售总额已达到10486.19亿元，成为广东第二个万亿元消费城市，市民游客消费需求持续上涨，高知名度、辐射力强的品牌资源加速汇聚。① 2024年1月—10月，深圳社会消费品零售总额已达到8680.82亿元。② 2023年深圳商业对于香港的"反向虹吸"作用较强，港人周末"北上消费"已成新趋势。2023年，深圳口岸日均出入境旅客超45万人次，全年出入境总

---

① 深圳市统计局：《2023年深圳经济运行情况》（https：//tjj.sz.gov.cn/gkmlpt/content/11/11125/post_11125884.html#4221）。
② 深圳统计局发布的社会消费品零售总额信息（https：//tjj.sz.gov.cn/ztzl/zt/sjfb/shxfplsze/index.html）。

量高达 1.63 亿人次。① 近年来，深圳"十大特色文化街区"和国际化街区建设成果丰硕，加强以"数"赋能商贸流通，提升消费服务效率和智慧水平是"十五五"时期提升深圳城市消费文化氛围，增强对外消费辐射力的重要举措（见表 9-5）。

表 9-5　　深圳市四级商业消费空间结构

分级体系	世界级	全国级	区域级	社区级
商圈界定	以服务来自全球各地的境内外消费人群的顶级商业组团/街区为核心，通过若干核心组团/街区和周边合格的旅游、文化、会展等配套设施，有机结合形成的商业城区	以服务全国、辐射大湾区的综合性、高能级商业街区为空间载体，汇聚购物餐饮、商务休闲、文娱旅游等综合性消费功能，结合快慢行交通联系，形成有组团效应的商业城区	位于城市区域中心，服务本区域、辐射大湾区范围内的消费人群，满足购物、餐饮、文化等综合性消费需求的商圈	位于社区内部或周边的 15 分钟便民生活圈
商圈个数	2 个重点建设型 3 个潜力培育型	3 个重点建设型 4 个潜力培育型	42 个区域级活力商圈	N 个社区级便民网点
近期重点建设	罗湖核心商圈 后海-深圳湾商圈	蛇口海上世界商圈 龙华超级商圈 龙岗大运商圈	梅林-彩田商圈 宝安西乡商圈 布吉商圈	—
中长期潜力培育	福田中心商圈 空港会展商圈 前海·宝中商圈	车公庙—下沙商圈 沙头角深港融合商圈 西丽高铁枢纽商圈 大鹏环龙岐湾商圈	观澜商圈 坪山围商圈 光明中心商圈 ……	—

---

① 深圳市口岸办：《2023 年全年深圳口岸通关数据》（ka.sz.gov.cn/xxgk/tjsj/zxtjxx/content/post_11112495.html）。

续表

分级体系	世界级	全国级	区域级	社区级
商圈规模	≥100万m^2	50万（含）—100万m^2	10万（含）—50万m^2	—
辐射能级	以面向全球、辐射全国、引领大湾区为目标，服务全球超广域性和全国广域性消费人群	主要面向大湾区及全国消费人群，匹配增强畅通国内大循环，打造国际国内旅游消费目的地的发展目标	以面向本区域，服务大湾区为导向，依托深圳扇形发展格局，服务邻近城市	推动基本商业服务配置下沉，以满足社区便利性、品质性消费需求为导向
发展目标	对标全球最高标准，着力打造集国际消费目的地和标志性城市景观于一体的世界顶级商圈。国内外顶级消费资源汇聚地、时尚消费引领地、城市风貌集合地	打造高端品牌集聚、都市风范突出、商业功能与多种城市功能有机融合，具有亚洲影响力的消费体验地标	聚焦大湾区一体化，建成体现深圳凝聚力、特色消费活力的区域商业功能区	5—15分钟便民利民惠民生活圈全覆盖
零售额目标	300亿元/年	150亿元/年	50亿元/年	—
业态特点	吸引全球型、门户型、高端型商品、服务、品牌商家；集高端购物、金融商务、旅游休闲、历史文化等功能于一体	涵盖购物餐饮、商务休闲、文化体验等的高能级、高品质、综合型消费功能，同时结合消费升级，发展跨界型、体验型商业业态	深度融合区域文体、景观、产业等在地特色，依托城际轨道等枢纽站点，形成综合购物、餐饮、文化、休闲、娱乐等各类业态齐全、功能复合的商业中心	支持商业功能与丰富的生活场景融合发展，形成新型体验与消费升级，建立消费者与商业场所的情感连接，激发消费活力，塑造宜居生活

表9-6　　　　　　　深圳市示范特色步行街（商圈）

类别		步行街（商圈）名称	所属区域
国家级	全国示范步行街（试点）	东门步行街	罗湖区
	全国示范智慧商圈	福田中心商圈	福田区
	全国示范智慧商店	卓悦中心	福田区
		星河苏活购物中心	福田区
		领展中心城	福田区
省级	广东省级示范特色步行街（商圈）	华强北商圈	福田区
		深圳湾万象城	南山区
		深圳龙岗万科广场 GALA 商圈	龙岗区
		深圳海岸城	南山区
		深圳壹方天地购物中心	龙华区
		深圳万象天地	南山区
		深圳水贝商圈	罗湖区
市级	深圳市级示范特色商圈（步行街）	福田 CBD 商圈	福田区
		后海商圈	南山区
		宝中商圈	宝安区
	深圳市级夜间经济示范街区	深业上城街区	福田区
		欢乐海岸街区	南山区

三　进一步推动深圳数字商文旅融合发展的建议

聚焦文旅场景数字化改造及重点商圈建设等重点，推进数字商文旅融合发展。

第一，升级商文旅数字化基础设施。加快深圳重点文旅区域基础网络建设，布局面向文旅业务的新型云平台，推动行业边缘计算能力建设，统筹布局文化资源接入网。培育数字商文旅资源开放生态，鼓励多元主体参与深圳文化数据服务平台搭建，引导数据共享共用。

第二，夯实数字商文旅底层技术支撑。聚焦数字文化权益保护、实时音视频、沉浸交互、智慧媒体等重点研究方向，联合部委在深实验室、科研院所、企业开展创新研究，增强关键技术协同攻关能力，发展研究数字文旅生产工具。同时，加快数字人、AIGC（人工智能生成内容）工具平台、渲染引擎等研发应用，推广虚拟实景摄制等技术应用。

第三，打造数字化商文旅体验新空间新场景。引导博物馆、美术馆、文化馆、体育馆等文体场馆，打造数字化沉浸式文旅体验新空间。支持运用数字化手段挖掘展现文物蕴藏的文化内涵与时代价值，推动珍贵文物高精度三维数字化采集与展现。充分发挥本土科技优势，融入无人机、无人驾驶、3D全息等前沿元素，结合深圳重点主题乐园、文旅街区、特色商业街区、科技旅游景点等打造数字化、互动式、沉浸式的虚实结合游览线路。推动景区景点创新，营造数字化沉浸式游玩场景，通过科技赋能打造商文旅体多元融合的新型特色旅游体验项目。

第四，建立商文旅数据协同共享治理机制。完善跨区域、跨层级、跨部门的商文旅数据协同治理，建立不同主体、不同平台间商文旅数据分享机制。明确商文旅数据的所有权、运营权、使用权和收益权归属，制定基于商文旅数据权属内容和程度的分级授权制度，构建符合商文旅数据市场化配置要求的交易体系，明晰商文旅数据市场化过程中各环节、各主体的权责边界。积极推进深圳旅游发展指数编制，联合科研院校、产业研究院等机构，以大数据为基础，通过自动化全网采集、数据库调用、指标权重确立等方法，构建深圳商文旅大数据分析系统和评价指标体系，打造"城市智慧文旅大脑"，激发商文旅产业创新动力。

第五，着力推进"十大特色文化街区"、国际化街区和重点商圈街区数字化融合提升，推动传统商业服务转型升级，加快发展消费新业态、新模式。建设具有示范引领作用的数字商圈商街，建设一批商业数字化示范区，构建社区生活圈末端15分钟智能配送体系。推动打造数字化的生活服务圈，推进智慧早餐、智能末端配送、无人机配送、无人零售、智能机器人、多语种智能导览等场景建设。强化数字商圈基础设施底座，深度融合实景三维影像、AI智能视频分析、AI多语种服务、5G智能设备应用、VR全景在线漫游、生物识别等技术，实现商业街的智能化运营及高效化管理。加快推进大型连锁商业企业全方位数字化转型。依托数字人民币融合应用，打造一批移动支付新场景。提升实体商圈免费Wi-Fi网络覆盖率，配套完善现金、支付宝、微信数字人民币、Visa、万事达等主流支付方式，提升支付环境的国际化和兼容性。打造集"食、住、游、娱、文、闲、商、养"于一体的综合性服务场所，应用远程预约、餐饮排队、智能停车引导等服务，提升消费体验感和舒适感。综合利用商业综合体碎片化空间，将演出场景与商业空间巧妙结合，打造一批"小而美"沉浸式演艺新空间，建设新型文旅消费集聚区。加强商业街区线上线下融合，与抖音、快手等短视频平台和MCN（多频道网络）机构合作推动线上营销模式迭代，引导商家、景区和商业综合体等机构采取直播、短视频、图文、微信私域营销。

第十一节　打造支撑双碳目标的深圳智能化城市能源系统

一　深圳建设支撑双碳目标的智能化城市能源系统的背景与战略意义

国家能源局印发《关于加快推进能源数字化智能化发展的若干意见》，针对电力、煤炭、油气等行业数字化智能化转型发展需求补齐转型发展短板。2024年，深圳提出建设全球数字能源先锋城市，积极稳妥推进碳达峰碳中和；完善提升光储充放一张网，有序推动全市分布式能源电力设施资源全量接入；提高可再生能源消纳比例和终端用能电气化水平；加快建设光明、龙华、深汕能源生态园。①《深圳市碳达峰实施方案》在能源、工业、交通等领域提出"碳达峰十大行动"。

实施能源双碳领域数字化智能化转型工程具有重要的战略意义。一是应对国际能源价格波动与碳排放限制。俄乌冲突等"黑天鹅"事件频发，石油和天然气等能源价格持续高位震荡；后《巴黎协定》时代，节能减排降碳关乎产业核心竞争力，深圳部分产业链供应链关键企业受到国际市场准入和龙头企业的降碳限制。二是利用人工智能、物联网和区块链等技术加速赋能数字化智能化能源体系。伴随着深圳进一步提升光伏、海上风电等分布式清洁能源装机容量，采用物联网、云计算、大数据分析等技术，通过实时监测和分析能源生产和消费数据，实现能源使用可视化，最终提高能效、降低能耗、双向赋能能源供给端和需求端。三是突破工业节能降碳转型瓶颈。深圳作为工业大市，工业节能减碳依

---

① 深圳市人民政府网：《2024年深圳市政府工作报告全文发布》（http://www.sz.gov.cn/cn/xxgk/zfxxgj/zwdt/content/post_11141398.html）。

赖生产工艺改造、新设备更换转型阵痛突出，企业和工业园区碳捕集、利用与封存成本高，亟须打开数字化智能化能源管理的创新思路。

二　深圳建设支撑双碳目标的智能化城市能源系统的建议

第一，构建城市"能源数字化+能源互联网"体系，打造能源数字化智能化示范项目，加快发展智慧配电网、微电网、智慧园区电力系统等现代智能电网建设。鼓励虚拟电厂、能源生态园等通过"互联网+5G+智能网关"技术，接入分布式储能、数据中心、充电站、地铁等类型负荷聚合商，增强虚拟电厂平台聚合资源场景能力，培育一批数据产品安全、聚合商等产业链上下游企业。加强零碳园区能源运营、"车能路云"融合等新业态企业培育力度。

第二，补强数字能源和新型储能基础设施，推动"端、边、云、网、链"等数字能源基础设施融合。加强能源数字化转型的标准化建设，新增发布转型地方标准及团体标准，主导或参与制定国际标准和国家标准，推动能源数字化转型标准化试点。

第三，深挖能源数据开放应用价值，加强油气电等能源消费数据收集储存、加工使用、流通交易，研究大模型、大数据分析等技术赋能数据技术模式及可行性。提升能源数字化系统数据安全、信息安全和链路安全全流程监管和流通安全标准。

第四，加强能源数字化智慧化转型法治建设，明确能源数字化建设相关主体的法律责任与权限边界。

第十二节　以数字化、绿色化融合打造深圳空地海立体生态监测体系

一　深圳打造空地海立体生态监测体系的背景

数字化信息技术加速赋能生态文明建设，数字化与绿色化融合成为生态文明建设的重要趋势。尤其是在新技术应用方面，各发达国家和地区正加快推动人工智能等技术嵌入生态治理全链条，推动传统治理机制变革。例如，美国英特尔公司等开发了人工智能平台监控菲律宾潘加塔

兰岛沿岸的珊瑚礁的健康状况①；上海市低碳科技与产业发展协会发布了"零碳在线"——AIGC碳中和智能服务云平台，推动创新绿色低碳人工智能融合发展②。深圳生态环境治理的技术创新优势突出，但如何充分发挥本地数字技术优势，利用前沿技术加速突破传统生态治理在信息时空等方面限制，畅通跨地域、跨层级、跨部门的互动渠道，进而倒逼传统治理机制变革还需进一步优化提升。尽管深圳数字生态文明建设探索步伐加快，但在数字技术全面赋能生态监测方面还存在一些问题需要解决，才能通过生态环境大数据采集、适配、重构、共享，进一步充分释放数字时代生态环境治理的潜力和活力，为建设美丽中国提供强劲动能。

二 以数字化绿色化融合打造深圳空地海立体生态监测体系的建议

生态环境信息的采集和传输是数字生态文明建设的基础性环节，加快应用生态网络监测、卫星遥感影像、无人机数据、物联网技术等数字化信息技术手段，构建天空地立体智能感知"一张网"，全面赋能数字生态环境治理。

第一，顶层重构深圳空地海生态数字监测设计。以"大环保"为核心，做好数字生态文明基础设施建设的顶层设计，构建生态环境天空地立体化多源监测感知网络体系。

第二，加快适应高质量环境监测和绿色发展的数字生态环境监测基础设施建设，如生态环境监测实验室、各类自动监测站、生态信息监管系统、生态数据存储中心等，建设生态环境数据安全快速流通的"信息高铁"，为快速精准利用数据打好基础。

第三，全面强化数字化技术在生态监测中的应用。将大数据、5G、人工智能等数字技术有机嵌入生态文明建设，强化卫星遥感、无人机航拍、地面自动监测站、水下机器人、物联网等大数据采集技术在深圳环境监测部门的应用，不断拓展监测的准确度和时空广度，构建起覆盖大气、水、土壤、生态、海洋各类环境要素的多手段综合、响应快速的监

---

① 王心馨：《用人工智能保护环境，英特尔推能监测珊瑚礁健康状况 AI 项目》（https://www.thepaper.cn/newsDetail_forward_7091125）。

② 邓贞：《推动低碳可持续发展"零碳在线"AIGC 碳中和智能服务云平台发布》（https://news.cnstock.com/industry, rdjj-202306-5076282.htm）。

测网络，实现生态环境要素全域监测感知。

第四，以生态应用场景创新推动前沿技术创新。结合人工智能、大模型等不同前沿技术特征，针对性围绕综合治理需求提供精准场景供给，为企业技术创新提供宝贵的应用场景。建议发布"深圳市生态环境治理前沿技术创新应用场景清单"，支持和鼓励企业根据清单针对研发创新，利用大数据分析、人工智能、可视化等技术，加强环境数据智能化感知与共享、融合与推演、表征与表达等数字技术的研发，为山水林田湖草沙一体化保护和系统治理、多介质环境污染综合防治、固废减量与资源化、新污染物治理、应对气候变化等重点领域注入智慧基因，不断丰富数字技术在生态环境保护领域的应用场景。

第十三节　进一步强化深圳数字文化版权保护

一　深圳强化数字文化版权保护工作的背景

以数字文化内容为核心的网络版权产业，已成为第四次产业变革中极具发展潜力和活力的业态，数字版权的价值越来越显现。随着数字阅读、数字艺术、数字文旅、数字社交、数字偶像、数字品牌、数字游戏等数字文化新业态的快速兴起，数字版权服务创新迎来新的机遇与挑战。据世界知识产权组织（WIPO）数据，全球数字版权管理的市场规模在2019年已经达到85亿美元，预计在2026年达到146亿美元。[①] 国内来看，中国数字出版产业展现出强劲的发展活力，产业整体规模达到16179.68亿元。[②]《关于推进实施国家文化数字化战略的意见》提出，到"十四五"时期末，基本建成文化数字化基础设施和服务平台；到2035年，建成国家文化大数据体系，中华文化全景呈现，中华文化数字化成果全民共享。文化数字化产业迎来历史性的发展机遇，数字文化产业已逐步成为我国数字经济发展的前沿阵地。数字化是文化呈现的新形式，

[①] 成琪：《文旅三方观察｜数字版权产业的未来：从创意到交易》（http：//ent.people.com.cn/n1/2021/1002/c1012-32244947.html）。

[②] 史竞男、刘博、余俊杰：《规模超1.6万亿元！数字出版产业活力强劲》（http：//www.news.cn/politics/20240922/ecc28c1b649d4d41a3d0127b22b58a6d/c.html）。

基本内核依然是优质版权。

二 进一步强化深圳数字文化版权保护的建议

第一，建立数字文化版权交易中心。依托全国文化大数据交易中心，加强与数字文化企业、头部国际数字版权交易公司、版权机构和数据公司平台的项目合作和技术研发，结合深圳文化产权交易所数字版权链（数据版权交易）试点应用超级节点模式，利用区块链、云计算等数字技术手段，聚焦数字文化版权确权、保护、交易等重点领域，高水平建设全国闻名、全球知名的数字文化版权交易中心，进一步推动数字出版、影视、音乐、网络文学、游戏、动漫、软件新技术、文创衍生品等数字版权产业资源在深圳生根发展。

第二，搭建数字资产的数据治理和司法协同平台，提高数字技术保护版权的行政效率。借鉴北京市版权局"版权链＋天平链"的数字版权治理经验，搭建数字资产的数据治理和司法协同平台，通过区块链技术，实现数字版权的确权、流通和交易，以及数字版权的数据共享和司法认证，完善相应的惩戒制度和信息监控机制，建立起处罚的全流程保护体系，进一步提升版权纠纷的化解效率。

第三，加强对数字文化版权产学研与行业治理的政策与资金扶持。在政策上提供资金扶持，支持数字版权运营的补贴机制，奖励数字版权授权量大、参展获奖级别高的作品创作者。

第四，积极借助行业协会、产业联盟等社会力量赋能数字文化版权保护，协同推进行业规范治理和自律，重点加快完善在网络游戏、网络动漫、网络直播、网络视频、网络文学、数字音乐、电子竞技等数字文化领域的版权保护，打通数字文化版权生产、确权、运用、保护、管理、服务全链条，构建深圳市数字文化领域"知识产权保护行业自律和精准赋能"新机制，促进其与数字版权产业的融合共生，构建文化产业生态系统。

第十四节　增强深圳数字治理智力保障

一 深圳增强数字治理智力供给的背景

深圳历经多年高速发展，已从传统的制造业强市转型为以数字经济为核心驱动力的创新之都，城市运行的复杂度呈指数级增长，海量数据在政务、民生、产业各领域汇聚应用，原有的治理模式捉襟见肘，因此，急需大量精通数字技术、算法逻辑、数据管理且深谙城市发展规律的专业人才与前沿知识体系注入，以智慧化手段重塑城市治理流程与架构。随着数字治理的持续推进，深圳对数字类研究智库和复合型、高素养数字人才的需求愈发强烈。

二　深圳增强数字治理智力保障的建议

第一，创建具有权威性、代表性的市级数字类研究机构，前瞻性开展深圳数字治理相关领域的研究规划工作，确保配套足够的政策、经费、项目等资源保障，争取让机构参与市重大项目决策。

第二，提高政府部门工作人员的数字治理能力。充分信赖和发挥顶级数字专家的专业能力，建立数字治理的科学化论证和咨询机制，将数字专家纳入各级政府的决策圈层，将专业建议有效纳入政府规划或政策，推动政府决策从经验型决策向数据驱动型决策转变，提高数字治理的科学化水平。加强公务员队伍的数字技能培训，吸纳各类数字化人才，强化公务员队伍数字思维，提升公务人员对数据使用、网络安全、数据隐私等相关领域的熟悉度，提升公务员队伍的岗位胜任力，缩小不同部门间公务员数字能力的差距，实现政府各部门数字化转型的协同并进。

第三，构建体制内外数字人才交流成长的平台，加强合作研究、人员交流和人才发展，推动不同机构在知识、技术、产品等方面的共享。积极吸纳技术精英，培养管理精英，组建多元团队，以团队凝聚数字技术人才、数字管理人才的智慧力量，强化团队成员的合作意识和决策效率，以数字技术和数字理念全方位赋能政府治理现代化。

参考文献

习近平:《习近平谈治国理政》,外文出版社 2014 年版,第 201 页。

习近平:《不断做强做优做大我国数字经济》,《求是》2022 年第 2 期。

习近平:《高举中国特色社会主义伟大旗帜 为全面建设社会主义现代化国家而团结奋斗》,《求是》2022 年第 21 期。

习近平:《高举中国特色社会主义伟大旗帜 为全面建设社会主义现代化国家而团结奋斗——在中国共产党第二十次全国代表大会上的报告》,《中华人民共和国国务院公报》2022 年第 30 期。

中国政府网:《习近平在全国生态环境保护大会上强调:全面推进美丽中国建设 加快推进人与自然和谐共生的现代化》(https://www.gov.cn/yaowen/liebiao/202307/content_ 6892793.htm?type=6)。

竺乾威:《公共行政理论》,复旦大学出版社 2015 年版。

[美]彼得·马什:《新工业革命》,赛迪研究院专家组译,中信出版社 2013 年版。

[英]卡萝塔·佩蕾丝:《技术革命与金融资本——泡沫与黄金时代的动力学》,田方萌等译,中国人民大学出版社 2007 年版。

[美]凯斯·桑斯坦:《网络共和国》,黄维明译,上海人民出版社 2003 年版。

[德]克劳斯·施瓦布:《第四次工业革命:转型的力量》,李菁译,中信出版社 2016 年版。

[美]曼纽尔·卡斯特:《网络社会的崛起》,夏铸九等译,社会科学文献出版社 2003 年版。

[加拿大]童文、[加拿大]朱佩英:《6G 无线通信新征程:跨越人联、

物联,迈向万物智联》,华为翻译中心译,机械工业出版社2021年版。

[美]约瑟夫·熊彼特:《经济发展理论》,何畏、易家详译,商务印书馆1990年版。

蔡翠红、张若扬:《"技术主权"和"数字主权"话语下的欧盟数字化转型战略》,《国际政治研究》2022年第1期。

曹银山、刘义强:《技术适配性:基层数字治理"内卷化"的生发逻辑及超越之道》,《当代经济管理》2023年第6期。

岑凯欣、王昕:《城市文化旅游的数字化发展研究——以深圳大鹏所城为例》,《旅游纵览》2022年19期。

韩兆柱、单婷婷:《网络化治理、整体性治理和数字治理理论的比较研究》,《学习论坛》2015年第7期。

何萍:《数字治理的"科林格里奇困境":风险、发生逻辑与防范之策》,《理论导刊》2023年第10期。

胡令远、臧志军、包霞琴等:《冷暖交织:新冠疫情持续下的中日关系2021》,《日本研究》2022年第2期。

胡莹:《数字帝国主义视阈下美国的数字霸权批判》,《马克思主义研究》2023年第11期。

黄璜:《数字政府:政策、特征与概念》,《治理研究》2020年第3期。

黄璜:《数字治理学科建设的若干基本问题》,《行政论坛》2024年第5期。

贾保先、刘庆松:《数字经济背景下政府大数据治理体系建设的有效途径研究》,《商业经济》2024年第9期。

江鸿、贺俊:《中美数字经济竞争与我国的战略选择和政策安排》,《财经智库》2022年第2期。

李韬、尹帅航、冯贺霞:《城市数字治理理论前沿与实践进展——基于国外几种典型案例的分析》,《社会政策研究》2024年第3期。

马丽丁娜、朱丽丽:《数字文化10年研究:技术、日常生活与在地实践》,《传媒观察》2023年第3期。

孟庆国、郭媛媛、吴金鹏:《数字社会治理的概念内涵、重点领域和创新方向》,《社会治理》2023年第4期。

孟庆国、王友奎:《数字经济视域下政府治理创新的取向与逻辑》,《行政管理改革》2023 年第 12 期。

孟天广：《数字治理生态：数字政府的理论迭代与模型演化》，《政治学研究》2022 年第 5 期。

孟天广：《政府数字化转型的要素、机制与路径——兼论"技术赋能"与"技术赋权"的双向驱动》，《治理研究》2021 年第 1 期。

倪菁、王锰、郑建明：《社会信息化环境下的数字文化治理运行机制》，《图书馆论坛》2015 年第 10 期。

祁壮、莫漫漫：《国家治理现代化进程中数字治理的价值偏离与纠偏》，《管理学刊》2024 年第 2 期。

秦浩：《美国政府人工智能战略目标、举措及经验分析》，《中国电子科学研究院学报》2021 年第 12 期。

阙天舒、王子玥：《数字经济时代的全球数据安全治理与中国策略》，《国际安全研究》2022 年第 1 期。

宋丽珏：《数字法学的语言数据基础、方法及其应用——以法律语料库语言学的诞生与发展为例》，《东方法学》2023 年第 6 期。

谭洪波、耿志超：《数据要素驱动新质生产力：理论逻辑、现实挑战和推进路径》，《价格理论与实践》2024 年第 5 期。

汪玉凯：《中国政府信息化与电子政务》，《新视野》2002 年第 2 期。

王炳南、冯硕：《人工智能时代的国际仲裁——2023 年度〈国际仲裁调查报告〉评述》，《法治实务》集刊 2023 年第 2 卷。

王帆：《国际政治经济学的结构学说——评析苏珊·斯特兰奇的〈国家与市场：国际政治经济导论〉》，《国际关系学院学报》2005 年第 6 期。

王浦劬、杨凤春：《电子治理：电子政务发展的新趋向》，《中国行政管理》2005 年第 1 期。

王天夫：《数字时代的社会变迁与社会研究》，《中国社会科学》2021 年第 12 期。

王文凯、肖伟：《论数字治理模式及在我国的运用》，《成都行政学院学报》2007 年第 6 期。

温旭：《数字意识形态兴起的价值省思》，《马克思主义研究》2023 年第 2 期。

邬晓燕：《数字治理中的技治主义：困境、根源与突破》，《云南社会科学》2024 年第 6 期。

吴飞：《数字平台的伦理困境与系统性治理》，《国家治理》2022 年第 7 期。

吴江、江源富、乔丽娜：《优化电子政务模式推进数字治理进程》，《今日中国论坛》2006 年第 8 期。

吴晶晶：《从数字治理走向数字善治的路径探索》，《山东行政学院学报》2022 年第 2 期。

谢玲：《暗网环境下恐怖主义信息挖掘与分析》，《国际展望》2021 年第 3 期。

尹帅航：《国外城市数字治理经验与启示》，《数字经济》2023 第 8 期。

于萍、高宏：《从欧盟〈2030 数字罗盘〉看各国数字主权之战》，《机器人产业》2021 年第 4 期。

于秋颖：《数字治理的伦理困境与出路》，《自然辩证法研究》2024 年第 8 期。

云城、冯秀成：《深圳"民意速办"改革的基本特征与逻辑意蕴》，《特区实践与理论》2024 年第 3 期。

曾凡军、商丽萍、李伟红：《从"数字堆叠"到"智化一体"：整体性智治政府建设的范式转型》，《中共天津市委党校学报》2024 年第 5 期。

曾凡军、韦彬：《后公共治理理论：作为一种新趋向的整体性治理》，《天津行政学院学报》2010 年第 2 期。

张成福：《信息时代政府治理：理解电子化政府的实质意涵》，《中国行政管理》2003 年第 1 期。

赵娟、孟天广：《数字政府的纵向治理逻辑：分层体系与协同治理》，《学海》2021 年第 2 期。

郑磊：《数字治理的效度、温度和尺度》，《治理研究》2021 年第 2 期。

周辉、金憘艾：《英国人工智能监管实践、创新与借鉴》，《数字法治》2023 年第 5 期。

周立、程梦瑶、郑霖豪：《循数善治：数字技术如何赋能基层治理？——基于浙江衢州"邻礼通·三民工程"的案例分析》，《甘肃行政学院学报》2024 年第 3 期。

周念利、吴希贤：《美式数字贸易规则的发展演进研究——基于〈美日数字贸易协定〉的视角》,《亚太经济》2020 年第 2 期。

朱勤皓:《变"人找政策"为"政策找人"——上海政务服务模式改革思考》,《中国民政》2021 年第 15 期。

Brennan, N. M., Subramaniam N., van Staden C. J., "Corporate Governance Implications of Disruptive Technology: An Overview", *The British Accounting Review*, Vol. 51, No. 6, 2019.

Fuchs, Thomas, "Understanding Sophia? On human interaction with artificial agents", *Phenomenology and the Cognitive Sciences*, Vol. 23, No. 1, 2024.

Marvin Hanisch, Curtis M. Goldsby, Nicolai E. Fabian, Jana Oehmichen, "Digital governance: A conceptual framework and research agenda", *Journal of Business Research*, Vol. 162, July 2023.

Northoff, Georg & Gouveia, Steven S., "Does artificial intelligence exhibit basic fundamental subjectivity? A neurophilosophical argument", *Phenomenology and the Cognitive Sciences*, Vol. 23, No. 5, 2024.

Patrick Dunleavy, *Digital Era Governance: IT Corporations, the State, and E-Government*, Oxford: Oxford University Press, 2006.

Patrick Dunleavy, Helen Margetts, *The Second Wave of Digital Era Governance*, APSA 2010 Annual Meeting Paper, Washington, America, 2010.

Pratt, A. C., "Toward Circular Governanc in the Culture and Creative Economy: Learning the Lessons from the Circular Economy and Environment", *City, Culture and Society*, March 21, 2022.

Roberto Garcia Alonso, Sebastian Lippez-De Castro, "Technology Helps, People Make: A Smart City Governance Framework Grounded in Deliberative Democracy", *Public Administration and Information Technology*, 2016.

Tina Highfill, Christopher Surfield, "New and Revised Statistics of the U. S. Digital Economy, 2005-2021", *Bureau of Economic Analysis*, February 2023.

后　记

人类社会的巨轮正以前所未有的速度，从工业文明向着数字文明的浩瀚海洋全速演进。深圳，这座在时代前沿中流击水的创新之城，正加速以先锋之姿向数字时代进发。回首本书的创作历程，恰如回溯深圳数字治理的奋进之路，一路行来，每一步都凝聚着众多人的心血。在此特别感谢中共深圳市委党校和深圳市建设中国特色社会主义先行示范区研究中心提供的大力支持和指导，感谢中国信通院及深圳政法、法院、社科联、政数、政研、工信等有关部门和单位的大力支持，感谢中国电子集团、比亚迪集团、深圳能源集团、深圳交易集团、深圳数据交易所、稳健医疗公司等相关单位和专业人员提供的业务支持和调研帮助，感谢深圳市体制改革研究会和广东省国研数治规划研究院提供的有利条件，感谢南岭、江社安、吴记峰等专家顾问及李康恩、曾海青、潘铁水、陈佳波、王迪等研究人员在专业研究上提供的有力支持。

书已定稿，但数字治理之路未有穷期，受限于日新月异的数字技术突破、数据案例资料以及作者的自身水平，当前研究还存在诸多不足。希望本书能够抛砖引玉，为读者提供更多思考和借鉴。